傳家

冬

氣氛生活
水杉下的下午茶

秋

歲時節慶
中元
中秋
命、相

生活禮記
秋天菜园
酱料
螃蟹宴
坐月子
中药
家政、习惯、教养

以食為天
素食
大闸蟹
黄金好个秋
腌制风干
小点

匠心手藝
中国戏剧服饰
庆典设计
秋之礼
秋天的花艺

齊家心語
给长辈的信——
读我母亲、父亲、公公
结痂的伤痕
我们的戏剧
占卜与风水

以食為天
面点
吃老虎的人
中式早餐
竹
冰品

齊家心語
给女儿的信——翅膀硬了
君子之交与处世原则
谈教育
成语教育

生活禮記
夏天菜园
辛香与粉
冰宴
草药
家人沟通

生活禮記
冬天菜园
锅碗瓢盆
火锅宴
药浴、运动、经脉
教材

齊家心語
给先生的信——恩爱夫
叮咛与祝福
民族人物
我们的礼节

春

氣氛生活
春花下的野餐

歲時節慶
元宵
清明
怎么看农民历

以食為天
米食
米与中国人
茶
茶具、茶席
蜜饯

匠心手藝
器物
中国女性服饰
珠宝首饰
春之礼
春天的花艺

齊家心語
给儿子的信——贾宝玉呀！
我们的朝代
出版
福慧双修
蓝楠香方
基本礼仪

生活礼記
春天菜园
基本味觉
蝴蝶宴
传统疗法、人体对应点
食安
计划、理财

夏

氣氛生活
蓝色海岸的清凉

歲時節慶
端午
七夕
太岁
二十四节气

匠心手藝
绘画
妆容与发饰
友情礼物
夏之礼
夏天的花艺

简析 南宋淳熙年间朱文长方名章篆刻意,并投赠本书作者"澹天楼诗书印人澹俊堪事""之意剧。

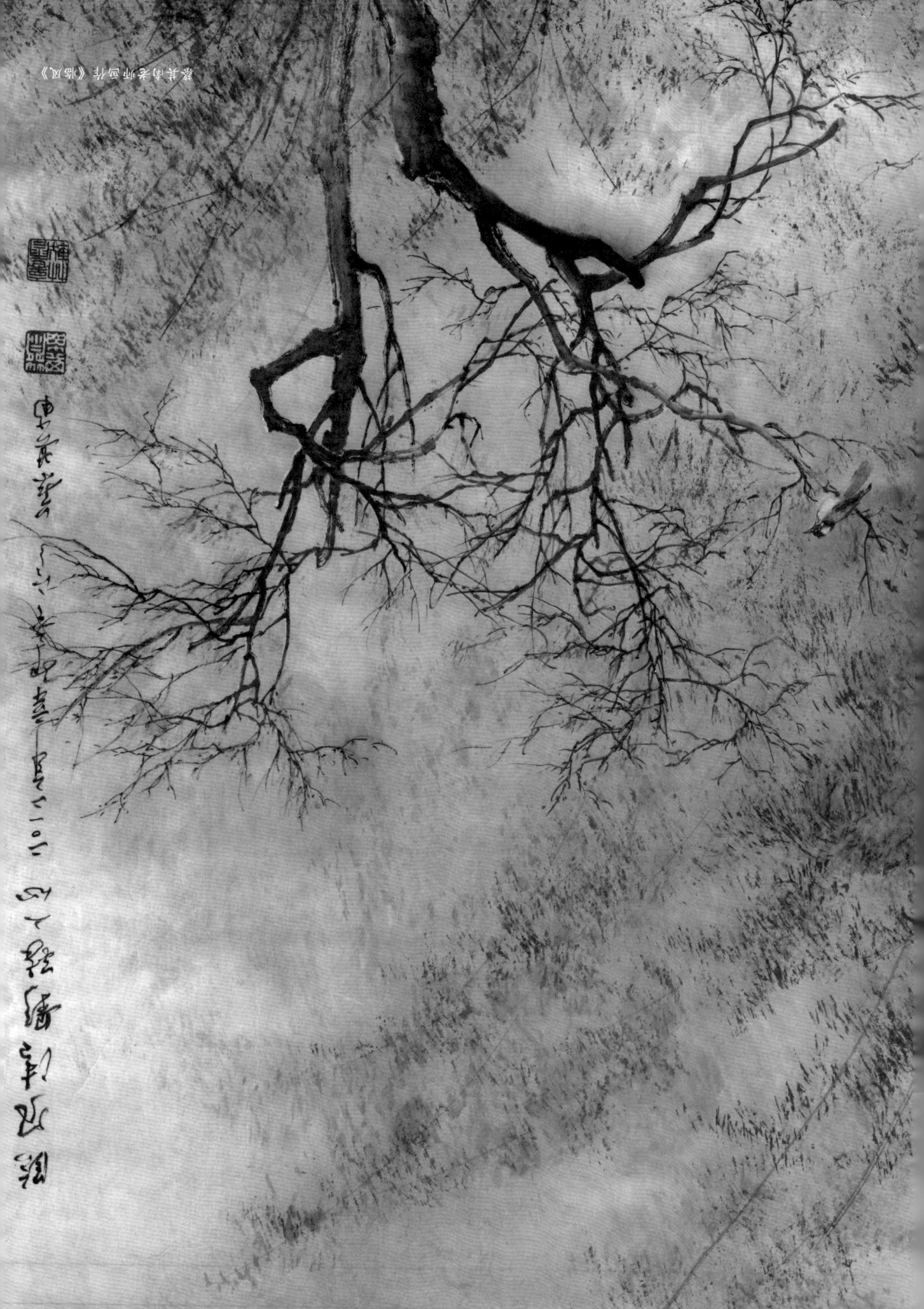

清末著名画师居廉作《花鸟》

群峰競秀圖冊

身体力行的传承

马汝军

早就听说过《传家》,早就听说过姚任祥老师。不过,直到二〇一八年才有缘结识任祥老师,缘起也是《传家》。

首次见到姚任祥老师是四月的北京。一直以来,任祥老师就希望能够出版《传家》英文版,为此,我们安排了一次作者与国际出版方的会面。我带着哈珀克林斯出版集团的版权总监露茜女士,来到东三环的一处会议室,第一次见到了优雅的任祥老师。短暂寒暄后,任祥老师直奔主题。早年留学美国的任祥老师,全程用英语向露茜女士娓娓道来,不仅把一位母亲希望子女继承传统家风的殷殷深情真挚表露,而且也把中华生活智慧的独到之美精准传递。这次沟通,让这位美国的版权行家对《传家》刮目相看,她当场应允把《传家》推荐给英国和美国的编辑同事。不久的将来,我们会看到《传家》的英文版。看来,美好事物的传播可以跨越文化差异。

再见姚任祥老师是八月的北京。会面是在颐和园附近的一处院落,任祥老师首先送给我一件竹篮盛装的点心,这是她亲手做的。其实,《传家》里的物品,大多出自任祥老师之手。这次,我们交流如何做好《传家》的新版本。任祥老师问我,能不能把新版价格降低一些?我知道,任祥老师不仅自掏腰包做《传家》,而且还放弃了全部版税。试想,定价数百元,销售数十万册,版税收入自然不菲。任祥老师这么做,是因为念念不忘南怀瑾先生的嘱托,要让更多的寻常人家读到《传家》。我没有理由不答应任祥老师。我想,美好内容的传递需要超越物质利益。

又见姚任祥老师是八月十七日的上海。两月前,任祥老师应邀在上海书展期间做一场有关《传家》的演讲。不料,头天夜里一股强台风登陆上海,暗自担忧是否影响台北飞上海的航班。好在天遂人愿,翌日下午,风和日丽,任祥老师准时来到黄浦江畔的建投书局。任祥老师演讲之精彩早有耳闻,第一次聆听,顿觉如沐春风。任祥老师侃侃而谈,妙语连珠,不觉中,两小时演讲在阵阵掌声中结束。等我登台致谢,抬眼竟看到任祥老师的丈夫姚仁喜先生悄然出现,翩然立在场边,脉脉望着台上的任祥老师,真可谓妇唱夫随。后来得知,仁喜先生是专程陪任祥老师来上海的。我猛然记起,今天是"七夕"。其实,美好家风就在每天一言一行中传承。

二〇一八年十二月

中国人的生活智慧

王守常

二〇〇一年和二〇一一年我邀请宗萨蒋扬钦哲仁波切来北京大学做过两次佛教哲学讲座，其后又去印度拜访他。姚仁喜先生一直兼做翻译，他是知名建筑师，但对佛学义理也有透彻的理解，所以他的翻译让听者感觉不到任何隔阂，犹如严复说好的翻译家能做到"信、达、雅"，确实如此。多次拜见过姚先生和他太太任祥女史，却一直以为她是一个和蔼可亲，持家有序的女子。前不久，彭明哲兄送我一套大书，其名《传家》，分春、夏、秋、冬四卷，并叮嘱我写个序。读罢全书及诸先生为之写的序文，才知道著者任祥即是那位文质彬彬的姚太太，我非常感谢她为我们奉献了这部好书！

中国文化传统悠久绵长，它是中国人代代相传，保持共同的主题与须臾不可离开的共同根脉，由此形成了与其他地域不同的价值理性和行为方式，并成为一种对社会行为有着规范作用和道德感召力的文化内涵。

中国文化传统的区域性与民族性并没有造成它孤芳自赏的封闭与排斥其他族群文化，而是以它"和而不同""美美与共"的包容心态容纳了外来文化。犹如域外的佛教，经一千年与中国文化的砥砺节行，相互交融，成为中国文化的一部分。因此，我们可以说中国传统文化的传承有极其强大的生命力，它使代与代之间保持了连续性，从未中断。

我们过去总是在一种错误的观念上讨论文化问题。比如"传统"和"现代"。我们把"传统"当作过去，把"现代"当成当下。然后我们在意识形态思维中，认为"传统"就是糟粕，就是落后，"现代"就是先进。所以我们忽视了文化传统的连续性。"传统"不是糟粕，"传统"就在当下。"传统"就是世世代代相传的行为方式，或者具有道德规范的一种文化力量。没有任何一种文化可以脱离传统脱颖而出，必须经过理性的思考，批判和发扬继承。这是美国学者希尔斯教授在《论传统》中论述的文化命题。

一百年来，我们对自己文化传统缺乏同情与敬意的理解。特别是当下信息网络时代，快速传递文化信息为普及文化带来极大的便利，但同时把文化传承极端娱乐化、碎片化，让深邃的中国文化变成了"心灵鸡汤"。

任祥的《传家》把远古的经典与仪礼、民俗与节日、家具与器物、食品与品鉴，"以文载道"娓娓道来，尽管有些礼仪习俗在今天不复存在了，抚今怀昔，理寄斯文，勾起了我们内心的回忆，更加体会了失去的才显珍贵！

我以为任祥女史所著的《传家》以"中国人的生活智慧"为副题名是非常合适的。《传家》以百科全书般的门类广泛，囊括各类的知识常识，是一部优秀的记录下中国文化品格、中国人生活智慧的大书。

二〇一九年七月四日凌晨上地佳园

冬序 我与阿祥走过冬天

海拔五百米的阳明山，冬天的气温比山下略低个几度，湿度却高得让人有点难受，好像随手一拧，衣服就会拧出好多水来。但也因为湿气弥漫，阳明山冬天的清晨、夜晚都笼罩在雾里，路灯蒙蒙亮，山脚下的台北灯光都模糊了，远远近近的树影，仿佛在迷幻的仙境里，真个是"山在虚无缥缈间"。

从小在阳明山永公路长大的阿祥说，阳明山的冬天虽然湿冷，他记得的永远是过年前后的热闹景象。早年的永公路一带，几乎都是他们刘家的族亲，一个家族可能分散在七八户中，或近或远都是亲戚，过年期间的聚会特别热闹。大家平日的农作各自不同，年前的几天，亲戚们就开始互相换菜，你家给我们高丽菜、冬笋，我家给你们肥大的白萝卜、芥菜，厨房、晒谷场到处堆满各色蔬菜，家家户户的炉灶也几乎没熄过火。

阿祥小时候最喜欢的是母姊们做甜粿、菜头粿、芋粿、发粿时，几家合起来以石磨磨米，或者是看谁家的灶比较大，索性集中在那里蒸，灶火熊熊，蒸出一笼笼晶晶莹莹或甜或咸的粿，浓浓的年味漾满了空气中。小孩最爱的食物之一是香肠，每家自己灌，也都各有风味。而且刘氏宗亲懂得团结力量大，备料前会先价比三家，再委托一位集中预订猪肉和肠衣，价钱会比较便宜。

阿祥记忆深刻的还有除夕、春节交界时拜天公。天公最大，所以祭拜的方桌得高高架在长板凳上，男人忙着搬桌椅，女人着手端牲礼，拜完就放鞭炮迎接旧历新年来到。大年初一的习俗，早餐一定得吃素食，他说母亲不擅长素食料理，所以不管什么菜，只要没沾到油腥就叫素菜，一概以氽烫料理，其中一种是正中央盖着红色大印的黄色豆干，也是过水烫过蘸酱油吃。年初二，算是新年的高潮，姑姑们回娘家，有时还会带朋友同来，家里就像办桌吃流水席，大菜一道接一道，从中午吃到晚上。"那真是好让人回味啊！"阿祥说。

除了过年的热闹气氛，冬天的温泉也是让人无限缅怀的。泡在烟雾弥漫的温泉里，全身热乎乎的，起来如果喝点酒，和朋友聊聊天，则是连心头都热起来了。所以，冬天的"气氛生活"就以温泉、朋友与酒为题，在阳明山丽致饭店的温泉池拉开了序幕。

"岁时节庆"则介绍冬天主要的节日冬至和过年。在历法上，冬至是一年之中白天最短黑夜最长的一天，习俗上过了冬至就算长了一岁，家人要围在一起吃汤圆与祭祖。所以我绘制了一般家庭的供桌，介绍家中神主牌位陈设的方式，还画了一幅古时候老祖宗的画像。冬至以后，紧接而来的是迎接尾牙与过年。年夜饭是中国人最看重的团圆饭，但不同的地方有不一样的吃食文化。象征"年年高升"的年糕，是在台湾中部一个老阿嬷的老厨房内拍摄的，是一种很温馨的回忆。《佛跳墙与家族树》，则是用一锅内容丰盛的汤来形容我们这个家族。

过年期间的娱乐繁多，这里介绍了麻将艺术、象棋、围棋。《农民历》则介绍十二生肖的由来，还有封底那张解释食物禁忌的图表。我从小喜欢看那张图，看看什么食物和哪种食物同吃会相克中毒，其中竟有一种中毒必须吃"鸡屎白"解毒，也不知是否真的有效，当时只觉得很好笑。

在"以食为天"篇，配合中国人收成的冬藏习俗，家家户户有一种满溢的感觉，所以这里介绍了鸡鸭鱼肉等丰富的年节食物。加上我所擅长的江浙菜谱，洋溢着饱满富足的气氛。文化食物中，有各式火锅的介绍，红白黄绿青等颜色的锅底，浮动着诱人上瘾的魅力。酒的由来与我们的酒文化，则从与酒有关的诗词、酒的制程以及现在买得到的酒系，都做了详细的说明。零食则介绍过年期间，家家户户会有的糖罐子。

"匠心手艺"篇，主题是中国人的线条艺术，从文字到印章、书法、建筑、图腾、中式家具与我们的乐器，尽可能地呈现我们所拥有的艺术遗产，质与量的底蕴都那么浑厚。我也利用女红的缝绣编织，陈列各种细致的工法，显示它们与时尚、装饰结合利用的种种可能。冬天的花艺篇，介绍中国的花艺与花道。我设计的季节礼品与卡片作品，也都有着迎接新年的喜悦与祝福之意。

在"齐家心语"篇，民族人物以维基百科式的现代分类系统，列出我们历史中已成典范的民族人物。礼节篇比照尺牍精神编了一张家族表，列出对应亲戚该用的词句，也一并结合了常用词汇或口头上的问候语。中国人的生命礼仪，我则以剪纸的图绘与剪纸做出来，叙述一个人从出生到死亡会出现的种种民俗礼仪。做出来后愕然发现，人生要面对的、逃不过的大事就是这么些；生命中的每一天都在快速地消失，我们可都要好好珍惜！

《恩爱夫妻》是要分享我们中国人对恩爱那个"恩"字所持有的特殊相处之道。《天下父母双人舞》道尽了为人父母的复杂心情。《叮咛与祝福》是针对儿女们将来的婚姻而写的。《爸爸的答案》则是仁喜给孩子们的一份难得的好礼。

在"生活札记"里，"冬天菜园"以《探索奇妙的生态密码》来探讨人类种植与粮食的大议题，也介绍最常用来腌制的十字花科菜系。《我的厨房》则介绍厨房中的各种用具，锅碗瓢盆炉与印模等的精致与特色；为此还特别到金门拍摄闽南富贵人家所留下来的经典厨房用品，看得出大户人家的厨房面貌。

"养身"，除了罗列一般家庭必须常备的药物及其疗效，也介绍药浴、温泉以及各种养身的运动。"宴席"篇拍摄了一场别开生面的火锅宴席，热闹中还带着美感。热闹地度过湿冷的冬天，春天也就不远了。

"家计"篇，我向母校复兴中小学要了十二学年各科的课本，整合了一张中西教材的对照表。我总觉得，中国父母关注孩子的课业太多，应该拉长一点镜头，看看十二年的教育中，学科究竟学的是什么，洋洋洒洒列出来以后，可以看得出孩子们有多么的辛苦！学校光要把这些东西塞给孩子，所费工程就已非常浩大，怎么可能还有时间教导生活上的事物呢？填鸭式的教育，对孩子是不公平的。所以我希望学校与家庭能够分工，各司其职，让孩子们除了学识教育之外，也要有家庭的教育，教导他们怎么玩，怎么学习生活的技巧、做人的准则、思维的逻辑，以及如何面对破败而无孔不入的新闻媒体。

"人人皆可传家"，是我一再强调的，"传家"两字，要传的是中国人的生活智慧。我所整理的这一切，只是抛砖引玉，希望读者结合自身的经验，让每一家的《传家》更趋完满。

姚任祥

二〇一二年十二月

身体力行的传承／马汝军　　　001
中国人的生活智慧／王守常　　　002
冬序：我与阿祥走过冬天／姚任祥　　　003

氣氛生活

温泉池畔的小酌　　　010
草山汤泉

歲時節慶

冬至　　　018
冬至的由来和习俗

过年　　　022
年节的由来和习俗
对联的艺术
佛跳墙与家族树
佛跳墙的做法
年糕·红龟粿
中国博弈——麻将·象棋·围棋

农民历　　　054
中国人的十二生肖
宜忌　农民历中的食物相克图

以食爲天

主食——肉　　　062
鸡·鸭·猪·牛·羊·鱼

文化食物——酒　　　088
中国酒

文化食物——火锅　　　098
火锅食材·锅底·蘸酱

零食——糖果　　　106
糖果盅

匠心手藝

中国人的线条艺术　　　112
雕栏玉砌·民族图腾
中国的乐器与乐曲
中国的家具
书画同源中国字
文字之美
文房四宝·方寸之间
母亲的艺术——中国女红
缝绣编织

录

冬天的花艺 150
中式花艺

冬之礼 154
锁麟囊
毛巾架・发糕
拈花微笑　金鸡报喜・糖果盅
花团锦簇
红包枕
小食陈列架
五一对杯・一口匙团圆餐具

卡片设计 161
好的灵感来自玩耍

齊家心語

给先生的信——恩爱夫妻 174
天下父母双人舞
叮咛与祝福
爸爸的答案

民族人物 190

富而好礼——谈礼节 196
生命的礼节
书信礼节

生活札記

冬天菜园 214
探索奇妙的生态密码

我的厨房 220
灶神
锅碗瓢盆炉・糕饼模

冬　火锅宴 234

养身 236
温泉・药浴・成药・运动

家计 252
家庭教育与学校教育

两年之后／姚仁喜・姚姚・JJ・小元 278
感谢／姚任祥 284
装帧 286

氣氛生活

温泉池畔的小酌

013
气氛生活

感谢阳明山中国丽致饭店提供摄影场地

草山汤泉

姚任祥

萧瑟薄暮朔风凛
云雨吉野密山头
孟冬初日逢知己
汤泉吐艳境酣濛

歲時節慶

冬至

冬至一般出现在阳历的十二月二十一日或二十二日,是全年白昼最短的一天,吃汤圆和进补是冬至主要的习俗。

冬至是二十四节气之一，又称"冬节"，一般出现在阳历的十二月二十一日或二十二日，是北半球进入冬季的第一天，也是白天最短、黑夜最长的一天。过了冬至，白天就会开始变长了。

根据《尚书》记载，中国老祖先至少在两千五百年前的春秋时代，就已经计算出冬至之日，并称之为"日短"，即白天最短的一天。汉武帝颁布"太初历"——即现在的农历——之前，周朝的历法甚至是以冬至的那一个月为"正月"。

冬至也是计算二十四节气的起点。

因此，冬至在古代是非常重要的节日。《后汉书·礼仪志》记载："冬至前后，君子安身静体，百官绝事，不听政，择吉辰而后省事。"由此可知，汉朝时已把冬至定为国定假日。《晋书》也记载，魏晋时代每逢冬至都会大加庆贺，"其仪亚献岁之旦"；亦即当时欢庆冬至的规模仅次于过年。因此，民间早已流传"冬至大如年"的说法。

冬至的主要习俗有——

吃汤圆：古代冬至的应节食品，北方为馄饨、水饺，南方则盛行吃汤圆，因为圆代表"团圆"之意。台湾多为大陆南方移民，因此冬至也吃汤圆，一般是磨糯米，搓成红、白两色的小汤圆；另外再做内包甜馅的红、白大汤圆各六颗，主要是用来祭祖，称为"圆仔母"。祭祖后，早期台湾习俗还把汤圆粘贴在门、窗、桌、柜、牲舍等处，祈求神明保佑。不过时至今日，冬至吃的汤圆其实已形形色色，与元宵节差不多。在"春"卷的"元宵节"单元，对汤圆有详尽的介绍。

冬至之日，最早还有吃节令饮食馄饨的习俗，《燕京岁时记》云："夫馄饨之形有如鸡卵，颇似天地混沌之象，故于冬至日食之。"道教相信元始天尊象征混沌未分、道气未显的第一大世纪，所以民间就有以"馄饨"与"混沌"谐音，吃馄饨以打破混沌、开辟天地之意。好吃的馄饨在碗里面秀气得像金鱼游水，以鱼骨和猪骨熬成的汤底，鱼舞动的尾巴是馄饨皮，配以一小口蛋黄浆包覆三分肥七分瘦的猪肉，馄饨皮是滑滑溜溜的吸进嘴巴，不像现在台湾的温州大馄饨，失去这份讲究，已然变成一胖长方忤，而且有越包越大的趋势。

补冬：因为天气转寒，中国自古就有冬至进补的习俗，据说这个习俗是从汉高祖刘邦在冬至吃狗肉开始形成的。台湾以前也有吃狗肉进补的陋习，但一九九八年已立法禁止。现在冬至多以中药炖羊肉、鸡肉为主，桂圆糯米饭（粥）也是常见的应景食补。

祭祖：冬至祭祖是自古农业社会就有的习俗，清朝康熙二十四年出版的《台湾府志》提到冬至，有如下记载："是日，长幼祭祖、贺节，略如元旦。"冬至当天，台湾人祭祖与过年祭祖一样慎重，祭祖后还会在祖祠大开宴席，团聚而食，称为"食祖"。

冬至祭祖一般是在当天中午展开，如果有祖祠，则是从清晨开始。祭拜祖先需要准备供桌，供品要准备三牲（鸡、鸭、鱼）或五牲（加猪、羊）、米饭、水酒、十二菜碗（斋菜、干料）、水果与汤圆等。供桌上除了点香烛、上香，还要准备金银纸于祭拜后焚烧。

现在我们到朋友家，如果看到供桌，通常都设在面向天的方位。神明的神像或绘图摆在供桌的右边，左边则摆祖先牌位。供桌的神明，一般在台湾会看到供奉的是（有不一样手印的）释迦牟尼佛或是观世音菩萨，有时也会看到各式样材质的念珠的摆放。

神明、祖先前放有香炉（通常祖先与神明各有专属香炉），两旁为烛火台，一侧或两侧则摆放供鲜花的花瓶。供品依序由内而外为酒水杯（三个杯子为一组）、三牲、净果、甜品、素菜。佛教提倡不杀生，则常见到供桌上放着七个杯子，此乃印度的习俗，代表清水、洗脚水、花、香、灯、香水与食物。

台湾最讲究的供桌是闽南式的三层组：最上层的长案桌摆放神像、香炉、烛台、灯具，中层的贴案桌摆花瓶、供果，下层的八仙桌放置香几净炉、龙烛、酒水杯。

很多供桌上会看到念珠，又称为佛珠或是数珠，是一个记录念诵的工具。最常见到的是一百零八颗与一些有装饰性又有功能性的珠子。头上有"母珠"，又称为达摩珠，一颗或两颗；"数取"又称为隔珠；"记子"又称为弟子珠，串在母珠另一头，以十颗为一小串，通常是捻珠念佛满一百零八遍，就拨一记子以为记数。"记子留"则是记子尾端所附的珠子。常常看到观世音的图绘中有各种不同的描绘，总是很方便自在地持握在菩萨手中。

有些供桌上会放"筊杯"，那是人们拿来用以向神明询问指示的工具。这是源自道教问卜的仪式。此物通常是用竹子或木头等材质做成，两支为一对，每一支都像新月的形状。凸起那面为反面（阴面）；平面那面为正面（阳面）。

台湾道教的庙宇，都可看到筊杯，如果信众要求签，必须与神明掷筊确认。"掷筊"就是这询问与确认的仪式，闽南语念"跋杯"，台湾很多家庭用此法向刚过世的亡者牌位或神明问问题。在民间信仰中，掷筊俗成的礼仪是以掷出筊杯三次为限；掷筊前需说明自己的姓名、生日、年龄、住所（听说还分成户籍地与现居地呢），以及要请问的事情；双手要合住一对筊杯，往神明面前参拜之后，才能松手让筊杯落下。掷筊的结果有三种：一阳一阴为"圣杯""允杯"，表示神明应允；两阳面称之为"笑杯"，表示神明一笑，可能要重新再把事情说清楚；两阴面称之为"阴杯""无杯"，表示神明不认同。很遗憾，这样的仪式曾被坏人利用。据报道，有人在筊杯中灌铅或汞，以左右答案牟取暴利。求神问卜是人类自古以来预知未来的方法，现在我们当善用专业信息与经验求得答案，并且累积福德。所谓天助自助者，相信很多要问的问题，不需要"筊杯"也都会迎刃而有解答的。

中国人一向很尊敬祖宗，大户人家都还有一个房间专门供奉列祖列宗的画像。在中国古典小说里，常会看到大家族之间发生了什么重大事情，都要到"祖宗祀堂"去审问、发誓，辨明是非曲直。美国迪士尼公司制作的卡通电影《花木兰》，是中国家喻户晓的故事，也把我们的"祖宗祀堂"画得生动活泼，让全世界看过电影的孩子都知道，中国人的祖宗一直都扮演着"执行"家庭重大决策的角色呢。

我请插画家叶子明画这幅祖宗图时，他回忆他的祖母过世前交代家人，以后家中不可以悬挂她的遗照，担心"孩子们看了会怕"。也许她小时候曾被祖宗遗照吓到过。在前页的老祖宗画像里，以前的中国男人还挺享受一夫多妻制呢。

过年

过年是中国人最重要的节庆，从农历十二月二十四的『送神』开始，到年初五『开市』，有各式各样的春节习俗。

中国人最重要的节庆就是过年，也就是欢乐的春节。在过去农业社会，时至农历十二月末，经过春耕、夏耘、秋收、冬藏后，人们在这段假期欢聚团圆、拜访亲友，并除旧布新，迎接新的一年到来。

过年的习俗可以回溯至殷商时代岁末年头祭祖的"腊祭"，中国人称农历十二月为"腊月"也是因此而来。"腊"其实是"猎"的意思，老祖先在岁末才有空闲时间把猎取的野兽拿来祭天祭祖，然后盐渍风干留着吃，也就是"腊肉"的由来。后来演变为岁末举行祭典，并庆贺与慰勉过去一年的辛劳。

"年"有个古老的神话，相传"年"是一只会吃人的怪兽，体大如牛，张着血盆大口，每逢冬藏后，它就出来猎食，人们莫不惊恐。但后来逐渐发现，年兽最怕三样东西，一是红色，二是火光，三是声响。于是在年兽要出现之前，家家户户在门前挂着红色的桃木板，并燃起一堆火，而且除夕当夜通宵不睡觉，不断敲敲打打发出各种声响，希望它因此不敢侵扰。等到天明后，人们才出来互报平安，互道恭喜，并设宴热烈庆祝。

"年"还有一个名字叫作"夕"，年兽出来滋扰的夜晚，后来就被称为"除夕"。防年兽的三个法宝，随着时代演进，红色桃木被春联取代，火堆改为挂大红灯笼，鞭炮则取代了敲敲打打，成为现在过年的固定习俗。

过年要从农历十二月二十四的"送神日"开始算起。送神日就是祭祀灶神的日子，灶神是天庭派驻在家户的厨房、职司监察功过善恶的官吏，二十四当天就是灶神要返回天庭述职的日子。因此，为了"上天传好话"，人们会在当天清早祭祀送神，并焚烧象征交通工具的"云马纸"，还要敬备甜汤圆，让灶神可以坐车回天庭，而且嘴巴吃得甜甜的，为他们向天帝美言几句。台湾就有把甜汤圆粘在灶嘴的习俗。

灶神返回天庭后，天帝会另派天神下凡巡视。因此，农历十二月二十五当天，人们要注意言行，不能打骂，或是说不吉利的话，也不能晒内衣，免得被天神记上一笔。

送神之后，就算年关开了。首先要"清尘"，也就是年终大扫除，这个习俗远自宋朝《东京梦华录》就有记载。特别是神明雕像、祖先牌位等祭祀用品，平常是不能动的，只有送神后可以拿下来清洗、擦拭。台湾有句谚语说"大拼厝，才会富"，也就是说，过年前一定要把全家打扫得干干净净迎接新年，才会财源滚滚。

清尘后，就要办年货，大采买，制作象征吉利的各种年糕，像是象征好彩头的"菜头粿"（萝卜糕）以及发财的"发粿"等，然后准备除夕当晚全家"围炉"的年菜。

过年的高潮要从年三十的除夕展开，在台湾，当天下午二时至四时要先进行"辞年"的祭祀仪式，先祭天再祭祖。接着，全家团圆开开心心共享丰盛的年夜饭，然后一起守岁；到了午夜十二时，就燃放鞭炮欢庆新年的到来。

大年初一要先进行"开正"的祭祀仪式。"开正"的意思就是在新的一年开启时刻，全家张灯结彩，并在神桌供奉各种年节食品，祭祀上天与祖先；开正的时间则随着每年干支的时间而有不同。

在台湾，年初一的习俗非常多，但必要活动就是"行春"，一般就是到附近寺庙上香祈福，也有求吉利的方向再"出行"的趣味习俗。然后就是到亲友家拜年，互道恭喜发财，绝对不能讲不吉利的话，或是做触人霉头的事情，不然会倒霉一整年。也因此，年初一还有很多禁忌，例如不倒垃圾、不打骂小孩、不碰刀、不拿扫把等。

大年初二就是媳妇回娘家的日子，这个习俗的缘起也与"年兽"的传说有关，嫁出去的女儿可以在这一天返家探视父母是否平安。在以前传统农业社会，女人出嫁后就不能随便回娘家，只有年初二这一天，女儿可以带着夫婿跟小孩一同回家做客，而且一定要带礼物，俗称"伴手"。

年初三是俗称的"老鼠娶亲日",相传这一天的晚上是老鼠出动结婚的大喜日子,所以年初三不进行祭祀祈福活动,而且入夜要提早熄灯就寝,隔天要晚起,以免干扰老鼠的好事。老祖先以前因为无法扑灭老鼠,于是衍生出这样以和为贵的习俗,确实饶富趣味。

年初四是"接神日",因为有"送神早,接神晚"的说法,所以一般是在午后敬备牲礼祭祀,迎回旧年二十四赴天庭的灶神及其他诸神。迎神后,当年生肖犯冲的人,就可以去寺庙"安太岁"以趋吉避凶。年节到了这一天也步入尾声。

年初五俗称"出年关"或"隔开",年节在这一天画下句点,几乎所有的年节民俗活动都到这一天终止。初五也是各行各业"开市"的大日子,因为财神爷就在这一天下降凡间。直到现在,公司行号全体员工都会在这一天择吉时、财位,供奉牲礼、糕品、鲜花水果,一同祭拜迎财神,以求财源滚滚。

过年的重要习俗有——

守岁:除夕当晚,全家都要通宵守岁,用意是取"不困,来年才不穷困"。守岁也被称为"守长寿夜",做子女的如果守岁越晚,越能替父母延年添寿。

发红包:也就是发"压岁钱",通常在年夜饭吃完后,长辈在红包袋里放钱,分发给未成年的晚辈,有讨吉利、镇邪压魅的意思。

放鞭炮："年"是一只会吃人的怪兽，它还有个名字叫"夕"，所以"除夕"的晚上要守岁，不断地敲敲打打，发出各种声响好把"夕"赶走，后来就演变成放鞭炮的习俗。因此鞭炮也是过年必备的物品。

除夕的晚上，接近深夜十二点，到处开始放鞭炮，很多人家放的还是一长串的，噼噼啪啪响好久，最后一声大大的"砰"，终于把"夕"赶走了！

小时候我们最喜欢把冲天炮架在酒瓶上燃放，那爆响的声音让人觉得又刺激又害怕，到今天都还印象深刻。现在的鞭炮则是越玩越新颖，除夕的夜空，俨然成了一场烟火秀。

舞龙舞狮：这是中国最有名的传统舞蹈，至今仍是华人地区每逢重要节庆必备的民俗文化活动，以祈求国泰民安、风调雨顺，并有趋吉避凶的意义。由于舞龙舞狮都需要有锣鼓阵伴奏，挥舞起来更生猛有力，因此几乎都是节庆最高潮的节目。

舞龙："龙"是中国独创出来，象征祥瑞的虚拟动物。舞龙最早可以回溯到汉代，是为了祈求甘雨降临而衍生的仪式；到了唐宋，舞龙已经是逢年过节常见的节目。

舞龙因为发展已久，随地域衍生许多形式。台湾多属于"南龙"，以竹木架构而成，龙身较长、较重，讲究气势；通常最短也有十米长，最长超过百米都有；每一条龙的节与节之间，相距应至少三米，才易于挥动，但龙节都是单数，再与龙珠算在一起，才是象征吉祥的双数。台湾以超过三十一节就称为巨龙。

舞龙由一人另外手持"龙珠"引导，称作"龙抢珠"，具有祈福和赐财的意义；持龙身者，则由舞龙头的人带领；不论龙身有多少节，每个人动作必须协调一致，才能舞出龙的形意。

舞狮：中国并没有狮子，但从汉代以后就有引入的记载。狮子因为是百兽之王，又受到佛教认为狮子有"镇灾避邪"的影响，因此古代就流行造石狮于宅府门前镇守。

《旧唐书·音乐志》记载：太平乐，后周武帝时造，亦谓之'五方狮子舞'。缀毛为狮子，人居其中，像其俯仰驯狎之容。二人持绳秉拂，为习弄之状。五狮子各依其方位，百四十人歌太平乐。舞以足持绳者，服饰作昆仑像。"显见早在南北朝就有舞狮的仪式。

岁时节庆

中国舞狮因为地域分为"北狮""南狮"。北狮又称为"瑞狮",但因为瑞字念起来有"睡"音,因此以广东为主发展的南狮,改称为"醒狮",所以现在很多舞狮团体名为"醒狮团"。北狮重马步、形意,南狮更讲究技巧、特效,已有武术的水平。台湾的舞狮多属于"南狮",依狮头形状分为"开口狮""闭口狮"。

舞狮大多为两人合作,一人舞狮头,一人舞狮尾,有非常多的制式桥段,其中最有名的是"采青",通常把青菜挂在高处,然后由舞狮者跃过层层障碍(大多是梅花桩),然后再"食青""吐青",有庆贺生意兴隆之意,最后再由主持人赐给红包以示感谢。这也是年初五开市,最常见的庆贺活动之一。

贴春联、年画、剪纸:过年张贴春联、年画的习俗,源自于挂在门上驱祟避邪的"桃符",最早始于汉代,因为桃符为红色,所以春联一律都以红色为底,再结合优雅的书法与吉祥的诗词,成为家户过年不可或缺的应景装饰,其中又以贴在门口两侧的"对联"最受重视。

年画则有驱邪避凶的神像画,以及各种讨吉祥的如意、聚宝盆或是民间故事版画等,种类繁多,多张贴于门板中间。

中国的剪纸起源于西汉。当时人们用麻纤维造纸,传说汉武帝的宠妃李氏去世后,武帝请术士用麻纸剪了李妃的影象,这大概是最早的剪纸。公元105年,蔡伦改进和推广前人的经验开始大量造纸,这种镂空形式因找到了更易普及的材料从而诞生了剪纸艺术。剪纸最常见的形式是"窗花",过年张贴的剪纸,大多是象征喜气的红色,内容包罗万象,一般的主题是吉祥如意、年年有余等贺岁词,或当年生肖以及各种民间神话故事。

这本冬天的专辑中,我在很多地方贴上剪纸作为摄影的背景,"生命礼节"篇也选择以剪纸的方式呈现,每一张都出自大师的手艺,图腾也都有祝福或深远的含义。譬如其中一幅有桃花和燕子,其谐音是"讨厌",如果外国朋友收到,也许无法理解我们的文化里藏有无尽的有趣陷阱吧。

桃符萬象更新年

爆竹連聲除舊歲

对联的艺术

小时候走在巷弄里，我还看不懂家家户户门上对联的深意，只觉得红纸被雨水淋湿或被太阳照淡了，有一种斑驳苍凉的感觉。随着年龄增长，才渐渐懂得我们拥有的这个独特文体的精妙。

对联的基本形式，是把具有深意的字句，搭配平仄语法组合成双，不仅有雅致、应景、教育、娱乐、应用的功能，还能抒怀或述志，体现善良、训诫、讽刺、炫耀等精巧的心思。

过年期间，家家户户都会为自家大门贴上春联，并在门框上方加一横楣（横批），增加趣味或加重语气。其中最常见的春联，右联写着"门迎春夏秋冬福"，左联写着"户纳东西南北财"；上方横楣为"千门瑞庆新"，把门户、季节、方位与所有的吉祥、安乐、祝福全涵盖在内。

张治先生所著《对联之研究与学习》一书中提及："不管是艺术上之抒情写景，应用上之吉、凶、庆、吊，总要存于中，形于外，出之于心，言之有物，这样才充实而有意义。"所以我们读对联时，在短短的字句中，能体悟它利用字义、字形、字音、对比来丰富词句的风采，呈现结构与气韵的铺陈，也能享受其意境与乐趣，并引发返思与深思。所谓的"吟诗作对"，凡认识中国字的人，都拥有这项特殊的权利，可以自我发挥。

过年的春联，大多富于除旧布新与喜庆纳吉之意，一般的对联或挽联，则更能显露人情世事的练达与微妙。蒋介石的文胆陈布雷去世时，于右任的挽联是："文章天下事，风雨故人心。"短短十个字，充分流露他对逝者的真情。一个穷书生太太去世了，他为亡妻写的挽联是："七八载夫妻，少米无盐空嫁我；三两个儿女，大啼小叫乱呼娘。"简易的文字，让人一看就有酸楚与敬重之心。

还有些对联则富于嘲讽意味，如"三间东倒西歪屋，一个千锤百炼人"，自嘲又带有傲骨。另如一座土地庙的对联为"噫，天下事，天下事，咳，世间人，世间人"，让我们好像看到掌管土地的庙神看着无知的世人猛摇头。还有一位余先生，他的妻子被高官夺走了，除夕那天就写了一副自我解嘲的对联贴在自家门口："佛云，不可说，不可说；子曰，如之何，如之何"！虽然请来了佛陀与孔子来解决家务事，文字间的深意却让人对他无可奈何。

以前家家户户需要有对联，很多文字都跟自己所从事的职业有关。最妙的是一位屠夫的家门口没有对联，据说明太祖经过就为他写了一对"双手劈开生死路，一刀割断是非根"，真是精准绝妙，让人拍案叫绝。

对联的撰写，文字是字字珠玑，书法则随人而异。楷书工整大气，草书龙飞凤舞，都能形成特殊情趣，让人赏心悦目，雅俗共赏。过年期间在门上贴春联，也有与人同勉、同乐、祝福的深远之意。

佛跳墙与家族树

儿女大了，所有的活动都得配合他们的时间表。女儿姚姚放假回台湾，年前就得回学校，我们姚、任两个家族，三代二十人加上姚姚的美国同学柏康共二十一人，提前于尾牙这天在我家吃了一顿热热闹闹的团圆饭。催生这顿聚餐的，就是姚姚。

我们两家结亲二十多年，常有各种亲族聚会，全员到齐吃团圆饭可是破题第一遭。大概也只有姚家这个长孙女请得动三代人挪出时间同聚一堂。为了应景，我准备了四十二个红包，里面装着巧克力金币及一句对联，上联的红包放在茶盘里，下联的红包分别放在餐桌的二十一个位子上，每人入座前先拿茶盘里的红包，再去餐桌找下联，找到即是自己的位子。这找位子的过程很有趣，立即把聚餐的气氛炒热了。柏康不会中文，他的对联最简单："一二三四五六七，七六五四三二一。"其他的对联则都是具有深意的吉祥话："鼠去牛来辞旧岁，龙飞凤舞庆新春"；"喜看大地莺歌燕舞，笑迎农家马壮牛欢"；"寻常无异味，鲜洁即家珍"；"紫米川盐样样不少，甜香酸辣味味俱全"……

这么多人聚餐，我们并没有叫餐厅外烩；除了我公公的日式红豆麻糬买现成，其他端上桌的餐点都是各人在自家厨房精心做好的。任家带来宜兴砂锅，上海式梅干菜扣肉，砂锅鱼头，狮子头，红豆松糕，乌鱼子，红烧蹄膀；姚家带来客家式梅干菜扣肉，素什锦，清炒时蔬，冷盘，润饼，车轮，台式咸年糕，卤肉饭。仁喜烧他的招牌西班牙海鲜饭，我做南京糯米团子与佛跳墙。我家三个孩子做了南瓜浓汤，台湾甜年糕，炒粄条及胡萝卜蛋糕。柏康则做意大利千层面。加上各房带来的日本清酒，葡萄酒，陈绍，梅子酒，吃的喝的近三十样。我公公说着台湾"国语"，我母亲说着吴侬软语，孩子们说他们的英文，我们中间这一代则一口标准普通话。东方与西方，外省和本省，三代人"混"得好尽兴！

聚餐之前，我特别把刚在电脑里完成的家族树列印了一张贴在餐厅墙上，树上共有两家八代三百二十一个人名，趁机让孩子们了解亲族的生命缘起与各人的成长密码，并增补遗漏之处。这可爱的家族树，在电脑里可放入个人简介、照片、通讯资料，还可加上各人想跟家人说的话、生活近况、工作成果或作品，让家族成员不管在何处都能上网点进去分享。仁禄将把这棵家族树放到他的博客，让所有亲人随时增补，相信它会不断长大，枝叶越来越茂密。

以前过年，我们家和姚、任两家的长辈总是分开吃团圆饭的。我公公姚望林先生祖籍福建漳州，出生于桃园，今年八十三岁，是来台第六代。一九二六年他出生时是日本国民，八岁入公学校接受日本初等教育六年，再读高等科两年，然后考入台北商工专修学校，毕业后考入台湾银行总行营业部工作。他青年时代经历了太平洋战争，并曾被日本政府征兵，好不容易抗战胜利回归为中国籍，却又于一九四七年亲历"二·二八事件"的打击。但他从不激进，辛苦地赚钱养家，以微薄的薪水成就四个孩子的高等教育，让他们在极度自信自在的环境中成长，追寻各自的梦想。

仁喜的母亲不幸于他大学毕业那年病逝，我们称她是"天上的阿嬷"。在我心目中，她与我公公都是最伟大的平凡人，才能把每个孩子教养得各具特色又各有成就：仁禄从事创意设计，仁喜做建筑设计，仁恭专长于灯光设计；唯一的女儿明芬则成了虔诚的基督徒。

公公与仁喜的继母住在汐止，每次我到他家，电视大多停留在NHK，我也因此获得一些最新的日本资讯。他的日文比中文好，喜欢写俳句，前几年八十大寿，儿女们特别帮他出版《我的和歌日记》。最近除了帮慈济功德会做义工翻译日文，有空仍然以写俳句自娱。

我家的背景和仁喜家是非常不同的。我父亲任显群是江苏宜兴人，母亲顾正秋是南京人，他们分别于一九四九年之前来到台湾，我父亲还是带着小白旗到中山堂去调解"二·二八事件"的成员之一，后来做过省财政厅长，任内发行"爱国奖券"并创设沿用至今的统一发票制度，不幸已于一九七五年往生。我母亲出版过《休恋逝水——顾正秋回忆录》等传记，年长的一辈对他们的故事都略知二三。

我母亲的外婆住在上海，因为父亲早逝，她与两个姊姊从小就跟着母亲从南京移居上海，经历过日本人进攻上海的惊恐，走在路上也常被日本兵刁难，后来又听说南京大屠杀的惨剧……只要说起日本人，我母亲与阿姨无不咬牙切齿说："没有人性！"前几年传出日本想篡改侵华历史，报章杂志大加批判，母亲又在我与仁喜面前大大数落了一番日本人。事后我打电话给她："妈妈大人，您说的都对，但别忘了，我的公公可是半个日本人哟！"她才突然想起，连说："对不起，对不起，我忘了。"

我平时很少看电视，每次去母亲家一定会看到几位固定的电视名嘴侃侃而谈，好像他们是她家的常客。那时我就会想起公公家的NHK画面。

我母亲与我公公年龄相仿，不

同的成长背景养成了不同的生活文化，一九八五年我与仁喜结婚时，对于双方习俗与礼数的不同煞费周章。我俩最后协议：你处理你那边，我打理我这边。

我公公曾告诉我姚家从福建移民到台湾的故事，充满了转折和启示。尤其是族谱的家训"善为传家之宝，深信因果报应，力行布施忍辱"，更让我了解他那平凡的家庭，为什么能教养出又有礼貌又有创意的儿女。我母亲常对人夸奖仁喜这个台湾女婿善良又孝顺，也常告诫我这"花头多"的媳妇不要吓坏了人家。这么多年来，我与仁喜秉持着"他不嫌我油腻，我不嫌他清淡"的生活哲学，彼此尊重和包容。在团圆饭的餐桌上，客家梅干菜扣肉微酸，上海梅干菜扣肉微甜，各有特色。同样是米做的台湾年糕与红豆松糕，都有着过年吉祥的味道。南京小团子与日本麻糬并列一盘，也一样的受欢迎。我同时观察到，下一代因为没有文化包袱，几乎是全盘通吃，他们的收获最多。

这顿团圆饭我决定做佛跳墙，也有着相互包容的象征意涵。好吃的佛跳墙的原则是需要让每一种食材保留自己的个性，但又可以汲取别的食材的精华，制作的食材也因人而异。我是以鲍鱼、婆参、鱼肚等海产为主轴，配以鸡、羊肘、猪蹄尖儿、虎皮鸽蛋、冬笋、火腿、香菇、猪肚、干贝等。这些食材都需预先分别处理，或发或泡，或蒸或煮或炸，过程极为烦琐，总之是要去其腥浊油腻之气。然后放入陶瓮加上鸡汤，密封后放入更大的锅中以小火焖蒸六个多小时，让味道相互融合。整个制作过程前后三天，呈现出来的是既厚重又清淡，美味难以笔墨形容。

整个餐会说说笑笑，孩子们还表演节目助兴。最后，每个人单独指着家族树上那片自己的叶片照相留念。我因为忙于上菜，等亲人走后才坐在这棵树前好好地喝一碗佛跳墙。那时突然觉得，我们的家族很像一锅佛跳墙，成员各有独特的才华，当聚在一起时，却是这般的浓郁芳香，而又清淡有味。

佛跳墙的做法

佛跳墙谁都会做，我花三天做出的可能是一样的，可真的喝下去那汤来的，长的样子跟几十分钟做出来时，才会知道功夫在哪里。

讲究的佛跳墙，材料应以海产为主轴：刺参、鲍鱼、鱼肚、干贝、接下来才是鸡、羊肘、猪蹄尖儿、鸽蛋、冬笋、火腿、冬菇、猪肚、骨头汤等，外加葱、姜等。佛跳墙的原理基本上是要把不同的材料分别进行处理后，最后再用相生相克的火候伺候着。

历来都是用陶制的酒坛作为容器，这一点请务必遵守。

发刺参，先用清水浸泡刺参一小时，清洗干净，之后用小火烧煮，记住一定要小火，保持水温在六十到八十度，每半小时换一次水。这样的动作要十二个小时以上，千万不要让刺参碰到油，否则会化掉的。我记得小时候看到家里的人也会用"水流答滴"的办法让水龙头滴一夜，也就是一滴水进去一滴水出来，如此来发参。鲍鱼的发制时间则是清水发三天之后，再在滚水中沸煮约五小时，大火煮时要垫竹底，熬它的汁为高汤中加入姜与绍酒水蒸。鱼肚是要用油发的，首先在油中浸透后将油浸的鱼肚和油一起倒入锅中，小火慢慢加热。鱼肚则靠油的温度慢慢发起，油发后的鱼肚浸在温水中半小时，变得松软起来，之后即可使用了。

冬菇要选高档花纹对的，发好后备用。冬笋越多越好，拍开来，过油变成金黄色。这两样都是清香鲜嫩口感与气味的来源。

鸽蛋要小心剥，保持完整的表面，与金华火腿先一起蒸，之后油炸后就叫作虎皮鸽蛋了。我喜欢把它放到一整碗的最上面。

羊肘是羊体膻味最弱、油腻最少的部位，却是跟海味最搭配的材料，余烫后备用。

干贝放到温水中泡发，之后放入已发好的鲍鱼的碗中，加入熬好的汤与金华火腿再蒸。鲍鱼蒸的时间要比干贝约长三四倍。

猪脚、猪肚与鸡余烫过水后，连同羊肘，与除了刺参与鸽蛋以外的东西下陶锅中，加入骨头清汤，密封后，放入更大的锅中隔水加热。锅底要垫上毛巾，水需要很多，中途要加水也须是热水，如果能用炭火来焖煮是更理想的。小火焖煮六个小时是跑不掉的。刺参放下去约两个小时，再放入虎皮鸽蛋在上面。

佛跳墙的料都是分别处理，再经过长时间的焖煮，让味道相互融合，最后呈现出来的人间美味是笔墨难以形容的。

过年吃年糕，有着"年年高升"的吉祥寓意。每次说起年糕，我只有三个字形容：了不起！我曾想，我希望世世生为中国人，可能就是为了贪吃我们的年糕哩。

在中国，不论是哪一省份，都有过年前做年糕的习俗。台湾年糕、宁波年糕、萝卜糕、发糕、松糕……同样是以米为主料，却在中国各省衍生出不同的形态与口味，也都经历各种繁复的程序。以台湾年糕为例，年前磨米，装袋压干水分，然后放入铁锅，加糖后不断以木棍翻炒，直到米糊转为褐色且呈膏状才倒入蒸笼；铁锅上留存的一层薄薄的粘黏，用锅铲刮下来吃，有着红糖的焦香与糯米的绵香，是孩子们心目中的人间美味。乡下人以大灶烧柴慢慢蒸年糕，一大笼通常需三四个小时才会熟透。

台湾的发糕，则有来年兴旺的寓意，据说台湾媳妇做发糕如果发不出来（上头没有开口），是会被公婆责怪的。以前的年代没有发粉，米粉又无法像面粉一样发酵，只有利用高难度的经验与手工技术才能保温发酵，做发糕确实是不容易的事。所以发糕出炉前，一家人都紧张地围在炉边盯着，蒸笼盖子打开来，若糕的上头有开口，就高兴地说："发啦！发啦！"若没有开口，就失望地说："啊，没发呢！"站在一边的媳妇可就要脸色难看了。

年糕的吃法也很多样，如台湾年糕有冷切、夹酸菜、干煎，还有沾蛋液或面糊油炸……加一点点油干煎台湾年糕最难，容易粘锅也容易黏在一起。有一年跟好友靳蓉在美国碰面，想吃点什么，翻冰箱居然有从中国城买回来的台湾红糖年糕，我拜托两个儿子帮我煎，跟靳蓉说：等一下说不定上来一个比萨吧。然后我俩继续聊天，聊了好久呀，几乎快忘掉年糕了，儿子居然端出一盘一片片外表完好且焦脆的红糖年糕！靳蓉大为惊讶，说男孩子哪有这么有耐性的呀？直说以后要帮他俩做媒哩。事后我也挺怀疑地问儿子：你们怎么煎得那么好？他们说，很简单，丢进一片年糕他俩就开始玩划拳，输的就去翻一下。反推这个道理，煎年糕只要隔一会儿替它翻个面，大多会成功的。

红色的龟粿，早年是闽南与客家人用于年节祭祖或是敬神常见到的供品。现在则普遍于传统市场，随时都可以买到。雕工细致的糕粿模子上，有着各式各样人们祈冀美好的愿望，让岁时节庆呈现出吉祥的寓意，这是

米食搭配民间工艺极为精湛的文化艺术。我照着龟粿，设计了一个盛器，配上了缎带翅膀，好像这只长寿龟可以飞起来一般。红粿的简单配方如下：1.糯米粉500克、细砂糖125克与水260毫升左右拌匀之后，将之分成一份与九份。2.将一份的米团入滚水煮熟，等浮起水面后捞出，再加入食用红色色素少许，与另外九份米团揉匀至有Q弹的手感，即成为外皮面料。3.将米团均分为五份，包入喜欢的馅料，揉成椭圆形，抹上菜油，铺在抹上菜油的模子上，压出图案后，把香蕉叶铺上，再自模子反扣出来，连同香蕉叶，放到蒸笼内。4.蒸锅煮水，等水烧滚后，将蒸笼放入蒸锅，改成小火蒸煮约十分钟即成。如果温度过高，刻印字的痕迹则容易糊掉。

红龟粿

年糕的制作法，我已经在春天谈米食的糕粿篇有详尽的介绍。这张乡下老厨房蒸年糕的画面，相信会唤起很多人的美好回忆。为了寻找这种老厨房，我在阿里山区绕了很久，见到有烟囱的人家就去敲门拜访，希望能看到保存完好的老厨房，并拜托他们过年前借给我拍照。几次探访都无所获，有次去洗温泉时，向一群婆婆妈妈请益，才知道有一位经常碰面的妈妈，老家在梅山，虽已无人居住，但仍保有一个老厨房，于是向她借来拍照。为此还劳烦附近的老婆婆配合做出传统的台湾年糕。拍摄前，我先去寻找大蒸笼、道具与剪纸，并在摄影前大清扫与布置，终于呈现这张结合了老厨房蒸年糕与过年气氛的画面。看似简单的一张照片，前后费的功夫好像拍电影一样的曲折呢。

米磨碎了再加入不同内馅，制成的糕，就是年糕。不同地域的米，造就不同年糕的风味，图片中是台湾过年期间，市场上可以买到的变化多端的年糕。

自古磨碎米的石磨，都是用上下两个重圆石，中有轴心，有可以放入米的孔洞，把米放入后，经由石头的厚重与磨齿辗压米粒，磨米的方式大致上分成干磨，水磨或是湿磨法。

干磨的米分成用极为干燥的米，直接磨出的为"生粉"；或是米烘焙熟了再磨出的为"熟粉"。

水磨粉是把米泡软加水磨出的米浆导入布袋中,扎紧开口处,置于长板凳上,以扁担绳子挤压去水分,或是用石头重压去除水分,或是用稻草灰把水分吸干,这一类称为"粿粉团",再将之细密揉搓出的则为"水磨粉"。湿磨粉则是把米泡软后不加水直接研磨,称为"湿粉"或称为"潮粉"。

以糯米做出的粿粉团如台式咸年糕,或是台式甜年糕,蒸熟后质地柔软绵黏。以不同配比的蓬莱米或在来米磨混搭磨出的生粉又称松糕粉,可以做出松细可嚼的各式松糕。水磨糯米粉又叫"元宵粉",水磨在来米则称为"做粿粉",如宁波年糕。

在来米浆与萝卜丝、干贝、香菇、红葱头做成的萝卜糕,或是与南瓜制成的金瓜糕,已经成为过年送礼很好的选择。福贵糕是以杉林园区的糯米,搭配进口糯米,制成细致如蜜粉般的雪花糯米粉,其珍贵之处是每公斤糯米只能研制约六成的糯米粉,再搭配大量柴烧的桂圆肉,与核桃,与小麦草熬煮成的麦芽糖组合而成,可以直接食用是一个突破,口感Q弹,香溢四处。台湾还做出了用红枣为装饰的草间弥生糕,让人看了发出会心的一笑。

中国博弈 麻将

麻将是四人博弈游戏，与象棋、围棋并列中国三大博弈国粹，近一百多年也逐渐风行全世界。特别是逢年过节，"方城之战"已经成为亲朋好友之间最为盛行的博弈游戏。

但象棋、围棋比较讲求技艺，麻将的输赢则运气成分较高，一般专家认为，打麻将的运气占六成以上，技术则不超过四成，赌博的性质较浓。

正因为麻将总与赌博画上等号，所以在海峡两岸，原本一直不被官方鼓励，只有香港可以合法打麻将。不过中国大陆在改革开放后已把麻将列为合法的运动项目，并制定"国标麻将规则"，淡化其赌博性质。然而在台湾，即使是自己家打"卫生麻将"，要是被人检举，仍会遭到警察的劝止，甚至取缔；近年有人举办公开的麻将大赛，也都受到检警的高度监视。不过麻将传到日本后，不但成为合法休闲运动，还广为流行，在大街小巷都可看到人声鼎沸的"麻雀馆"，成为最热爱麻将的国家。

麻将自清代末期才开始盛行，其由来则众说纷纭，难有定论；不过也和象棋、围棋一样，是逐渐发展、改良而来。

早在先秦时代，中国就发明了"陆博"、是牌子与骰子的组合游戏，必须先掷骰子，才能根据骰子点数抓牌开始玩，性质与后来的麻将类似。

近千年前，宋代出现名为"马吊"的博弈游戏。宋朝名儒杨大年还曾撰写《马吊经》一书，可惜现已遗失。"马吊"盛行于明代，是一种纸牌游戏，共有四十张牌，分为十万贯、万贯、索子及文钱等四门。但"马吊"在清代演变为"默和牌""碰和牌"及"棍牌"，玩法和规则像是四人游戏，牌改为三门，有吃与碰，也与后来的麻将十分类似。

关于麻将的起源，目前公认是源自浙江宁波。当地著名的"天一阁"书院，还特别设立"麻将起源地陈列馆"，强调麻将是清代咸丰年间的宁波人陈鱼门发明并定出规则和打法的，馆内也有丰富的藏书与文物作为考证。

陈鱼门善于航海，做过衙门的师爷，从小聪慧、并精通纸牌。因为有感于纸牌易损坏，所以就把纸牌改成竹骨的材质，并从"碰和牌"承袭万、筒、索字共一百〇八张牌，再把"默和牌"原有的"公""侯""将""相"，改为航海注重的"东""南""西""北"四个风，"文""武""百"则是取考功名都期盼的"百发百中"谐音，改为"红中""白板""青发"，因此再增加七个字共二十八张牌，组合成为一百三十六张麻将。

由于宁波当时是通商贸易要港，陈鱼门发明麻将后大受欢迎，很快就广为普及，并且东传至日本。清末作家徐珂，经过多番考据后也在《清稗类钞》一书中认定，麻将确实从宁波流传出来。而且麻将原本称为"麻雀"，因宁波方言"雀"与"将"同音，后来才有麻将的称呼。我们现在称"胡牌"，其实原本叫"和牌"，也是因为与宁波话同音产生的演变。

后来许多地区的麻将还多了"梅、兰、竹、菊、春、夏、秋、冬"八个花牌，起源已不可考，主要是用来增加打牌的乐趣与刺激。台湾与广东麻将都有花牌，因此麻将总张数为一百四十四张。但日本与中国台湾南部地区大多不打花牌。

麻将的玩法

麻将主要有万、筒、索（台湾称为"条"）三门，每一门三十六张牌（一到九，各有四张牌），再加上东、南、西、北、中、发、白七个字也是各有四张牌，因此一副麻将共有一百三十六张牌。如果打花牌，则再加八张，总共为一百四十四张牌。

麻将的玩法与规则，各地不一。大多打十三张，台湾则是打十六张，也就是抓十六张牌。以下介绍的是台湾麻将的玩法：

凑足四人上桌，首先要"搬风"，拿出东、南、西、北风各一张，牌面朝下，然后公推一家负责掷出三颗骰子，再按照掷出的点数，依逆时针序轮点，点到之位定为东，然后依序抓风牌，再依逆时针方向决定座位。

就定位后，首先要"洗牌"，把桌上的牌面翻为朝下，然后双手把牌洗均匀。接着就要"砌牌"，每人要在自己面前砌出十八墩牌（一墩就是上、下两张叠在一起）；如果不打花牌则是十七墩。

接着由坐东者再掷骰子，点序的人先当庄家。庄家负责掷骰子并先拿牌，拿牌是依庄家掷出的骰子点数，由顺时针算起，每人每次摸进两墩牌，每人总共拿八墩；庄家必须开门牌，就是多拿一张牌，总共为十七张。拿完牌并补完花牌后，由庄家打出第一张牌，正式开战。庄家如果和牌可以继续当庄，称为"连庄"；如果没有，就"下庄"换逆时针的下一家"上庄"。

麻将并不难打，庄家丢出开门牌后，各家依序摸进一张牌，再打出一张不要的牌。如果上家打出一张牌是三万，你的手上有一万与二万，就可以把这两张拿出来吃三万，并置于门前，吃到的三万要摆在一万与二万的中间，然后再打出一张牌，这就叫作"吃牌"。

"碰牌"则是你的手上已经有两张相同的牌，只要任何一家打出来，都可以叫碰，然后把手上两张拿出来，与碰到的牌和在一起置于门前，再打出一张。碰牌是比吃牌要大的，也就是上家打出一张三万，下家就算叫吃，但别家要是喊碰三万，以碰牌者优先。

"杠牌"则是你手上已经有三张一样的牌，要是摸进第四张，可以"暗杠"置于门前，然后再从牌尾补一张牌进来，再打出一张不要的牌。如果是别人打出第四张牌，你可以喊杠牌，程序一样，但必须亮牌，称为"明杠"；不过明杠补进来的牌，是不可以胡的。

"补花牌"则是摸到花后，从牌尾补进一张牌，然后再打出一张不要的牌。麻将打开拿牌时，如果有花牌就要拿出来置于门前，由庄家先补牌，补完要喊"请补"，补完的人要喊"过补"，接着依序为之。这是为了怕有人忘了补牌，变成不能和牌的"相公"所规定的基本礼仪。

　　打麻将最重要的当然是"和牌",打十六张麻将,五个搭子与一对将牌就可和牌。所谓"搭子"就是同一门的顺序组合牌,例如"一万、二万、三万",或是三张一样的碰和牌。五个搭子凑齐,再搭上两张一样的将牌,就可和牌。

　　"听牌"就是和牌还差临门一脚,例如你的牌其他搭子与将牌都齐了,手上还有五筒、六筒两张,你就是在听四筒、七筒两张牌。如果有人打出来,你就可以叫和,这就是和牌,被和的另一家就是"放铳"(或称放炮)了,要算台费给你;如果四筒、七筒是你自己摸进来的,称为"自摸",另外三家都要算台费给你。

　　麻将也有犯忌讳之说。我父亲是一位大而化之的人,不常打麻将,从来也不太相信什么忌讳。有次他打麻将,遇到一副牌是大四喜,也就是东南西北各四张全都被一个人摸到或碰到。逻辑上这是不可能的事情,一般人也都不相信自己可以手气这么顺;万一真的这么顺,也要回避一下的。我母亲说,我父亲过世前,最后一次打麻将,牌风顺到要什么牌就来什么牌。一般人遇到这种情况,都知道回避一下,情愿让自己不要和牌,也不要变成邪了门的顺。但我父亲就是不懂,最后还犯了更大的忌讳胡了西风。一般人在丢出不要的废张时,都知道万一前面三家掷出西,第四个人就算是有废牌西,也不能跟着丢,好像有点送上西天的意思。总之,我父亲在那副大四喜之后,就再也没有上牌桌的机会,不久就过世了。打麻将偶尔会遇到一些很玄的状况,我觉得不需要问为什么,只要随着前人说的习俗,不要硬冲就好了。

仁喜念大学时，跟几个朋友打麻将，那时他还没有什么经验。打麻将的规矩是自摸时不可以靠牌，也就是必须把摸到那一张让他和牌的牌分开放。有一次他是庄家，拿完了四次牌，仓促间拿了头牌，照例排整齐，正想着该出什么废牌时，却发现没有废牌，原来他和了，这叫天和，是一个最大的牌。对面三个穷学生全愣了，半天没有人相信，这时一位输不起的同学高喊："自摸靠牌！"其他两位相互看看，觉得太残忍，最后三人协商，他们无法拿出天文数字的赌注，就以起立鼓掌表示最高的敬意。几十年过去，仁喜说起这事还挺失望的呢。

对喜欢打麻将的人而言，"三缺一"是很难受的事情。我有位伯伯很喜欢打麻将，有次来我们家打到快吃晚饭时，突然想起必须去帮一位晚辈证婚，那滋味可真难受呀！他跟他太太匆匆离去，证婚讲了几句话又匆匆赶回来打，他太太一进门就跟大家宣布，他证婚完了以后，跟主婚人拉拉手，要扯一个谎说不能留下来吃饭很对不起，结果居然说：我还要去参加一个"长辈"的结婚！他太太嘲笑他爱麻将与怕别人三缺一的猴急，居然把"晚辈"说成了"长辈"。那年头，哪有长辈还要结婚的嘛！可见人起了麻将瘾是会昏头的。

在赌博场合里，有一种特别的人叫"郎中"，就是牌技高超，艺高胆大，却会作弊骗人的人。即使一般人打麻将，偶尔也会遇到这种人。我哥哥与好朋友就遇到过，经过很多次奇怪的输钱的感觉后，他们决定要查个究竟。那位郎中在银行做副理，人模人样的，但他会在洗完牌拿牌时，趁大家在理牌的时候换牌，也就是把他不要的，趁着他拿新牌时藏在手心里，等抓回新牌时换掉不要的牌。某次，哥哥与好友见状有异，相互使个眼色，两人同时站起来压住他的手掌，终于当场抓住那个恶客。所以，打麻将应以娱乐为先，不要跟不熟识的人打，这点也是该注意的。

麻将输赢的番数计算，有一些统一的标准，但也有很多例外。记得小时候家里玩的是十三张麻将，大概是因为实在太难和牌，就改成十二张带宝，也就是心里有一张牌，因此，产生更多的几率与变化。那时没有春、夏、秋、冬、梅、兰、竹、菊八张牌，但另有八张宝牌。打出的废牌要放在自己家门口，让其他三家推断自己在做什么牌。常常听到的术语是"几番起和""逛花园"……还有计算番数时那些复杂成倍数跳跃的公式，不是现代人愿意伤脑筋的。十三张麻将是三家付给赢家，这点最不公平，但也说明了这是需要比较高深的牌技，大家的程度相当才可以成为牌友的。十三张麻将门槛高，脑力持续激荡，进出很大，非常刺激；十六张台湾麻将又名推倒和，则相对轻松许多，入门比较容易。我的朋友宝玲的结论是：预防老年痴呆，就只有打十三张麻将了！对她而言，十六张麻将："根本就是在抢钱嘛！"

十三张麻将论"番"数；十六张麻将论"台"数，输赢的计算，有一些统一的标准，但也有很多例外，现在很多人也会把十三张的做牌法运用到十六张。我向朋友抄来一份仅供参考的台数计算表，也把失传的十三张麻将做牌方式与番数计算整理如后，相信事先把计算方式说清楚，也是打麻将时必须遵循的。

麻将是一个数学游戏，也是一个非常好的头脑运动游戏。因为玩的时候需要强行博记自己与别人打过的废牌，以此来预估别人的牌路，并且计算见过的牌有几张，才能换算下一张可能是什么牌。有一次我请教我的赌王朋友王允中怎么样可以和牌？他轻松地说："唉哟！不过就是一百四十四张牌嘛！"几个朋友定期的聚会聊聊天，喝点小酒，打打小牌，吃点点心，是很惬意的。对于退休的长辈，也该鼓励他们没事打打麻将，是一件快乐且健康的活动。

麻將十六張台數表

一條龍(明)	二台	三槓	七台	明槓	一台
一條龍(暗)	五台	小對碰	一台	△兩強絕張	七台
一摸四	四台	※天胡	四十台	海底一筒	十台
一獨	一台	◎五暗勀	四十台	(撈月)	
八花	三十台	※天聽	十五台	海底自摸	五台
七搶一	二十台	○半求人	三台	清一色	四十台
二暗勀	三台	(外加自摸)		混一色	十台
二槓	三台	※尼咕	二十台	無花字	三台
小三元	十五台	四喜(無大小)	三十台	絕張	三台
大三元	三十台	四暗勀	十台	暗槓	二台
小三風	五台	四槓	十五台	搶槓	二台
大三風	十台	○全求人	六台	※槓開五筒	五台
小尼咕	八台	※地胡	三十台	※槓開	二台
小平胡	三台	字(無字)	一台	(摸四張暗槓)	
大平胡	十台	自摸	一台	槓開	一台
小四喜	二十台	※地聽	十台	(摸花或明槓)	
大四喜	三十台	門清	二台	對碰	一台
小胡	五台	花(無字)	一台	對對胡	十台
三暗勀	五台	花槓	二台	獨獨	二台

※ 為台數外加表列台數　　○ 加計獨獨
※ 尼咕自摸只算一摸二(不算門清)　　△ 只剩一張時胡
◎ 不再算對對胡

麻將十六守則，敬希愛好者共同遵守

一、按時赴約，不得有遲到早退之行為。
二、圍數圍定，不得有臨時延長之行為。
三、說吃就吃，不得有反覆無定之行為。
四、叫碰就碰，不得有猶豫不決之行為。
五、棄牌甩掉，不得有取回另打之行為。
六、輕事輕放，不得有擇牌砸臬之行為。
七、摸牌要快，不得有礙手礙腳之行為。
八、一團和氣，不得有拾零爭搶之行為。
九、保持風度，不得有怨天尤人之行為。
十、敬重牌品，不得有句結明張之行為。
十一、嚴守口風，不得有喳呼擾人之行為。
十二、看牌不語，不得有批評全張之行為。
十三、觀牌不言，不得有說謊包包之行為。
十四、抓牌按規，不得有先打後抓之行為。
十五、放牌按順，不得有東放西放之行為。
十六、輸錢付帳，不得有死皮賴帳之行為。

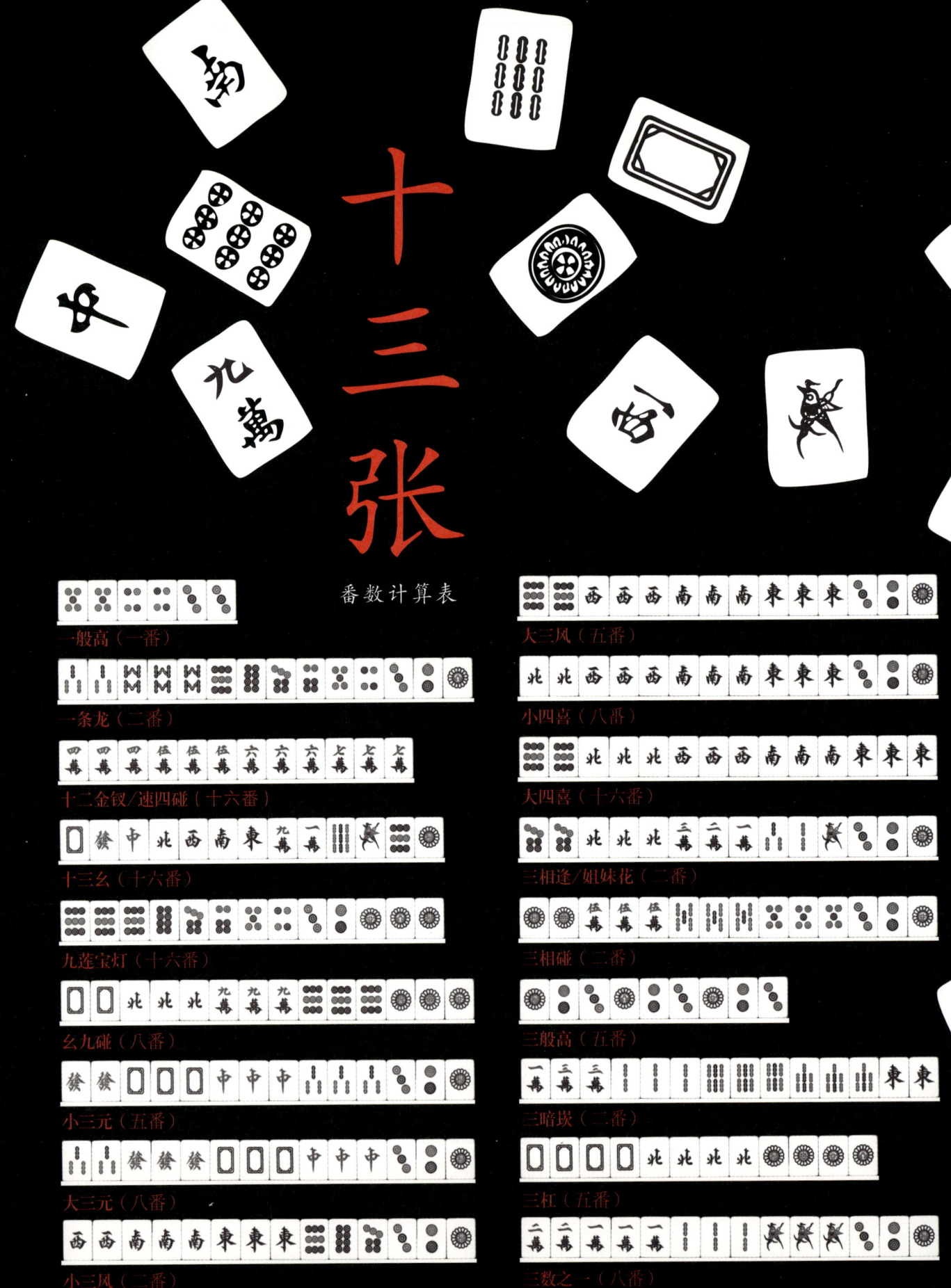

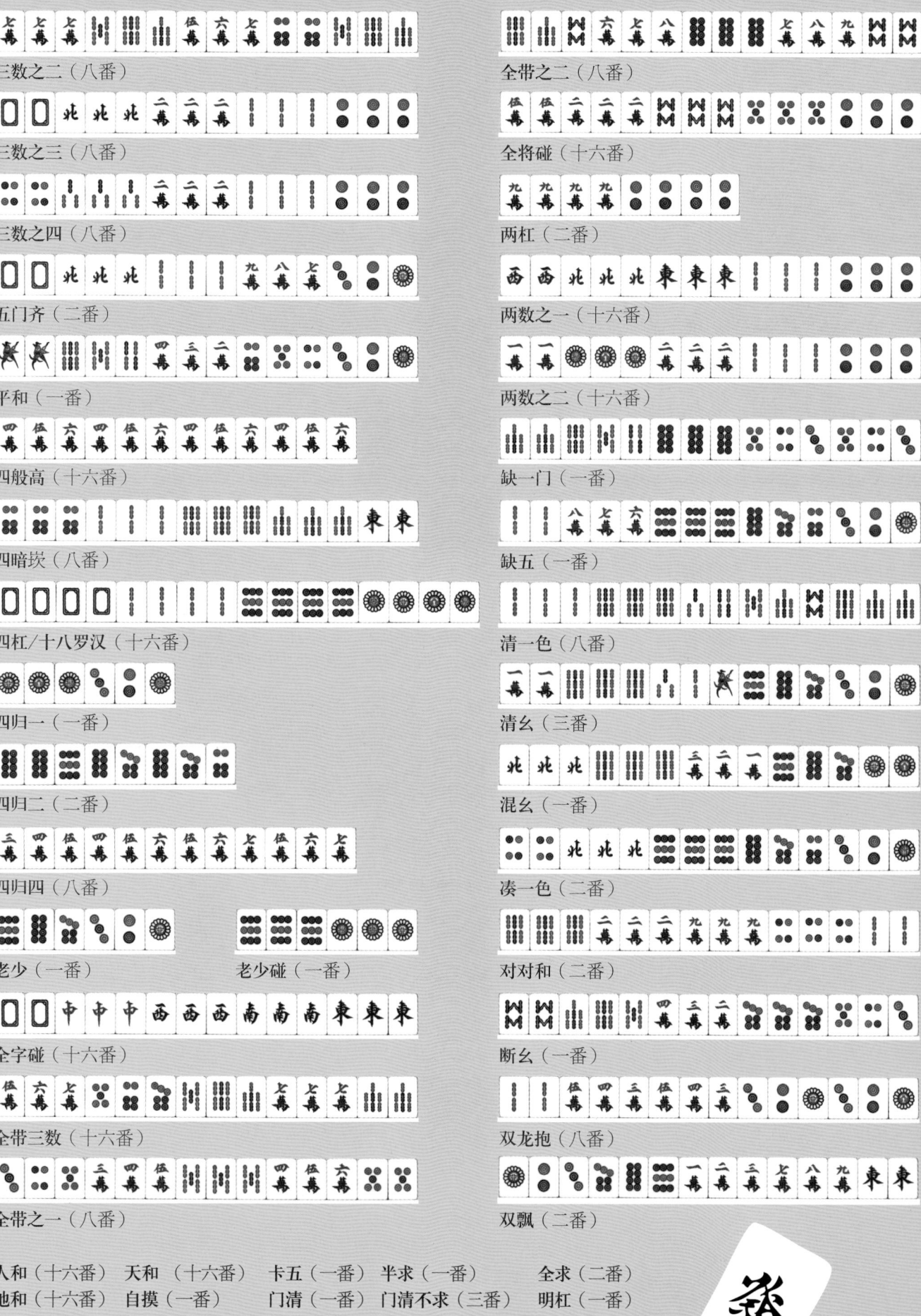

　　象棋是中国最广为流传的两人对弈棋艺游戏，根据汉朝《说苑》记载，早在战国时期就出现了"象棋"，但游戏方法大异其趣，与现在的象棋并无渊源。因此象棋的起源，应回溯至南北朝时期的北周武帝曾制定《象经》，并集合百官讲说"象戏"，后来至唐朝衍生发展为"宝应象棋"。

　　根据历史记载，宝应象棋的棋盘为八乘八的黑白格子，棋子已有上将、军师（士）、象、辎车、天马、六甲（兵卒），走法与现在象棋一样，因此被视为中国象棋的起源。

　　在北周武帝同一时期，印度也出现名为"恰图兰卡"（Chaturanga）的棋艺游戏，与宝应象棋极为相近，后来传到中亚、欧洲，演变为今日的国际象棋，也就是"西洋棋"。只要略懂象棋与西洋棋的人就知道，其实很多棋子的走法相同，因此这两种棋艺系出同门的可能性相当高。但究竟是中国还是印度先发明的，至今仍有争论。

　　象棋发展到南宋，奠定了今日棋制的基础，也就是以宝应象棋为本，参考战国末年刘邦、项羽争霸天下的故事而成，棋子分红、黑两军，棋盘中间分汉界、楚河，棋子并多了包（炮），共有三十二枚棋子。其中，将（帅）、士（仕）只能行走于所谓的"九宫"之中。棋盘虽仍为六十四格，但棋子不再行走于格子中，而是十条横线、九条直线组成的九十个点。一般认为，棋子增加炮，与北宋已发明火炮有关。至于为何两军各有五个兵卒，则是因为古代皆以五位士兵为一伍。

　　象棋到了南宋，几已成为全民运动，至今仍是华人社会最为普及的棋艺游戏，主要原因是入门简单，不像围棋那么难下，但个中棋理又博大精深，引人入胜，而且还衍生出暗棋、三国棋、象棋麻将等多种简易玩法。

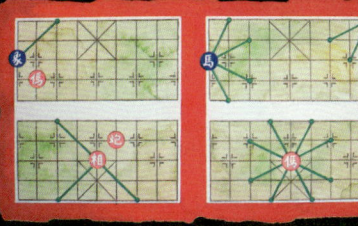  

象棋的玩法

象棋是两人对弈，分红、黑两军，在开战前先把棋子摆成对称的局，然后由红方先走，一次只能移动一枚棋子，到另外一个空的交叉点，如果那个交叉点有对方的棋子，就算吃掉对方并占领交叉点，最后以谁先吃到对方的将（帅）算赢，但也有可能发生和局。以下是各子的走法：

将（帅）：将是最重要的棋子，一旦被吃或是被逼到无路可走就算输。将一次可走一步，上下左右都可走，但不能走斜线，而且活动范围只能在九宫之内。将还有一个有名的规则就是"王不见王"，也就是将跟帅不能在中间没有其他棋子相隔的情况下面对面。如果九宫的三条直线，有一条已经有将，另一方就必须回避不能走，否则就会被对方直接过河擒王。

士（仕）：士是将的贴身护卫，一次只能移动一步，而且士是走斜线，不能走直线，与将军一样只能限制在九宫之内活动。因此，士总共只有五个点可以走。

象（相）：象也是属于防卫性质的棋子，所以只能在自家的范围内活动，不能过河。象是走"田"字形，也就是从四个方格的尖端，飞到另一个对角线的尖端；但如果田字的中间点，刚好有其他的棋子，象就不能移动，这叫作"塞象眼"。

车（俥）：车是威力最强的棋子，只要中间没有阻碍，它可以在直线、横线飞到任何一个点，没有距离限制，但不能跳子。如果中间有对方的棋子，就可吃掉并停在那一个点，不然就是走到己方的棋子前一点就必须停下。

马（傌）：马是走"日"字形，也就是从两个方格的尖端，跳到对角线另一端。马如果摆在棋盘中间，一次共有八个点可以走，因此被称为"威风八面"的强子。但是马有"拐马脚"的限制，如果马的旁边有棋子，就不能越过该子走日字了。

包（炮）：包跟车一样，如果没有阻碍，可以在直线与横线畅行。但是包的攻击方法很特别，它必须中间有一个棋子当作"炮架"，才能吃掉炮架另一头的敌方棋子。因为方法跟跳棋一样，所以包吃子，一般称为"跳"。

卒（兵）：卒是象棋最基层的兵种，一次只能走一步（直线），而且只能进不能退。不过小卒要是过了河，就可以左右移动，威力大增。

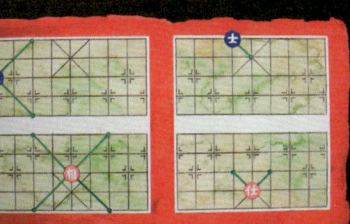    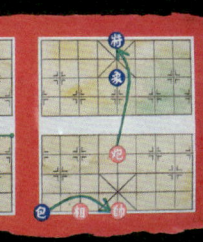

围棋是中国老祖宗最伟大的发明之一,也是历史最悠久的博弈游戏。"弈"这个字就是指围棋。在好弈者的心目中,围棋精妙无穷,蕴含宇宙天地阴阳的哲理,绝非仅是博弈,实已达到艺术的境界,更是中国文化精髓"琴棋书画"的代表之一。

晋代《博物志》中说"尧造围棋以教子丹朱",意指早在公元前两千多年,尧帝因为儿子丹朱性情急躁,因此发明围棋教诲其子的心性。虽然因为毫无史料可考,被认定应是古代好弈者穿凿附会之说,但围棋至少在两千五百年前的春秋时代就已盛行,而且到了战国时代还出现职业棋士名为"弈秋"。

孔子于《论语·阳货》篇就曾说:"饱食终日,无所用心,难矣哉。不有博弈者乎!为之犹贤乎已。"意思是说,下围棋至少比整天吃饱没事干要好些。虽然圣贤如孔子,言谈之间对下围棋并非语带肯定,但《论语》也曾记载,孔子周游列国,随身都会带着围棋,由此可见当时对弈风气之盛了。

历史学家多认为,围棋所以从春秋战国时期盛行,应与当时战事频繁有关,因为下围棋除了有助心定气闲,更与打仗调兵遣将、运筹帷幄的思维多所相通。到了汉代,围棋的棋谱更被视为兵法之一,成为仕宦阶层必修的一门学问。

根据出土的古物显示,纵横交错的围棋盘图形,也是经过由简单到复杂,棋子由少到多,着法由单一到多样的发展而来。从最少的十条纵横线交错而成,逐渐增加到十三、十五、十七条,大约在魏晋南北朝定型为目前的十九条线、三百六十一颗棋子。

围棋到了唐代更为盛行,唐玄宗还设置"棋待诏",官拜九品,隶属翰林院,由政府来养棋士。围棋并在唐代传入日本,产生深远的影响,因为日本对围棋更为风靡,不但发展成为"国技",形成全民运动,后来实力还凌驾中国之上,许多规则与用语,反而传回中国,形成文化回流,甚至欧美还误以为围棋是日本发明的。围棋的英文"GO",也是源自日本的说法。

日本并首创职业制度,棋手分为九个等级,最高为九段(源自魏晋南北朝的九品制度),不断精益求精,向外推展,围棋也因而成为世界重要运动项目。不过中国棋士仍代有人出,吴清源、林海峰、聂卫平都曾称霸棋坛不坠。近年,韩国反而有后来居上之势,不但围棋人口密度高居世界第一,韩国棋士也在重要比赛经常夺冠。

围棋的玩法

顾名思义,围棋就是对弈双方以棋子来围棋盘上的地域,谁围的地域大就赢。正式比赛的围棋盘上共有十九条纵横线、三百六十一个交叉点,一盘棋的胜负就是由对局双方最后的活棋所占据的交叉点有多少来决定。

围棋的棋子分为黑、白两色,大多形状为两面凸的,也有一面凸一面平的,质料则多为塑料制成,比赛通常由黑子先下。一般是由较资浅的、段数较低的持黑子。

正式比赛的棋盘均为木制,为了便于辨识棋子的位置,棋盘上有标示九个黑点叫作"星",正中的黑点又称为"天元"。棋盘可分为九个部分,分别称为:左上角、左边、左下角、上边、中腹、下边、右上角、右边、右下角。

对弈除了棋盘、棋子,正式比赛因为有出手时间限制,还要准备棋钟。

围棋的游戏规则有中国规则、日韩规则以及应氏规则,规则繁复、专业名词、术语甚多。初学者只要熟读当地规则,即可开始享受围棋的乐趣了。

农民历

中国人的
十二生肖

中国人纪年，除了运用"天干地支"外，一般还会使用"十二生肖"，也称为"兽历"。相较于天干地支，"十二生肖"简单易懂，即使到了现代，人们依然经常使用它来计算年龄，推算流年吉凶，是生活中面对重大选择时的参考依据。

中国历史上对于"十二生肖"的完整记载，最早出现在东汉王充所著《论衡》一书，其中清楚排列着：鼠、牛、虎、兔、龙、蛇、马、羊、猴、鸡、狗、猪。

对于十二生肖，很多人好奇，它是怎么产生的？为什么老鼠排第一，而行动敏捷又与人亲近的猫却不在排行里？

对此，也许可以从传说里寻找答案。据说玉皇大帝有一年过生日，号令所有动物在正月初九前往祝寿，并将依照抵达先后，选定十二种动物担任通往上天之路的守卫，依序按年轮班。当时，猫与老鼠还是好朋友，约定一起前往。不料，正月初九那天，平时常受猫欺负的老鼠刻意不叫醒猫，独自先行出发。

一路上，老鼠过关斩将，却在最后遇到了一条河，因为不会游泳，无法渡河。正在望河兴叹之际，老实的牛来了，机灵的老鼠就央请牛载它一起过河，然而一抵达对岸，老鼠就纵身一跃上了岸，夺下第一名，吃了闷亏的牛只能屈居第二。稍后，虎、兔、龙、蛇、马、羊、猴、鸡、狗、猪也陆续到达。被摆了一道的猫终于赶到时，已经是正月初十，玉皇大帝的生日已过，气急败坏的它从此与老鼠水火不容。

除了这个充满想象的古老传说深植人心，"十二生肖"的来源还有各种说法。比较科学一点的讲法是，"十二生肖"乃依照动物出没时间与生活特性所排列，例如老鼠的活动时间通常是晚上十一点到凌晨一点（子时），牛则是清晨一点到三点开始农务（丑时）……以此类推。

还有一种比较玄学的说法，是根据中国阴阳五行所排列：子寅辰午申戌属阳，以奇数搭配，则选定五趾的鼠虎龙猴狗及单蹄的马；丑卯巳未酉亥属阴，以偶数配，因而选择四爪的牛兔羊鸡猪以及无足的蛇。

"十二生肖"不仅在中国广为流传，在深受中国文化浸养的东南亚国家也被广泛运用。但随着当地文化的演进，各国的十二生肖也有些微的差异。例如泰国十二生肖中的龙，指的是"纳加"而非中国传统的龙；日本的"猪"，所指为野猪而非家畜等。

"十二生肖"的流年运势是中国《农民历》里不可或缺的重点。新的《农民历》出版时，人们总是习惯立刻翻开生肖运势，快速浏览自己新一年的运图走势。如果是"本命年"的正冲或者遇上偏冲，家里的长辈总不忘去庙里"安太岁"化解。

所谓本命年，指的是当年地支与出生年相同，简单来说，属"鸡"的人如遇鸡年，这一年就称为他的本命年。一般相信，遇到了本命年，运势将会面临大起大落的变化，因此，为求一年平安顺利，各地也发展出不同的习俗，像是挂"红腰带""红手链"以求避邪躲灾；或者佩戴自己的生肖饰物……而台湾和香港则是习惯在本命年和冲年"安太岁"。

在相命学上，生肖依照五行变化推算，而有所谓"破、刑、害"的相生相克之说，例如鼠冲马、牛冲羊、虎冲猴、兔破马、龙破牛、蛇破猴、鸡害狗、狗害鸡、猪害猴等，这也是老一辈的人认为年纪相差三、六、九岁不宜婚配的原因。

生肖的特质，经常会反映在人的个性上，所以有人说属牛的人比较勤奋老实，但也可能会有牛脾气；属蛇的人比较灵活，但可能会显得滑溜……一般人特别期待"龙年生龙子"，因为在中国人的观念里，龙代表祥瑞、权力；此外，为求婚姻幸福、早日得子，新婚安床也有找个属龙的男孩"滚床"的传统。

肖虎的人则被认为是"命硬"之人，所以古时候娶媳最忌属虎，使得属虎的女子常常故意多报或少报一岁，隐瞒属虎的事实，以求个好姻缘。除此之外，婚礼也忌属虎之人，他们不但不能观礼、闹洞房，也不宜探视孕妇与新生儿。也因此，以前的虎年被视为凶年。中国人对生肖的深信不疑，从"虎年生育率骤降、龙年出生率暴增"的出生人口数统计资料里，就可以一窥堂奥。不过虎、福同音，现代人为了安民心，常把"虎年到"说成"福年到"，期望大家在这一年逢凶化吉。

插画家叶子明为本单元绘制了剪纸版本的十二生肖，是不是饶富优美、创意与幽默？找找看你属什么，欣赏这优美的民间习俗艺术。

岁时节庆

《农民历》中的食物相克图

《农民历》除了纪年外，在资讯不发达的古代，也是生活经验传承与散播最有效的通路。《农民历》虽有不同版本，但绝少不了"食物相克图"，用简单的插图解释什么东西搭配着吃会中毒，部分内容至今仍然是人们日常生活饮食的参考。

《食物相克图》里最常出现的是鱼类、毛蟹、田螺和蛤等水产类食物，红柿和李子在食物相克表中，也被列为"危险水果"；牛奶出现的比例也不低。现代医学进步，医生们认为食物相克图里，有些内容可以用科学方法解释，例如"牛乳+醋酸物"会产生"腹中症结"，是因为蛋白质碰到酸，本来就会凝结；水产类食物因为容易腐坏或有寄生虫，本来也就容易吃坏肚子。在医疗卫生进步的现代，无论中、西医的医生们都认为，大部分的图示只是老祖宗的善意提醒。

"食物相克图"记录了老祖宗在没水没电的生活里，累积下来的智慧与经验，这种非科学的传统，就像老人家说指月亮会割耳朵、咬指甲会克父母、摘牵牛花会下雨等俚俗传说，其实，都只是反映了古人对天地自然万物的谦卑与自持。

以食為天

主食

鸡

一只鸡的全身都有利用的价值。鸡胸肉,没有筋,可以切片切丁切丝,或捣碎成泥;翅膀或翅鼓、皮厚,可以卤或红烧;鸡腿可以烧烤;凤爪鸡脚富含胶质,可以卤或当成红烧的锅底;鸡柳肉最嫩,可与昂贵的小豌豆同炒;头颈、内脏与屁股部分可以卤;骨骼的部分,可以先用开水泡一下,捞出洗净加入葱姜煮成清汤,又称为高汤或上汤。

我小时候,家里隆重一点的宴客,鸡是全只上桌的。记得有个长辈会说吃哪儿补哪儿,夹起鸡屁股就吃,我跟二哥从头笑到尾。特别是他站起来要上厕所时,我跟二哥直盯着他被补的部位,第二天还拿来当笑话说呢。

台湾的鸡,种类比外国多,可以选择肉鸡做炸鸡排或热炒;选土鸡、乌骨鸡炖煲或炖煮;选仿土鸡做白切、醉鸡或熏鸡。鸡的不同,大多以饲养的环境与生长期做区分,没有足够生长空间且生长期快的鸡,与成长于山谷间、生长期长的鸡,吃起来的口感是完全不同的。前者不适合久煮,一般加了腌料炸粉的,大多用这种鸡;后者则可以久煮,并能熬出鸡的精华风味。

我认识台北有名的秀兰小馆老板娘,她刚开店时卖的白切鸡,是找块地圈养,并且雇个人每天来来回回地赶着鸡走路,其实也就是现在的仿土鸡。她的白切鸡熟成,是先用沸水去腥,将鸡提起来从颈部灌热水,再浸泡提起来几回,以沸水仔细地洗净,也以此求得体内温度预热的效果,再换开水煮,用小火焖熟后放入冰水中浸泡一下再提起,肉质鲜嫩清爽。

乌骨鸡适合加上中药材炖补,对女性身体有益。记得我读世界新闻专科学校时,灰色丝袜开始流行,有一天我上身穿着白色大衬衫,配条灰色迷你裙与灰丝袜到学校,自觉很时髦潇洒,却被老师嘲笑为白毛乌骨鸡。她还叫我站到前面给同学看,并说乌骨鸡有白毛、黑毛与斑毛之分哩!现在我每次上菜场看到乌骨鸡,就会去分辨它的毛色是哪一种。

鸡爪与内脏适合做卤味,我阿姨卤时会丢片鸡皮或猪皮下去,增加胶质与稠度。仁喜自小妈妈不让他吃鸡爪,说长大会写字难看。我妈妈从小纵容我吃鸡爪,害我的字写得难看。

我阿姨有道名菜风鸡,用的是鸡腿肉,买回家洗过就先按摩,让肉中的血水流干净,然后用盐与花椒干炒,趁热抹上去,再按摩一下,一只一只放到塑料袋,存入冷冻库。我们一通电话说要去吃饭,阿姨就拿出来解冻蒸熟,然后用手撕得大块大块的放凉,什么酱料也不用,好吃极了!鸡汤则一定要用土鸡,可以配点火腿或扁尖笋干提味,煮面泡饭都很棒。炖煮鸡汤,需不断地把浮油撇掉,不撇掉的油也有剩余价值,例如拿来烧豆腐之类的。

台湾人的习俗是母鸡生一窝小鸡，等九个月的女儿补身体。坐月子一定要吃的麻油鸡，就是用土鸡与老姜、黑麻油与无盐的米酒（台湾俗称红标米酒）做成的。我坐月子时，那位来帮忙的宜兰阿婆一次就用黑麻油爆炒半锅姜片，把卷曲的姜片放凉后密封起来备用，每天就用这姜片煮鸡、煮腰花、煮蛋，一定要我每天吃这些麻油姜制品，还把黑麻油擦到娃娃头上，眉毛上。所有的菜该放水的，她都以酒替代。她认为产后要热身滋补，土鸡、黑麻油、老姜是必不可少的。小如的先生安平第一次进小如家，适逢小如的姊姊坐月子，小如的妈妈就给安平添了一碗麻油鸡，这男友哪敢不吃，也哪敢不吃完呀？但是一碗吃下去，不胜酒力的安平醉了，当场在小如家的沙发上昏睡过去。这一醉一睡，博得了在场三个女人的好感，很快就由醉汉变成乘龙快婿啦，可见这麻油鸡的酒力与威力有多强。

一九八四年麦当劳来台湾之前，我们吃到的鸡，大多是土鸡，鸡肉的颜色不似肉鸡那样雪白。有位住在中部的布商，当时帮我赶一批做办公室隔间的布料，傍晚从台中载来台北，还带着六岁的儿子同来。为了表达感激之意，我二话不说带他们去新开的麦当劳。我对那小儿子说：我带你去吃鸡块，很好吃呦！他抱了一盒麦当劳随送的玩具把玩后才拿起鸡块来吃，我跟他说要蘸另外一小盒酱，他照办了，但是吃下一口随即吐了出来，微皱着眉头说："这不是鸡！"他爸爸一脸尴尬，连骂小孩不识货，我则心下细想：真的，这不是我们的鸡。我们吃鸡，不需要个盒子搭配转移心念的玩具，也不需要一盒让没有味道的东西变得有味道的蘸酱呀。于是立刻拉着他的小手，走到一个夜市，叫了盘白斩鸡、鸡肉饭，我们三人津津有味地吃得好开心。二十五年过去了，我常想，那小孩不知是否在"真鸡"与"不是鸡"中间做了妥协？

速食店如雨后春笋兴起后，鸡只的需求量大，只得由肉鸡供应，并迫使鸡只注射荷尔蒙加速成长。现在的小男生小女生，间接吃到了荷尔蒙，生长也变得快速起来了。

而肉鸡就是需要靠蘸太白粉、玉米淀粉、吉士粉、地瓜粉、辣椒粉、香蒜粉以湿炸、干粉炸，用大量的油去炸出酥脆辛辣，炸出有脆壳的、干硬黄香的，这些都是因为鸡肉本身没有味道，需要靠裹覆作料产生味道的手法。

台湾夜市的盐酥鸡也很香脆好吃，用的也是大量的粉、油，搭配九成盐与胡椒。每次看到那一锅油，也不知道已用了多久。我们的食鸡文化，怎么几年间演变成跟进口速食文化一样，麻木且越来越没有反省的空间？

鸭

幸好美国人不擅料理鸭，否则炸鸭块或鸭肉汉堡说不定也早已攻陷我们的市场了。

鸭的体型较大，一般家庭较不易处理，选鸭也不像选鸡要肥的，而是要以少油的嫩鸭为上品。

在中国，鸭子有北烤鸭南板鸭之称。尤其是北京烤鸭，早已扬名全世界。

烤鸭的做法是要先用气筒灌气，以沸水烫之，然后刷上好几遍腌料，再以麦芽糖或蜜糖浇淋几回，吊挂起来自然风干。入烤之前，需先将白馒头浸湿装入鸭腹，并置入苹果等有果香的水果块，尾部密封后腹部朝上放在烤盘上。烤箱要以中低温约两百度预热，开始烤约三十分钟后再转为一百二十度烤一小时。若鸭子体积较大，再延长半小时。再翻身烤约二十分钟。整只烤好后，还需大师傅熟练的片皮功夫，再以大葱蘸甜面酱，以薄饼包着吃，堪称人间美味。这套繁复的功夫，绝不是外国的速食文化可以做到的。

我们的烤鸭，更惜物的有四吃法：除了片皮外，鸭肉鸭块可以炒，银芽配鸭肉丝是很常见的菜肴。鸭架子可以与酸菜煮汤，拿来煮稀饭也很鲜美入味。

南京板鸭是以盐卤风干而成，因加工期不同分成腊板与春板两种：从农历十月底到十二月底加工的是腊板鸭，因为温度的关系，腌得透，可以保存六个月；从农历一月到二月底加工的板鸭，则称为春板鸭，只能放三到四个月。选购板鸭要尽可能选扁圆形，外表干燥，腿部摸上去是硬的，以白色或乳白色为上选；如颜色呈暗红或紫色，最好不买。

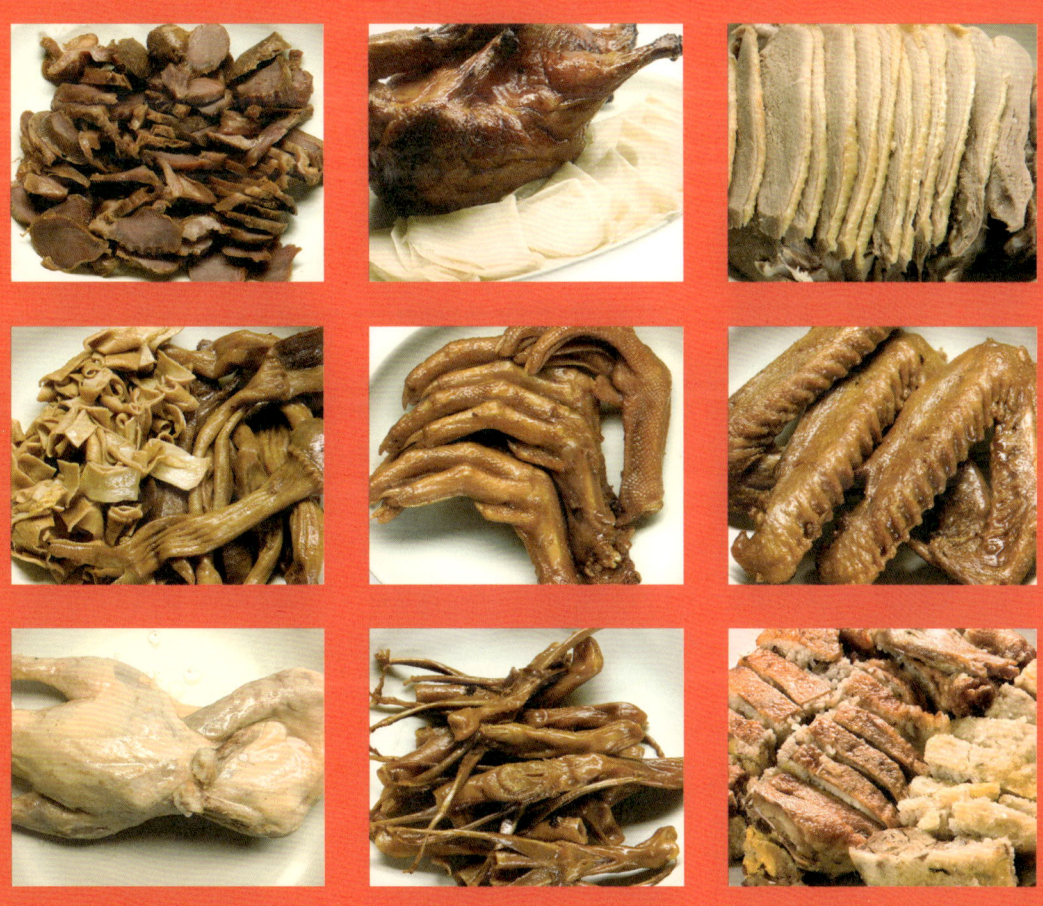

樟茶鸭则是川菜中顶别致的菜色，制作过程是以盐、花椒、硝粉抹在鸭身腌制、风干，用茶叶与水果皮熏烤，让鸭身变色入味再蒸熟，口味特殊。

杭州酱鸭也是名菜，要先让鸭子空腹才能处理，清理上有独到的功夫。腌制鸭子时，要以大石头渍压、浸泡，日晒再蒸熟，手续极为繁复。因为是先腌再泡酱，其肉为枣红色，又咸又鲜，一般家庭主妇很难在家单只进行。

芋泥香酥鸭，也是许多人喜欢吃的，这道菜以香港凤城酒家烧得最好：表皮酥脆，芋泥松软，鸭肉不松不紧，吃起来味道浓郁，却又干爽而不油腻。

台湾的姜母鸭，则是一道著名的冬令暖身圣品，农业社会时代只有冬至才吃，最近几年则到处都有姜母鸭店，不过大多夏天休息，秋冬之后每天吃客盈门。以前我看到店面招牌写着"公姜母鸭"四字，一度以为是公的姜、母的鸭，所以念做"公姜，母鸭"。被仁喜发现后嘲笑了很久，我才知道是公鸭与姜母的组合，要念"公，姜母鸭"才对。

姜有三年姜、两年姜与一年姜的分别，所谓姜母，即是俗语"姜是老的辣"的老姜。一株姜分为底部的姜母、中间段的中姜，最上面则为嫩姜。老姜可以促进血液循环，是冬天驱寒的重要食材。

姜母鸭的老姜需先以黑麻油炒香，再加桂枝、当归、参须、沙姜、黄耆等中药材与米酒煮成，冬天吃一碗，全身暖乎乎，难怪生意那么好。

台湾猪只分成黑毛与白毛两种，黑毛猪的口感与甜度都明显高于白毛猪，价格当然也比较贵。

猪跟鸡一样，可以从头吃到尾，没有一处浪费。而且猪肉的每一个部位，都有不一样的烧法，都可烧成名菜。猪头肉中有最珍贵的龙筋（猪的视神经），我在张昭泰先生家吃的是芹菜龙筋，芹菜脆嫩，龙筋Q嫩，以沙茶烩炒，口感非常别致。龙筋因为量少，取得不易，且口感特殊，大都处理为前菜。

耳朵的部分，最有名的是云南的大薄片，蘸料是麻油加辣椒与醋、香菜等。一般的处理大多是卤猪耳朵切丝，要卤得软而Q香，切时的刀工也很重要。猪颊肉则常在米粉汤店看到，蘸点酱油吃。

猪身的部分，肩胛肉即市场说的胛心肉，上肩肉即梅花肉，肥肉较少，下肩肉是一般称的前腿肉；肩胛排即中排；胸排为肩小排；带骨蹄膀也就是德式猪脚用的部分。背脊部分则有带骨里脊，即大排；里脊肉为大里脊；里脊小排；里脊肉位于猪的腰椎边上，油脂较少；覆盖在里脊肉前面的是僧帽肌，又称离缘肉，口感很软，适合给老人家吃，也称为二层肉。腹肋部分有腹肋肉，即五花肉，分成附皮骨三层肉与去骨的三层肉，肥瘦比例约为四比六；腹肋小排；肋软骨。后腿部分则分成后腿肉，后腿，后腿蹄膀，后腿外腱肉。此外猪只中最昂贵的肉，是腰部的小里脊又称为腰子肉，一只猪只有两条，嘴颈部分的肉为特级赤肉又称为松阪猪肉，一只猪只有六两。早年台湾猪肉的腰部小里脊与特级赤肉多半为外销。

好吃的猪肉菜肴，一定是混合了瘦肉与肥肉，以文火慢慢地煮，有名的如东坡肉、梅干菜烧肉、杭州焖肉、酱猪肉、焢肉，都是汤汁烧得带点浓稠，香味扑鼻，入口即化，拌饭最好吃。

有一道猪肉的宴席称为烧方席，以前跟餐厅订，其价位仅次于鱼翅鲍鱼席，其中有道"炸响铃"，是猪肉以炭火烤熟，猪皮香香酥酥的，片下来再回锅炸脆，配饼与肉夹着一起吃。川菜馆子的吃法是以吃皮为主，肉则切片，以豆瓣酱与蒜薹加上香糟同炒，即著名的"回锅肉"。若不回锅只片下肉片，蘸红油蒜泥，即是"蒜泥白肉"。"炸响铃"因为猪皮取得不易，后来演变为用薄如蝉翼的杭州富阳泗乡豆腐皮代替，包裹上好的里脊肉（肉需剁成细末，加入蛋黄搅拌），入油锅酥炸而成；松脆鲜香，配甜面酱、葱白段、花椒盐蘸着吃。此菜在宴席上桌后，仍有吱吱声响，咬下去也有脆响音。

我阿姨有一道"烧大方"，是以上好的三层五花肉红烧而成。五花肉有一层薄薄的皮、一层淡淡的油、一层瘦肉，再一层油，再一层瘦肉。因为这肉大块又切得方正，我们从小称为烧大方。如果隆重一点，还会在其周边排一圈红烧婆参再排一圈青江菜。"红烧蹄膀"也是阿姨的拿手菜，她有个专门的锅子，刚好扣住整个蹄膀，加少少的水，慢慢的火煨出来。"葱烧排骨"也是一排排烧得酥烂。阿姨烧这些肉，除了万和豆瓣酱油与冰糖葱姜外，也不见她放别的什么加味料，奇怪的是，由她手里做出来，就是漂亮又好吃，我想选择猪肉一定是个重点。

大块肉与排骨,烧得好的,整块上桌,是不需要动用到刀子分割,轻轻用筷子拨,就可以拆开的,这就可以想象她处理到的酥软程度。

阿姨跟东门市场的每个猪肉摊子都很熟,她总打破砂锅问到底地向肉贩询问猪只的来源及猪吃些什么。她的鼻子灵,买的时候就判断有没有腥味,用手按按测试弹性,颜色则选鲜红明亮的;还把猪肉对着光线照,看肥瘦的结构比例。此外也会看状况给肉按摩或是敲打一下。煮时如果太油,她会丢入一片瘦肉去吸取过多的油。她说大块肉与排骨,烧得好的,整块上桌,是不需要动用到刀子分割,轻轻用筷子拨,就可以拆开的,这就可以想象她处理到的酥软程度。她炸大块猪排,选用的是里脊猪排肉,炸前用叉子或排叉均匀地刺过,目的是破坏其纤维组织。若用猪肉排,则需用刀背拍打得薄一点,炸起来才好吃。

快炒猪肉也很普遍,川菜有一道特别的"甜烧白"或名"夹沙肉",是炒五花肉的上品。做法是先将五花肉煮熟后抹酱再炒,冷冻后切片,覆上糯米饭蒸,蒸到软烂,抹上花生粉反扣到碗,既是一道菜也可以是一道点心。

台湾的担仔面与卤肉饭海内外驰名,重点就是肉臊的制作。担仔面的肉臊通常是用五花肉与胛心肉配上蒜头、红葱、虾米、干贝、五香粉与冰糖炖制而成。卤肉饭的肉,则采用胛心肉,配料和担仔面的相近。江浙料理著名的狮子头,则是用五花肉与胛心肉依个人喜好混合调制。我看杨管北家大厨烧狮子头,不用机器绞肉,而是将肉切成小丁,敲拍使其有黏度,混以少量蛋白、姜汁,还有面包屑做成大肉团;炸过后放入铺有鸡爪与蛤蜊的砂锅,慢慢炖煮,有时也放入蚕豆同煮。我的做法清淡一点,绞肉里掺一点点碎洋葱,配大白菜煮,最上层则用全片的大白菜将肉团包住;有时也会加点蟹粉同煮,清淡而鲜美。我也很喜欢红糟炸肉,用的是三层肉,与红糟、蒜头等腌过,裹点番薯粉油炸。记得蔡辰男先生请客上这道看似简单的菜时,平日注重健康饮食的长辈,抵挡不住美味当前,一下子吃个精光,还要求续盘呢,可见其实也有其采买独到的功夫。

肉丸是孩子们的最爱,绞肉的瘦肉与肥肉比例在七比三与八比二之间。如果买机器绞肉,回家最好再用刀剁得黏一些,再搅拌太白粉或番薯粉,捏成丸子后摔打出空气,入滚水以小火制成。

小时候我们家请过一位厨子到家里烧菜,妈妈说他的"肴肉"是用腱子肉,做得肥处不腻、瘦处不柴,切成小正方块,胭脂色,凝脂透明,搭配镇江醋与极细的姜丝,是一道亮眼的前菜。"风光无限数金焦,更爱京口肉食饶;不腻微酥香味溢,嫣红嫩冻水晶肴。"这首不可考的诗中的水晶肴就是对肴肉最恰当的形容。

制作水晶肴用硝水，硝水是含有硝酸钾或硝酸钠的溶液，有致癌物质，用量需谨慎。肉要洗净晾干，戳很多小洞，将硝、盐、花椒混合涂于肉身，且需用力揉搓，最后以棉布包裹，入缸，垫上板子，以大石头实压三五天渲出水来（渲出的水要存起来当老卤）。肉取出冲洗干净后，在水中浸泡半天，再刮除表面的硝末。然后再以棉布包裹入锅，同样压上石头，加回卤水煮半天，取出后再用石头压紧，待冷后即可切块入盘。这道人间极品，手续繁复，且要靠化学物质制作，看看就好，不要多吃。

内脏则有猪心；猪肝；猪肾（通称腰子）；猪肚；肝连又名条子肉；小肠又名粉肠；大肠；猪血又名猪晃子或液体肉；直肠又名大肠头；子宫又称生肠，也有人称脆肠。

猪肝汤配点麻油与姜丝，是台湾人很常见的街边小吃，也可以煮猪肝面。此外，女性生产后常吃腰子补肾，切成腰花状，以麻油、姜丝炒腰花或煮汤，都很滋补。福州有一道腰花的菜很特别，是和海蜇皮、老油条一起爆炒，非常爽口。猪血汤与猪血糕在台湾很风行。台湾小吃的米粉汤中，常见其他内脏跟高汤同煮，煮久煮烂，蘸酱油与姜丝一起吃最好吃。麻辣火锅中也常见这些食材同煮。

猪的其他部分称为副产品，有猪油，大片中油，中油，前后脚爪，猪尾，下肉（即颈部下），腹胁尾赤肉，脚筋（又名虎掌），粗排（又名龙骨），大骨分前肢与肩胛骨两种，后肢骨与骨盆骨等。

"卤猪脚"要选年龄轻一点，且骨头较小瘦肉较多的前脚，卤后冷切，不油腻却也Q软。"猪尾煲杜仲"，是调理腰骨的药膳。美其名曰"虎掌"的脚筋，以往南货店卖的是干筋，现在则连超市及传统市场都买得到发好的蹄筋，颜色透明淡黄，与海参搭配即是江浙名菜"虎掌烩乌参"；如搭配白萝卜红烧即为蹄筋萝卜，热滚滚地吃，很过瘾的。猪蹄冻是以猪蹄与猪皮煮烂再冷冻，因为有大量的胶质，可以成形。图中的蹄冻看起来像个生日蛋糕，是用模子脱出来的。

猪皮富含"明胶"，可以萃取胶原蛋白，每只猪大约有四点五公斤猪皮，可萃取约两百克胶原蛋白，而每百克猪皮中含蛋白质百分之二十六点四，为猪肉的二点五倍，脂肪则只有二点二七克，为猪肉的一半。胶原蛋白具有增加皮肤贮水保湿的功能，现在成为美容圣品，据说卖价不凡，价值连城。

牛的食用部位以牛排最为昂贵：菲力属于腰内肉，是整只牛最好的部位，沙朗为牛肋脊，纽约克为下腰肉，三种牛排的价位当然是有差别的。

其他的部位，牛肋带点筋，适合清炖或红烧；肩部的里脊肉适合做火锅肉片，肩肉的肉质比较结实，前腱与后腱胶质多，可以久煮或卤，牛腩可以煲汤，臀部与后腿肉含脂肪量少，可以切丝切片快炒。牛筋可以红烧，也是需要久煮的。牛尾是由十六个骨节组成，有丰富的胶质，可以炖汤与红烧。

已故美食家王宣一女士独到的那一锅牛肉，从采买就是个学问，"一定到台北市和平东路、罗斯福路口的万和牛肉店及国际牛肉店两家专卖店买牛肉，只选前腿花腱的部分，一定要把腱子上附着的其他部分去除干净，再配上比例约一半的牛筋……"之后的火候的功夫，不是一般人学得来的。

我阿姨教我烧牛肉不要高温，是用泡的方法把牛肉泡熟软。仁喜最近则用抽真空低温慢炖四十个小时炖煮，这已经彻底改变了牛肉干硬的质地，演变出一种进化论后的全新口感。牛肉干是台湾很有名的零食，原味、五香、麻辣等口味很多。牛肉丸子则是小朋友喜欢的。去美国念书的人，第一道菜如果不是青椒炒牛肉丝，就是洋葱胡萝卜烧牛肉或咖喱牛肉，烧一锅省着吃，可吃一个星期呢。

台湾很多人不吃牛，因为早年牛是帮忙耕田的，像家庭的成员一样，所以以牛肉入菜的机会比猪肉少很多。

牛的内脏也不像猪内脏那么受欢迎，但近年来有一道麻辣川菜叫夫妻肺片，是以牛内脏杂碎为食材。据说本来是夫妻俩提着篮子沿路叫卖，受到欢迎后就摆摊贩卖，生意兴隆，最后开起了店面。这道菜名为夫妻肺片，其实没有肺，用的是牛心、牛舌、牛肚、牛肉等，特色是每一片都很薄，麻辣味道很香浓。其做法是将上述食材清洗干净后，用八角、三柰、大茴香、小茴香、草果、桂皮、丁香等同卤，切成薄片装盘，淋上卤汁，再加上辣椒油、花椒粉、胡椒粉、盐、炒熟的芝麻粉、花生粉与芹菜末拌匀冷食。我以为菜名的由来是因肺有两片，夫妻两人，查证后才知是因为那对夫妻合作无间。

我记得小时候家里吃的牛肉都是用卤的或是红烧的，或是拿来做牛肉干居多。从小只听过涮羊肉，没听过涮牛肉，那是因为牛肉的质地比较结实；但是近年来牛肉的种类变化多端，牛肉变成讲究一层一层的肥瘦，总让我想知道究竟是怎么样的畜牧方式，可能改变牛肉的口感呢？卖场卖的肉类颜色怎么可能那么鲜美？二〇一三年八月，美国《华尔街日报》报道："默克公司（Merck & Co. Inc.，又名：默沙东公司）旗下动物健康部门周五表示，将暂停在美国和加拿大销售饲料添加剂Zilmax。Zilmax是一种促进动物生长的药物，在牛被宰杀前的最后几周添加到饲料中，能够使牛增重约百分之二，即二十四至三十三磅。泰森食品有限公司（Tyson Foods Inc.）上周决定暂停购买被喂食了Zilmax的牛。该公司在致供货商的一封信中称，将从九月六日起停止购买被喂食了该添加剂的牛，因为担心这可能是造成送至公司屠宰厂的部分牛无法走动或移动的一个因素……"看到这一则新闻，气愤之余，也解开我多年的疑问，人类为了美食，无所不用其极。自认为合法性食用色素的添加，财大气粗的生化研究室等，我相信，制造这些的人多半是无知的，他们大概不知道自己违背自然的饮食行为，等同于一个杀人的凶手，他们大概不知道这手段扼杀了多少心血管，威胁到多少生命。牛肉的问题已经从简单的餐桌上演变成复杂的政治问题。提醒孩子们，了解牛肉的成长因素，再决定要不要吃。

《说文解字》把"美"上下拆开，上为羊字，下为大字，故有"羊大为美"。近代研究美学的学者，则归纳"美"这个字，应该起源于味觉之说。我读到美食家朱振藩先生写到苏东坡发明东坡肉，是为了解羊肉馋，据他写当时的皇宫是只吃羊肉的。可见得纵使现在我们的料理菜色最多的是猪肉，羊肉仍是皇上赐宴的大菜。

羊肘是全身最没有膻腥味的一部分，我做的佛跳墙，一定会选用这个部位炖汤。羊肉炉是台湾冬天常见的补身料理，羊肉搭配红白萝卜、冻豆腐、韭黄、山药与大白菜，也有很多人与甘蔗头一起煮，暖暖的一锅，非常滋养。但如果正在感冒的人，或有发炎、发烧的症状都不宜食用，对手脚冰冷的、贫血的人，则是理想的料理。

涮羊肉是火锅料理中很常见的，要选的羊肉则以腌过的羊，没有膻味，要搭配有脂肪的部位。

用红酒煮羊肉，也是很理想去腥味的办法。羊的后腿肉与猪肉皮与白萝卜与香料等小火煮上一小时，把猪皮取出剁碎，再加酱油续煮，取出白萝卜倒回碎猪肉皮再煮，用纱布滤出汤汁，把羊肉撕成小块与汤汁入模冷冻即成羊羹，可配青蒜吃。

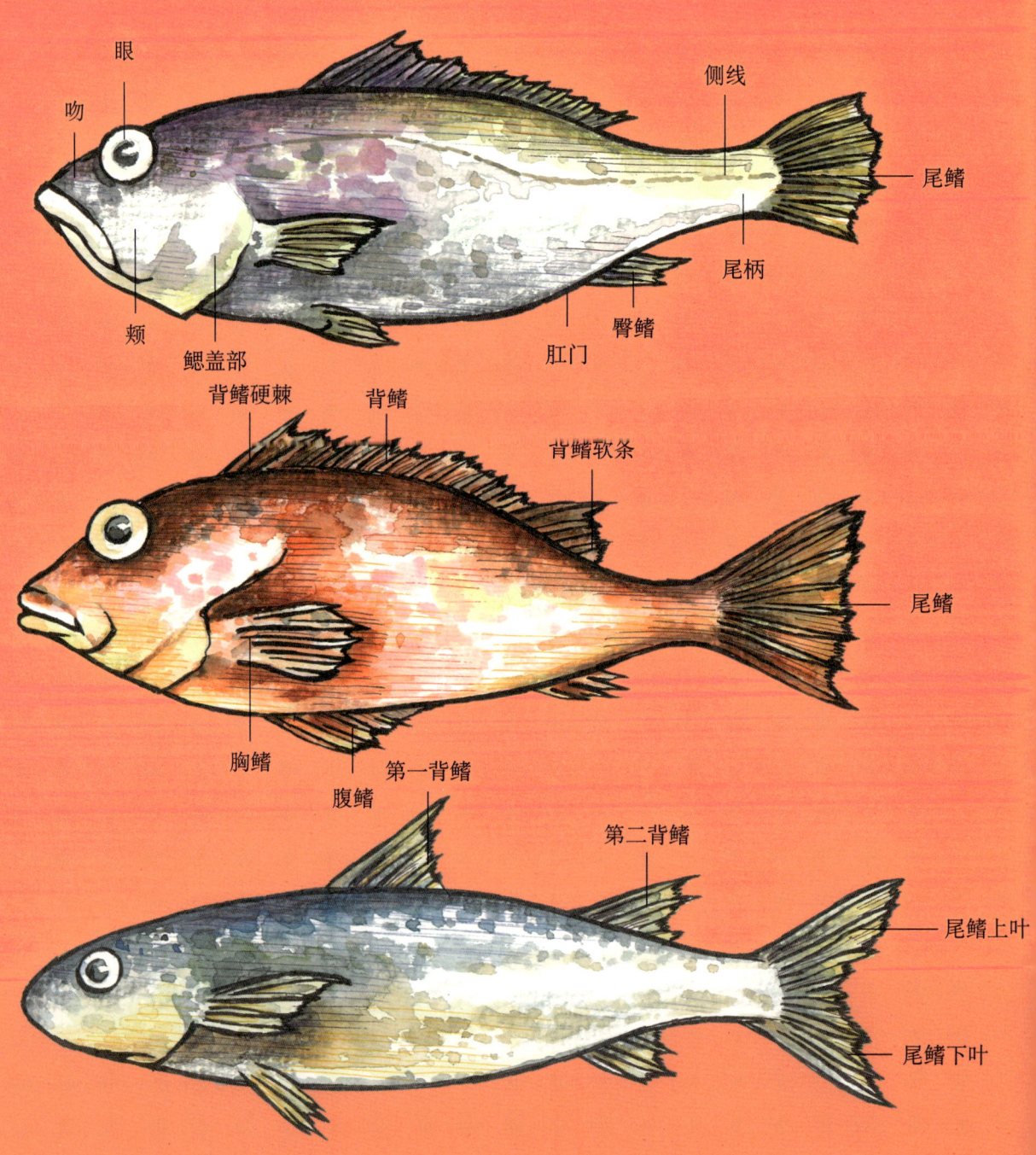

台湾四面临海，可以吃的鱼、虾、贝、藻、蟹的种类繁多，走一趟鱼市场，就好像上了一堂海洋生物课，常吃的鱼约有两百种之多。渔夫们更懂得各种珍奇鱼种与内脏的利用，比如乌鱼的胗，其价值比乌鱼子还珍贵；乌鱼的膘，看上去像豆腐，它是公乌鱼的性腺，适合红烧，入口即化；台湾有名的黑鲔鱼，一旦捕获，为了防止鱼被闷坏，必须立即剖开鱼肚取出内脏，塞入冰块保存，取出的美味的精囊，就是有钱也吃不到。很多精华部分，都是在船上第一线捕鱼的人才能知道的常识。

黑鲔鱼最昂贵的部分在眼窝、下巴与头盖下方，每次在市场都看到这些部分有个缺口，问老板，则告知是被大餐厅先订走了。大腹部分油脂丰富，一条鱼也只有八分之一这等级的肉，所以也一样的昂贵。一只成熟的黑鲔鱼成长期约为八年，但渔夫捕到小的，也很少有良心放生回去的，这也造成近年鱼量的减少，让保育人士提出限制配额的立法与管理。

我总以为，我们对海洋生物的认识其实很欠缺，对那些渔夫自己取的鱼名字就更为陌生了。这回我选了台湾近五十种常见的海鲜，以插画的手法表现。

烹煮海产，多以清蒸与红烧、烧烤、糖醋、豆瓣或日式的生鱼片为主。清蒸多以葱姜蒜或破布子为材料。蒸鳕鱼时，还可以加上豆酥，有其特殊的风味。有些鱼肉比较干的，可以在蒸的时候铺上一片猪油网，增加肉质的润泽度。

鱼的厚度决定蒸的时间。鱼放在长盘内，上面铺些拍过的葱段、姜片与酒，待锅里的水滚即放入锅中架子上，蒸约八分半熟即取出，把盘里的葱姜与汤汁倒掉，再铺上大量切碎的葱与香菜，先以热油淋过，最后淋上调好的酱油跟糖的混合液。

我妈妈家的砂锅鱼头选用的是鲢鱼头，要经过约一百七十度的油略煎到金黄色，把鱼身的水分全部煎干。鲢鱼头比较大，要翻面煎，需要较大的锅子，处理的功夫较难掌握。然后把肉片、笋片与葱酒酱油同炒后放入砂锅底，置入煎好的鱼头，加温水煮沸，再以小火焖煮一小时；起锅前，加上胡椒与花椒，淋点酒。上桌前再放入斜切的青蒜，以及豆腐与宽粉皮。

鱼丸市售多半含有硼砂，建议用旗鱼和鲨鱼在家自制，用手或果汁机将鱼肉打成泥，可放入冰块来控制鱼浆的蛋白质变性，混入一点盐、胡椒粉、太白粉或玉米粉成鱼浆，再敲打出黏性，捏成球状入滚水烫熟，再入冷水十来分钟。鱼丸也可以混入各种想要加入的材料，例如加入冷冻过的肉臊，即成所谓的福州鱼丸。若将鱼浆入模子中，蒸熟成块，再入油锅炸成金黄色，即成为鱼片。

鱼类是最健康的肉类，低胆固醇，吃了不像其他肉类对身体造成负担，而其丰富的蛋白质，更是身体必需的养分，可以放心地吃。

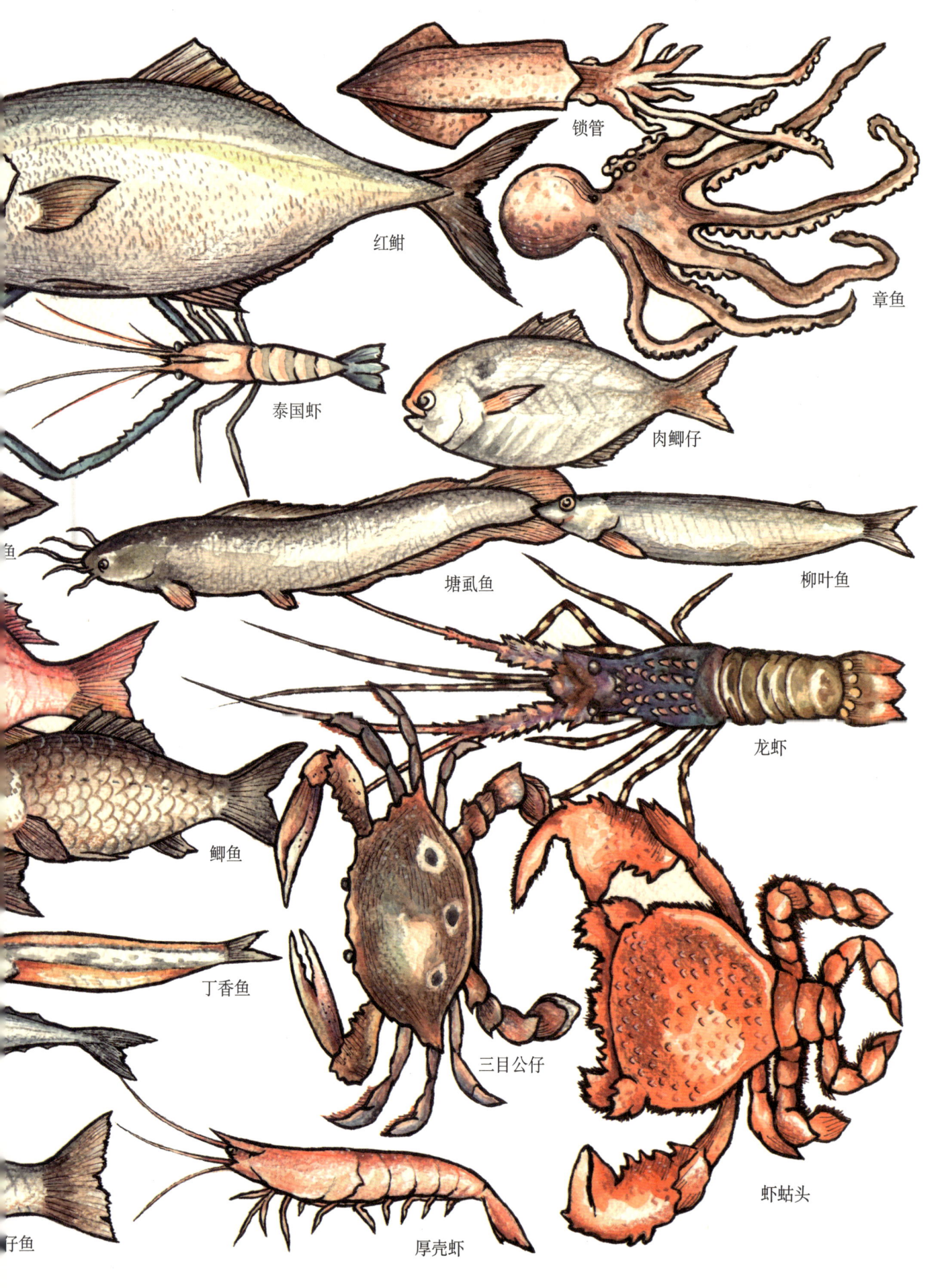

文化
食物

酒

三 089
以食为天

中国酒

中国字跟酒沾得上关系的都有"酉"字边，多达六十几个：

醇、酸、醋、酱、酸、酵、酝、酿、酷、醋、醮、酐、酬、酌、酪、酊、酣、酞、醉、醒、醍、酮、酲、酘、酵、酴、酷、酰、醲、酽、醴、酯、醍、醌、醮、酿、酶、醜、酢、醞、醛、醎、醁、醺、酯、醋、醾……

这些字，有酒的容器，有形容酒的制作，也有酒的祭祀功能及饮酒之后的神情描述。酒在中国已有六千多年历史，从这些字可看出中国人自古即对酒有细微的观察。光就酒器的演变来看，其中历经无数朝代与工匠艺家的雕琢，其功能从盛储、温煮、冰镇、挹取到斟酒、饮酒、娱酒，有三十五种名词之多；材质则从陶、瓷、玉、铜、玻璃、兽角、竹木到蚌贝都有。中国的酒器，为器虽小，在礼实大，文人雅士的歌咏也升华了它们的意象。

中国的酒诗，最有名的如唐朝李白"花间一壶酒，独酌无相亲"，"人生得意须尽欢，莫使金樽空对月"，"抽刀断水水更流，举杯消愁愁更愁"；王维"劝君更尽一杯酒，西出阳关无故人"；宋朝苏轼"明月几时有，把酒问青天"；以及女词人李清照的"三杯两盏淡酒，怎敌它晚来风急"……

自古以来，酒后的心声，总离不开风花雪月与悲欢离合的情绪，也因为有这浓烈的酒文化，让我们从印象严苛的礼教中，看到人性的真情。酒逢知己千杯少，能够跟三两知己对饮，让真切的感情流露，无疑是人生最快乐不过的事。

三国时代的枭雄曹操曾说："何以解忧？唯有杜康。"根据非正式的文献记载，酒的发明源于"余粥弃于桑，郁积成香，竟有奇味，杜康尝而甘美，遂得酿酒之秘"，可知杜康的酒是用米做的。中国造酒业者认为酒是杜康所发明，所以奉他为祖师爷。

白酒

白酒即一般通称的烧酒、白干，是一种蒸馏酒。由于蒸馏酿造的方式不同，中国白酒产生许多种类。酿造酒时，要先以豆类或麦类等熟的粮食，落菌培养或嫁接或覆土或以老曲传接制成"酒曲"，"酒曲"可培养出的酵母菌、根霉菌、毛霉菌等微生物，其糖化淀粉的作用，可产生酒精及二氧化碳，借由它发酵出酒精，这就是固态制程最重要的一个环节。"曲乃酒之骨"，酒曲是制酒重要的催化剂。任何"吸风饮露"发酵制造所仰赖的温度与湿度、空气中存在的菌种环境，都不是现代技术可以掌控的，具特色的风味来源，可说靠的全是具有传承的人为经验，这也是中国酒传承上最大的特色。若以气候与菌种分曲，据说"大曲酒"乃以大曲为糖化发酵剂，其原料主要是小麦、大麦，加上一定数量的豌豆。大曲酒属于中国北方的曲种，一般是固态发酵，所酿的酒质量稳定。"小曲酒"适合较湿热的南方，主要原料是稻米，大多用半固态发酵，热量较低。散曲则是没有经过挤压的曲粉，常见于米酒的制程过程中。酒曲的尺寸从鸡蛋大小到轮胎大小都有。有谓"伏天制曲、寒天制酒"，可见制曲是需要较高温度的环境，制曲发酵产生的热能，将直接影响菌种的培育，不同温度、湿度、含氧量的控制等，将造就不同风味的曲。酒曲的变化万千，各地风土特色与人为手法不一，有谓"一地一曲、一曲一香"。以香型来分类，高温引出香气，低温带有清甜，目前最明显的有酱香型、浓香型、清香型、米香型。除了香气的变化以外，中国白酒酒体的强壮度，还有醇厚绵甜不一的口感，都是其他液态发酵的烈酒无法比拟的。

制酒中有一个很重要的技术称"勾兑"，从事这项技术的人，必须有敏锐的舌头与味觉记忆，能从不同车间酿的酒，品尝出浓度与水分的异同，然后才能去除杂质，协调香味，使酒体平衡，口味统一。听说这种技师在生活上要清心寡欲才能胜任。

酒的储存需要恒温、恒湿的环境，所以存酒的地方也很重要，有些酒就以它储存的洞或坑道命名。所谓地灵酒杰，所言应该不虚。

中国酒的命名定义多不胜举，但从名称也可以略知其身份。比如"五粮液"的曲，顾名思义是混合粮制成的。酒的种类与命名，除了曲种、储存地点，最重要的辨别是产地：如茅台，其字义还包括"长满茅草的土台子"，郎酒则产自二郎滩渡口。

酱香型的酒，表示有酱物的香气，且是香而不艳，以贵州茅台酒、四川郎酒最闻名。浓香型则入口甜而落口绵，以四川泸州老窖特曲、五粮液、古井贡酒最闻名。清香型的代表是山西杏花村的汾酒。米香型以柔香柔绵闻名，代表为桂林三花酒、小曲米酒等。其他香型的白酒，较具代表的还有凤香型西凤酒、董酒。

白酒的另一著名品牌为金门高粱酒。金门是位处福建省外海的岛屿，一九四九年这里曾发生大战，此后曾长期接受军管，至一九九二年才解除戒严。该地为花岗岩层，土质多为沙土与红土，适合种植高粱与小麦，军方于一九五二年设立酒厂。高粱需经过浸泡、蒸煮、冷却、拌曲、发酵，蒸馏第一道酒后再冷却、拌曲、发酵，蒸馏第二道酒后即开始窖藏。长时间窖藏淬炼出酒魂熟成后，才进行勾兑调和，然后始可装瓶贩售。

金门酒厂主要生产大曲酒、高粱酒、窖藏酒与二锅头酒。大曲是蒸馏期间的第一道酒，味觉凶猛粗犷，酒精浓度高达六十八度。高粱酒采用固态发酵原理，分五十八度、五十三度、三十八度与三十度的八达楼子。窖藏酒则有陈高、老窖、金酒典藏等，以"三高二低一翻"的固态发酵后，于花岗岩中存放数年，酒精浓度都在五十六度以上。二锅头是冷凝水后开始流出之酒心白酒，酒精浓度为五十三度。

金门高粱酒的谷物生长于少雨干旱之地，搭配以花岗岩层下的水质，以四面临海所独有的菌种，搭配古法的勾兑技术，使其品质达到中国白酒所该有的纯净、芳香、甘洌；其酒龄越长风味也愈醇厚。我去采访时，在酒厂看到熟练的工作人员在炎热的环境中只留一个小小的窗户，为了曲种的培育，窗户开开关关并不停地翻转曲块，这些技术都是机器无法取代的。

早期金门高粱有一种黑金龙，大约一九七〇至一九八〇年间我家常收到的礼物就是这种酒，瓶子上贴的纸有两个日期，分别标明酿造与装瓶的日期。后来我去金门，已经没有黑金龙，改出产黑金刚，一瓶要九千元新台币呢。

这幅《月下独酌》是画家小鱼的墨宝。

照片中可以看到金门酒厂各种酒的包装。金门高粱酒由于量少价昂，坊间出现不少仿冒品，金门酒厂也一再宣导防伪的辨识方法是：以手摸凹版纹，并以放大镜看龙尾云彩的英文字与荧光反应；防伪铝盖也有隐形识别，盖子侧边有凸字与防盗环的设计。

台湾嘉义酒厂出产的高粱酒闻名于其繁复的"纯粮固态发酵"方法制成，有别于"液态发酵"或是"固液勾兑"。材料是纯粹制酒曲用的小麦，以原粒固体样貌，加入磨碎曲粉，进行糖化与发酵后再蒸馏的方式，形成层次丰富的高粱酒。以下是采访嘉义酒厂节录的酒曲与制酒的简单流程。

酒曲
原料：小麦、水
磨粉拌水：将小麦粉磨碎后拌水，要注意麦粉太粗有碍菌种繁殖；水分太多将造成发酵过程中的龟裂。

制作曲胚：搅拌均匀后的麦泥，定量地以机器压成圆形的曲胚。曲胚中心设计了圆孔，以利空气中接种的菌落，从曲块的周围开始向中央，温度均匀地发酵繁殖。

培曲发酵：将曲胚放入密闭三天的培曲室，以适当的间隔陈列于曲胚架，承接天然多元空气中的落菌。之后观察室内温度湿度，以开关窗户，或以鼓风机来调节温度与湿度。整个培曲的时间约为一个月。培养的曲胚依照发酵时的温度分为低温曲（四十到五十度）、中温曲（五十到六十度）、高温曲（六十度以上）三类。制酒过程倚赖此温度的不同，生产风味不同的酒。

堆曲储存：培养发酵完成的曲块放到曲室储存。堆曲时，曲块间留适当的空隙，保持空气的流通与注意环境的卫生。冬季时堆曲时间约四十天，夏季时可视气候大约三十天。

培干磨曲：曲块取出，将整块磨成细微粉状，制曲工作可算告一段落。

酒的制作

原料：高粱、曲块、水

高粱有白黄红三种，其中以红色的糯性较高，制成的高粱酒较为香醇无涩味。

煮饭入曲：高粱洗净后，浸泡三四日，进入高压蒸煮机内煮，煮出来的高粱米心需熟透，外皮裂开但不糜烂，含水量要均匀，如此，才可达到最佳的淀粉糖化状态，因此，蒸煮时水分与火候的掌控格外重要。蒸煮过的高温高粱饭输送至冷饭机冷却，此时可拌入谷壳帮助冷却并降低高粱饭的黏度。

入醪发酵：冷却后的高粱饭均匀拌入已经培养好的曲块粉，比例约为每五百公斤加入三十七公斤的曲粉，成为酒醪，存放于醪槽内，铺以塑料布阻隔空气，等待发酵。之后每隔三天需以人工翻醪，大约需要两周的时间完成。

三次蒸馏：发酵好的酒醪将放入锅炉内蒸煮，这时再掺杂谷，这样则可降低蒸煮过后的高粱颗粒过于软烂的问题。蒸出的水汽顺着气管循环、冷却，流出来的酒液体就是俗称"头锅"，这是第一道新制高粱酒，酒精浓度为八十度以上，之后将原料冷却后再拌曲，再送进发酵池中再发酵，也要进行"翻槽"工作，发酵时间大约十多天，之后再蒸馏出第二道较无高粱杂味、较香、较纯、较顺口，此乃品酒人士称为的"二锅头"。同样进行第三次的冷却拌曲蒸馏过程，成为第三道高粱酒，香气稀薄，大多只是酒精成分。此时酒的醪渣称为酒粕，已不能再制酒使用，用于制作肥料或是现今流行的天然酒粕护肤保养品。

看酒花：在蒸馏过程中，蒸馏出来的酒液流入一个小的承接器中，酒精与水的表面张力不同而激起的泡沫称为酒花。"看酒花"是蒸馏过程中掌握酒精浓度高低的传统技艺，非常仰赖师傅的经验，经验老到的师傅在蒸馏过程中紧盯着酒花的大小变化，酒花大，称"大清花"，代表酒精浓度高，酒花小，称"二清花"或"小清花"，则是

温酒
在温酒杯的外桶中注入热水，把装了黄酒的酒杯跨在桶上。

盖上温酒杯桶的盖子，利用水温将杯中的黄酒温热饮用。

温酒的鼓型瓷器（里面附有杯子）。

温酒的鼓型瓷器，鼓盖可以拿起来，杯子跨在鼓上，下面加热水温酒。

这一款温酒壶，为一母子壶的设计，壶的空间注入热水温酒。在盛放的木有用棉布包所做的保温设计。

酒精浓度转低，随时注意酒花的大小，以判断要撷取蒸馏出的酒段，看酒花取酒的原则是"掐头去尾取中间"。酒液中的醛类物质是具有刺激性的香气物质，而初蒸馏的酒头，酒花大，酒液中醛类含量过高，气味浓烈口感刺辣，不适饮用，在流酒过程中冷却的水温度可稍高，让醛类物质挥发，酒头舍弃不采集；当酒花转小后便是可撷取的酒身，为免除酒精挥发过多，冷却水的温度要调低，以保留这段温润可口的精华段落；到了酒尾的酒精含量很低，酒花消失，高级醇、高级脂肪酸等的含量较多，冷却水的温度要再调高，此段酒气沉闷，不具香气，可舍弃不采集。这种操作取酒的方法叫作"两高一低"。

熟成与勾兑：新蒸馏出来的酒，会混入酒龄较长的半成品酒，一起存放在陶瓷容器中，目的是让老酒带着新酒一起继续酯化作用。随着贮放时间的增加，新酒中带有的呛辣会逐渐消失，等到最佳的酒液质量状态，这个步骤称为熟成。熟成后的酒，经由经验丰富的调酒师，再根据不同酒龄的酒勾兑，将香味、口感、酒精度等截长补短，在色香味中取得完美比例即成。

黄酒

唐朝王翰的《凉州词》，是中国最早提到葡萄酒的名诗："葡萄美酒夜光杯，欲饮琵琶马上催。醉卧沙场君莫笑，古来征战几人回。"但中国酿造葡萄酒的历史，则要上溯至公元前二世纪的西汉时期，张骞出使西域带回的葡萄种子。所以金代元好问有云："西域开，汉节回。得蒲桃之奇种，与天马兮俱来。"当时的葡萄称为"蒲桃"。

李时珍把酒分为三大类：酒、烧酒、葡萄酒。其中的酒，指的就是谷物酿造酒，亦即黄酒。中国的黄酒与葡萄酒、啤酒一样，都是靠酿造技术而成，其中黄酒在南方较为普及。

黄酒的定义是：以稻米、黍米、黑米、玉米、小麦等为原料，经过蒸料，拌以麦曲、米曲或酒药，进行糖化和发酵酿制而成各类黄酒。早在宋代，浙江绍兴即家家会酿黄酒。至清朝时期，绍兴一带的绍兴酒、老酒、加饭酒都已声名远播。黄酒中最好的是花雕，选用上好糯米、优质麦曲，辅以江浙明净澄澈的湖水，用古法酿制，再贮以时日，产生出独特的风味和丰富的营养，分为三年陈、五年陈、八年陈、十年陈，甚至几十年陈不等。花雕酒与女儿红一样，都需要贮以时日，江南一带稍有钱的人家，都在女儿出生满月那一天为她酿几坛子酒，泥封后长期窖藏。待女儿长大嫁人时，再取出陈酒宴客。

台湾的烟酒公卖局埔里酒厂，也以生产绍兴酒及窖藏十六年的女儿红闻名。该厂的绍兴酒，是以圆糯米、蓬莱米与小麦为原料。先以八成的精白蓬莱米制成"米曲"，小麦制成"麦曲"；以当地闻名的泉水、米曲、酵母为"酒母"做基础，然后分两次添加米曲、麦曲、圆糯米饭、泉水进行发酵。之后再经压榨、澄清、过滤、杀菌、装瓮，置入储酒库典藏。经过三年自然熟成的，即成一般的绍兴酒；五年以上熟成的则为馥郁香醇的"陈年绍兴酒"；七年以上是酒中极品"特级陈年绍兴酒"；十年以上即酒中珍品"十年窖藏精酿陈绍"。

近年因有微生物学等知识的引进，黄酒的酿造技术与品质更趋稳定。黄酒的酒精浓度约仅十五度，也可用以烹调菜肴。

药酒及养身酒

"医"的繁体"醫"底下也有个"酉"，表示在古代以药物酿酒，具有医疗养身之效。中国的药酒和养身酒，主要特点都是在酿酒过程或在酒中加入中草药；药酒以治疗疾病为主，有特定的医疗作用；养身酒以养身为主，有保健强身作用，并分成补气、补血、滋阴、补阳和气血双补等类型。

药酒除了内服，也可作为外用疗伤，或是中医推拿辅助之用。

女儿红

将进酒 李白

君不见黄河之水天上来，奔流到海不复回。
君不见高堂明镜悲白发，朝如青丝暮成雪。
人生得意须尽欢，莫使金樽空对月。
天生我材必有用，千金散尽还复来。
烹羊宰牛且为乐，会须一饮三百杯。
岑夫子，丹丘生，将进酒，杯莫停。
与君歌一曲，请君为我倾耳听。
钟鼓馔玉不足贵，但愿长醉不复醒。
古来圣贤皆寂寞，惟有饮者留其名。
陈王昔时宴平乐，斗酒十千恣欢谑。
主人何为言少钱，径须沽取对君酌。
五花马、千金裘，呼儿将出换美酒，与尔同销万古愁。

马祖陈高

金门陈高

八八坑道

五粮液

玉山二锅头

竹叶青酒

花雕

二锅头

陈年绍兴		五粮液	红标米酒
泸州老窖		贵州茅台酒	
杜康		玫瑰露酒	陈年特级高粱酒
	三白酒	剑南春	

文化
食物

火锅

火锅是比较随性的饮食,也是一种比较原始的饮食方式,《清稗类钞》称它为"生火锅",亦即生的东西丢下去煮熟就行了!

每个人或每个家庭都可以做自己爱吃的火锅,只要准备自己喜欢的汤头和蘸料,就可以搭配各种肉类、海鲜、蔬菜,吃到其原味,还可以喝到综合其精华的汤。据说慈禧太后最爱菊花锅,想必那锅不只丰富好吃,而且一定色彩悦目。

我小时候只吃过东北的酸白菜火锅,一九八五年之后,台湾陆续引进韩式石头火锅、日式寿喜烧、日式涮涮锅、呷哺呷哺、港式海鲜锅,加上我们自己研发的沙茶火锅、麻辣毛肚锅、涮羊肉锅、红白鸳鸯锅,市面有"锅"字的招牌越来越多。接下来还出现臭臭锅、番茄锅、豆浆锅、味噌锅、稀饭锅、鱼头锅、柠檬香茅锅、咖喱锅、养身锅、药膳锅、花雕鸡锅、菇菌锅、龙虾海鲜锅,就连姜母鸭、羊肉炉、五更肠旺也加入了"锅"字的战场。总之,只要你想得到一个名词或形容词、动词如"天下第一""吃到饱""当心上瘾",加上个"锅"字,就成了一种饮食新风潮。其间的千变万化,据说有人执着到白菜、酸菜务必细切以至于手肘发炎,还有老板远赴东洋做伙计只为了学得人家的一招半式;也可以简单到掰几片香菜叶子、切个皮蛋滚出锅底汤味来。

火锅在台湾,从二十世纪八十年代发展到现在,可说完全发挥了台湾文化无限融合的精神,当然也应列入文化食物篇。

白居易的诗《问刘十九》:"绿蚁新醅酒,红泥小火炉。晚来天欲雪,能饮一杯无?"写的就是寒冬时节,想邀约朋友围个小炉吃火锅的心情。在红色的火光中,刚酿好的米酒浮着一层微绿酒渣,如果能跟朋友在冷冷的冬天里吃火锅喝新酒,不但暖了肠胃,更暖了心头,是多么令人期待的事呀。

小时候我们家里吃火锅,桌面上热闹,锅子里热闹,人站站坐坐热闹,讲的话题热闹,酒喝得也热闹。这番情景,只有热爱朋友、爱热闹的人最为欣赏。吃火锅,本就是要一家人或几个朋友围着吃才有情趣,也难怪火锅店总是挤满了人。

然而美食家袁枚却不欣赏火锅,他在《随园食单》写了一段"戒火锅",认为吃火锅"对客喧腾,已属可厌",而且"各菜之味,有一定火候,宜文宜武,宜撤宜添,瞬息难差。今一例以火逼之,其味尚可问哉?"我想,袁枚一定有洁癖,也不太喜欢与朋友同享热闹的聚餐之乐。不过,请客吃火锅,的确可以掩饰厨艺不足的遗憾。

火锅的锅子,随着时代进步有各种款式,我还是最喜欢古早的北方铜锅,中间突起个高高的烟囱,顶上还有可以调节炭火强弱的小盖子。以前我家要请朋友吃火锅,妈妈总要先取出锅子用醋与盐洗掉铜锈,以免中毒。现在回想起来,那些吃火锅的夜晚,总让小小的我有一种超现实的感觉:大人们讲话好大声,二锅头、大曲酒或黑金龙一瓶瓶地喝,食物的香气与炭火的烟在家里各处飘浮,但那喧哗的声音又好像被那层烟阻隔了。我的年纪最小,总是最清醒的呀。

吃火锅全看个人的喜好而定,没什么了不起的规矩。比如有人吃沙茶火锅要在沙茶里打个生蛋;火锅料除了肉还固定有虾、蛋饺、鱼丸、蟹棒等,也需要搭配如豆腐、茼蒿、玉米、高丽菜、燕饺、莴苣、香菇这类"平性食物",来中和太过滋补的火锅汤料,这些食材像一幅画一样烙印在我们的印象中。

其实火锅料可以有很多种变化,天候与地理环境的不同也会影响其内容。例如四川的麻辣锅,当地人说因为四川处于较潮湿的地带,需要借辣锅把体内的瘴疠之气挥发出来,才不容易生病,所以他们早也麻辣锅,晚也麻辣锅,舌头早就习以为常。外地人吃麻辣锅,则不但觉得舌头发烫,连头皮也发麻,我有个朋友去吃还得带条毛巾擦汗呢。

四川有一种绿色青花椒,最是麻口带劲,香辣过瘾。四川麻辣锅的汤汁像油锅,食材泡在辣油锅里烫熟了挟起来吃,一般是不喝汤的。我去成都吃麻辣锅,以台湾的经验,认定火锅哪有不喝汤的呀,硬着头皮喝了几碗,当晚上床前照镜子,觉得自己像舒淇一样性感呢。

火锅食材

肉片：必须油花均匀分布，顺着纹理方向切成约四毫米的薄片，到汤锅内涮一下卷起，有所谓七秒半起锅之说。吃一片放一片。买的时候注意厂家放血是否完全。

牛肉分安格斯、雪花肥与牛筋等多种。

羊肉分羔羊肩肉、霜降、嫩瘦肉、里脊肉。（羊肉与醋最好不要同时食用）

猪肉分梅花肉、山猪白肉，三层肉可以煮到七分熟再冷冻切片，或是烫过后蒸熟去油腻再冷冻切片，肥而不觉油腻。

海鲜：鲜干贝、虾、鱼卷、蟹黄蛋、鱿鱼、螃蟹、蟹棒、手打鲜虾浆、花枝浆、鱼板、鱼头、蚵仔、草虾。

球丸：虾球、花枝球、半肉半筋牛肉丸、澎湖鱼丸、贡丸、肉丸、鸡肉丸、酥炸丸子、蔬菜丸、明虾丸、脆丸、猪肉丸子。

内脏：四川人的锅大多是内脏锅，内脏要去腥，需以流动的水清洗二十分钟，因为要久煮，可以先用小火煮到八分熟，但不能太高温，否则会让鸭血烫个洞。其他如牛百叶、猪肚、肥肠、腰片、脆管、毛肚（羊肚）、脆肠、大肠头；血肠是用猪肠灌入猪血加花椒、葱与高粱酒，用文火煮熟再切段入锅。

饺：鱼饺、蛋饺、燕饺、韭菜饺、鲜笋饺、虾肉云吞饺。

油条豆腐：油条、手工豆皮、嫩豆腐、老豆腐（因担心豆腐的温控不易，产生细菌，有些讲究的餐馆会把豆腐煮熟再上桌）。

脆制菜：榨菜。

蔬菜：大白菜、高丽菜、大陆A菜、茼蒿、洋葱、玉米。

菇蕈类：金针菇、杏鲍菇、花菇、鸡枞菌、猴头菇、香菇、草菇。

根茎类：蒟蒻、山药、胡萝卜、白萝卜、地瓜。

水果：番茄、柚子、甘蔗。

主食：面条、香港生面、冬粉、粉皮、白饭。

锅底

香菇底：土鸡汤配牛菌菇，新鲜段木香菇，以木炭温火煨出味道。

涮涮锅：大骨、昆布、柴鱼、甘蔗、水果、蔬菜、香茅。

五更肠旺底：鸭血、酸菜心切菱形、熟肥肠斜切氽烫，与爆香的姜、蒜及辣椒酱、花椒同炒后与高汤同煮，太白粉勾芡。

鱼汤锅：鲢鱼熬出白色的汤汁，什么都不加就是完美的汤底。

咖喱锅底：用油先炒面粉，加入洋葱、黄豆芽、大蒜末、南姜末、干葱与鸡腿肉、胡萝卜，再加入咖喱粉与辣椒粉；可入清鸡汤，香叶、大茴香、小茴香、八角、香茅与椰浆。

粥底：袁枚曾说"见水不见米非粥也，见米不见水非粥也"，他不喜欢火锅，所以不知道把米煮到看不见的时候，就是粥底火锅的精华。一大锅水加入一点点米，一直滚到米不见了，大约要两三个小时。煮的时候加上新鲜的豆腐皮同煮，或是煮好后加上豆浆，都是增加味道的简单办法。这粥底像帮每一项食材裹了一层外衣，也让食物变得滑润些，是时下最健康也最不上火的火锅料理，发明这锅底的人，真是了不起。

小火锅汤底：鸡骨、昆布、柴鱼、白萝卜、胡萝卜、洋葱、荃菜煮成。

酸菜白肉锅底：大白菜古人称为"秋菘"，东北人一个家庭一年买上近百斤大白菜腌制酸白菜是常事。通常是白菜整棵入热水中烫熟，取出沥干，凉透即入缸，加满冷盐水，也有人滴入一些高粱酒，然后盖上木板以大石头压住，高出腌菜约十几厘米，隔绝空气中的菌种。约腌五六个月就可食用。酸白菜腌得好，没有生味，也耐煮，以烟台白菜的纤维质韧性最强，可以泡很久。最好的酸白菜要够酸、够香、够脆且能回甘。吃时切细丝与猪油共炒后入锅。其锅底是用鸡脖子、鸡爪等多胶质部分与鱼骨、葱姜酒熬煮半天取其汁，再与火腿、香菇续煮，也有加上螃蟹的。酸白菜锅的酸菜，与白肉、锅底要一样好，才是完美的酸菜白肉锅。

麻辣锅底：火锅底油：把猪油、牛油、蔬菜油，缓缓放入鲜香料，再下酱料与处理的辣椒、提味料，待水气散去，入香料，辣椒最后放，最后入料酒，以上都需不停地用铲子炒，以免粘锅；酒味蒸发后，冷透，去渣的油即为火锅底油。

鲜汤：高级版用一只母鸡、一只母鸭、猪肉排与火腿、猪瘦肉、鸡胸肉与大葱、姜、白胡椒、料酒搭配煮。火锅底油加上鲜汤再与灯笼椒、辣椒、大红袍花椒、胡椒、郫县豆瓣酱、卤包香料二十种熬制。

重庆锅底：辣椒、花椒、胡椒、牛油、植物油、郫县豆瓣酱、卤包香料四十种、搭配鲜汤由猪骨、鸡架、鸭架与大葱、姜、白胡椒、料酒搭配煮。

以下为制作锅底常会用到的基本材料与做法。

酱料：郫县豆瓣酱，通常都用刀剁成碎末。

提味：冰糖剁碎、豆豉用料酒稀释。

料酒：料酒。

油：猪油、牛油、蔬菜油。

鲜香料：姜片、蒜茸、洋葱碎片。

香料：白豆蔻碎片、丁香、八角、桂皮小块、山奈、去籽草果、小茴香、大茴香、灵草碎末、排草碎末、香叶碎末、糍粑辣椒（干辣椒以开水煮几分钟沥水剁成茸即成）、一般辣椒（有大红袍、红灯笼、二金条）、当归、党参、枸杞、小玫瑰、红枣、菊花、银柳、白芝麻。

骨头汤：鸡骨去皮去油熬制，汤头不浊。

蘸酱

沙茶酱

混合蘸料：花生酱、XO酱、腐乳酱、蒜泥、葱花、香菜，加一匙高汤。

自由搭配酱料：芝麻酱、芥末酱、酱油、香醋、腐乳汁、韭菜花、辣椒酱、蒜泥、麻油、卤虾油、料酒、柠檬汁、白醋、葱末、香菜末、颗粒花生酱、萝卜泥。

酸菜白肉火锅的蘸料最漂亮，如图中把所有以上的蘸料排在一起，好像一个彩色颜料盘一般丰富。

糖果
盅

　　小朋友期待过年的原因，除了穿新衣、领红包、放鞭炮外，就是那一茶几无限享用的零食！我小时候过年，妈妈会在年前带我去老天禄、普一、采之斋与迪化街糖果铺采买，我则好像有一种要什么有什么的特权，买了南枣核桃糕、芝麻饼、陈皮梅、金门贡糖、牛肉干、猪肉干、花生、瓜子，还有五颜六色糖果纸包的瑞士糖。过年期间，妈妈把漂亮的糖果盅盒子拿出来，随着不一样尺寸的空间，放满那些漂亮可口的零食，让我们尽情享用。

　　台湾习俗，过年零食还包括冬瓜糖、大红豆，以及外表染成红、白两色的花生糖。冬瓜糖制作费时，且一年只有过年期间才有，十分难得。近年则流行各色的牛轧糖，其制作过程是将麦芽以大约一百三十摄氏度的温度煮软，冲入打发的蛋白中搅拌，加入奶油与巧克力等，再入奶粉搅拌均匀，和入低温烤香的坚果，再入模整平切块，种类很多。

　　过年期间，布满丰富零食而漂亮的茶几，也是好朋友来访时聚会聊天的中心点，所以陈列时也会依照过年的气氛配上些应景的道具，看起来喜气洋洋，好不热闹。

三 109
以食为天

匠心手藝

雕栏玉砌
民族图腾

  我把中国人自新石器时代红山文化第一只出现的龙，到清朝皇帝龙袍上的龙全部找了出来，成就了这一页"龙的传人"的优美图绘。

  中式建筑多为木结构，保存不易。较为讲究的也大多留在宫廷与寺庙之间，与庶民生活的关联较少。十九世纪中叶由台湾富商林本源家族在板桥兴建的庭园府邸占地宽广，二十世纪中叶被政府列为古迹，花费巨资维修并有专人管理，成为平常百姓都可入园游赏的"林家花园"，是台湾保存最好的中式建筑。其中的"来青阁"，是林家招待贵宾之处，为当年少见的两层楼建筑，雕工极为精细，且登楼可远眺青翠平野，景观十分怡人。我以此阁的侧立面作为绘制民族图腾的底稿：从侧面瓦片的龙到如意、三角形、圆形、长方形、八角形，发展出几款属于我们共同记忆的图腾。

  中国自远古时代即很讲究图腾之学，且都有绝美的线条、完好的比例与名字，留存下来的质与量皆很可观，我特请我们公司的陈怡茜小姐将我搜集的各种图腾边条，重新绘制成这一双开页面的精彩画face。我不是图绘学专家，没有资格解释各种图腾的来源与典故，但以我自己从事美术工作多年的经验，确知这个电子资料库对美术工作者是很有用的。希望我的努力，能够让更多人轻易地亲近我们的民族图绘，并且利用自己的想象力，创造更贴近现代的实用设计。我们说中国人是"龙的传人"，这一页所呈现的龙，是我搜集各朝代龙的演变，重新绘制的。

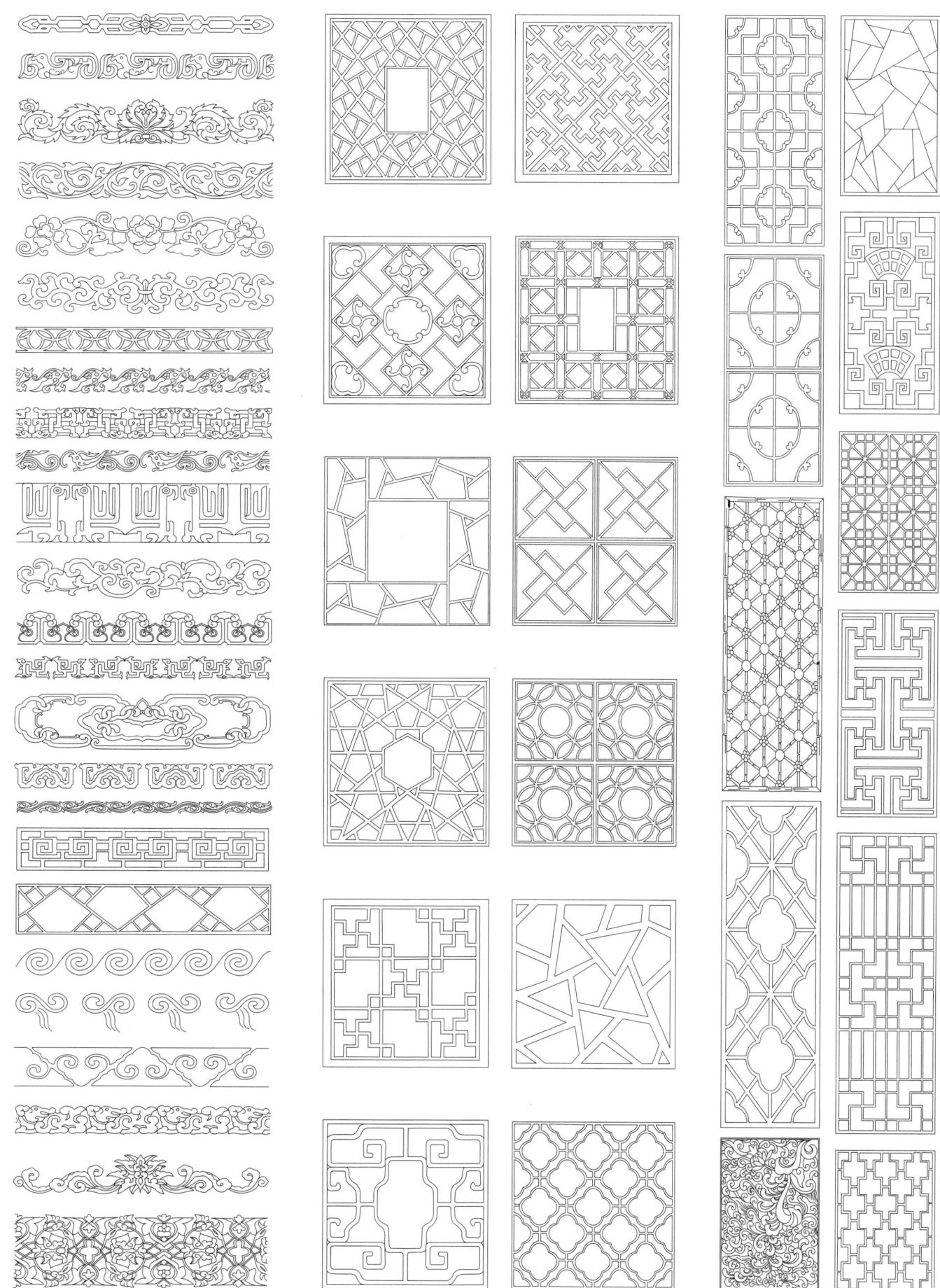

119

匠心手艺

中国的乐器与乐曲

八音乐器

中国乐器发展甚早,河南舞阳贾湖遗址出土的"骨笛"就有九千年的历史。早在周朝,老祖宗就建立乐器分类,《周礼》载"皆播之以八音:金、石、土、革、丝、木、匏、竹",而且一直沿用至清朝。以下谨就八音的代表乐器略述。

金:金属乐器多为铜与混铜制品。"编钟"由青铜制成,并依大小悬挂在钟架上,战国"曾侯乙墓"出土的编钟多达六十五件,总重达五吨,气势宏伟,无与伦比,是周朝宫廷与上流社会专用乐器。"铜淳于"也是铜制,呈上大下小之形,始于春秋,盛于巴蜀地区,专门用来与鼓合音,并以虎形饰为钮。"铜锣"起源于汉朝,圆形弧面中央部位较高,用锣槌敲击发音。"钹"在唐朝从印度传入,以两个圆形铜片撞击发声。"磬"则由铜、铁等金属铸为钵形,是常见的佛家乐器。

石:石类乐器,以"磬"为代表,多以石或玉制成。"编磬"是由十六枚的盘编悬而成,起源自春秋时期的鲁国,至今仍在孔庙看得到。编钟与编磬合奏之音就是"金石之声"。

土:土制乐器以"埙"为代表,用陶土烧制而成,形状类似陶笛,年代已有七千年之久,最早期只有吹孔,后来发展出多音孔,成为中国代表乐器之一,声音低柔而凄美。

革:动物皮革多半用以制"鼓"。鼓是人类最早发明的打击乐器之一,不仅用途广泛,从最大的"大鼓"、中形的"板鼓"到拿在手上的"铃鼓",形状、种类也非常繁多。

丝:泛指各类弦乐器,因为古代的弦是以蚕丝编织而成;弦乐器又分为拨弦、拉弦、击弦三种。拨弦乐器以"古琴"历史最久,到周朝固定为七弦,音色深沉悠远,被尊为"国乐之父"。"古筝"在战国时代即于秦地流行,又称为秦筝。因为音色美、音域广,深受文人雅士所爱,目前以二十一弦最常见。"琵琶"则是弹拨乐器始祖,最早可溯至战国时代,并因为地域、外来文化融合,从而衍生出"三弦""柳琴""阮琴""月琴""秦琴"等种类。拉弦乐器以"胡琴"最具代表。顾名思义,胡琴在宋朝由西北少数民族传入,多为二弦,以弓拉之,弓弦则以马尾制成。因结构简单、音色讨喜,在民间流行至今,并有"京胡""南胡""板胡""低胡""革胡""中胡"等种类。击弦乐器融合打击与弦乐,战国时代即有"筑",可惜已经失传。"扬琴"则是明朝由波斯传入的桑图尔琴衍生而来,并改以琴竹敲弦发声,形体扩大,弦数也不断增加,从八行琴到十四行琴都有。扬琴声似钢琴,成为现代民乐团必备的主要乐器,有"中国钢琴"之称。

木:木制乐器非常多样,"柷"历史悠久,是用于祭祀与宫廷乐的启奏乐器,以木槌敲击,形方如斗。"木鱼"随佛教传入,多呈圆形,中间挖空,以木槌敲击发声,现多用于诵经。"唢呐"从波斯传入,于明朝流行,管身木制呈圆锥形,上端有铜制的哨子;因为声音高亢明亮,被民间广泛用于婚丧喜庆等仪式。

匏:古代用干老的匏瓜壳制成乐器,以"笙"最为常见。笙是和声用的簧管乐器,只要吹气、吸气就可发声,并以手指按孔来控制。不过笙的"笙斗",现在早已改为铜制,而非匏制了。

竹:最主要有"笛""管""箫",笛是横吹,管、箫是直吹。箫源于骨哨,是历史最悠久的吹管乐器,因孔数不同分为洞箫、琴箫、南箫等,在三者之中,音色最为柔和,但也最难表现。笛与管都是汉代从西域流传过来,笛的音色清脆嘹亮,因为筒音不同,主要分为"曲笛"和"梆笛"。管有前七后一共八个音孔,因为粗细长短不同,区分为小管、中管、大管,表现音域各有所长。

《黄帝内经》载:"天有五音,人有五脏;天有六律,人有六腑。";"角为木音通于肝,征为火音通于心,宫为土音通用脾,商为金音通于肺,羽为水音通于肾"。宫、商、角、征、羽五音,就是现在音乐的DO、RE、MI、SOL、LA。传统医学强调五音五脏与气的内在联系。"五音疗疾"强调百病生于气,止于音。五音调和搭配,有归经、升降浮沉、寒热温凉,具有中草药的各种特性呢!

十大乐曲

《高山流水》

春秋时代,晋国有一位著名琴师俞伯牙,善弹七弦琴。一日他在汉江畔弹了一首高山屹立、气势雄伟的乐曲,当地樵夫钟子期路过,从琴音中听出伯牙的心声,慨然叹道:"巍巍乎志在高山。"伯牙又弹了一首惊涛骇浪、汹涌澎湃的曲子,钟子期又叹道:"洋洋乎志在流水。"伯牙觉得钟子期能深刻领会他所弹奏的《高山流水》之意境,感动之余遂与钟子期结成知音,拜为金兰,并约定翌年中秋再相见。然而,次年俞伯牙依期赴约,钟子期却已不幸去世。伯牙得此噩耗后,认为世间再无知音,一生不再操琴。这也就是中国人"知音"典故的由来。这首曲子的《流水》部分,于一九七七年被美国国家航空暨太空总署发射到太空,在无尽的苍穹寻找知音。

《广陵散》

东汉末年即流行于广陵(今江苏扬州)之民间乐曲,后来演变为反映战国时代"聂政刺韩王"故事的琴曲。描述铸剑工匠之子聂政,为了报杀父之仇,刺死韩王而后自杀的怨怒。另一说是三国时期,著名的竹林七贤之一嵇康善弹此曲,后来嵇康被司马昭处死,刑前仍从容不迫地索琴弹奏此曲。也因此,我们理解这首乐曲蕴含了一种蔑视权贵、怀恨不平的情绪。

《平沙落雁》

明朝即有的古琴曲。全曲描述秋天瑰丽的自然景色:云的怒放,地的淡远,群雁的飞翔,流沙的移动。全曲之意寄托文人雅士之心胸高远,意境开阔,引人遐思。

《梅花三弄》

唐代已在民间广为流传,全曲表现了梅花的高尚品性,也是一首隐喻中国士大夫情操的琴曲。明杨抡《伯牙心法》记载:"梅为花之最清,琴为声之最清,以最清之声写最清之物,宜其有凌霜音韵也。三弄之意,则取泛音三段,同弦异徽云尔。"

《十面埋伏》

明代开始流行的琵琶曲目,当时名为《楚汉》。全曲描述著名的楚汉相争垓下决战之惨烈,汉军设下十面埋伏阵法,迫使楚霸王项羽自刎于乌江而亡。旋律雄伟起伏,曲风壮丽撼人,让人感受两雄相争的激烈战况。

《夕阳箫鼓》

明清两代即流传甚广。旋律写意,抒情优美,丰富的景致有如长卷图绘,引人入胜;是琵琶古曲中的代表作品。近代改编后,另名《春江花月夜》。

《渔樵问答》

一五六〇年(明朝)即有记录的曲谱。表达隐逸之士对渔民与樵夫生活的向往。通过渔民、樵夫在青山绿水间自得其乐的悠然,对应出追逐名利者的世俗;"千载得失是非,尽付渔樵一话而已"。乐曲中出现的伐木声、摇橹声,能让人亲切感受置身于平民百姓生活中的写实意境。

《胡笳十八拍》

东汉末年蔡文姬谱写自己心境的乐府名曲,凄美感人。全曲共十八段,叙述她身在胡地,时刻思念故乡,以及归汉后骨肉分离的莫大痛楚。情节的进行与心情的对比层次分明,反映了战乱给人们带来的深重隐痛与悲怨。

《汉宫秋月》

原为清康熙年间盛行于崇明岛的琵琶曲,表达了宫女哀怨悲愁的情绪及无可奈何、寂寥清冷的生命意境。除琵琶曲外,后来也发展了二胡曲、古筝曲、江南丝竹等不同版本。

《阳春白雪》

原为战国时期流行于楚国的两首乐曲:"阳春"取万物知春,和风坦荡之意;"白雪"取凛然清洌,雪竹琳琅之音。合为全曲则旋律活泼新颖,节奏轻快有力,流露大地回春、生气蓬勃、春意盎然的意象。后人引申认为"阳春白雪"隐喻"曲高和寡";但这与原有之琵琶曲目并无关联性。

H86 W101.5 D49.5

H79 W193.5 D53.5

H80 W84.5 L273

H84 W60 L213.5

H85 L204 D48.5

H79 W74.3 D38.8

L178.3

H90.5 W65 L116

H288 W680

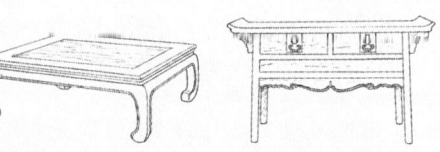
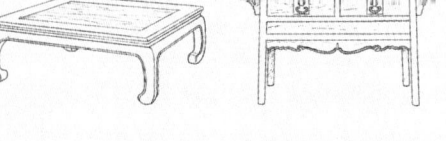

H27.7 W76.5 D76.8

H82.5 L151 D56.5

H85 W114 D56

H81

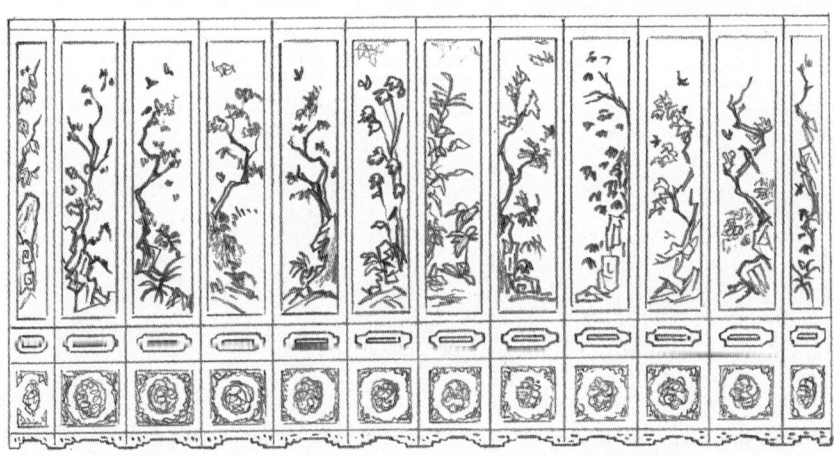

H326 W606

H84 W190 D63

H88 W62.5 L110.5

H33 W84 D36

H79.2 W84.5 L119.5

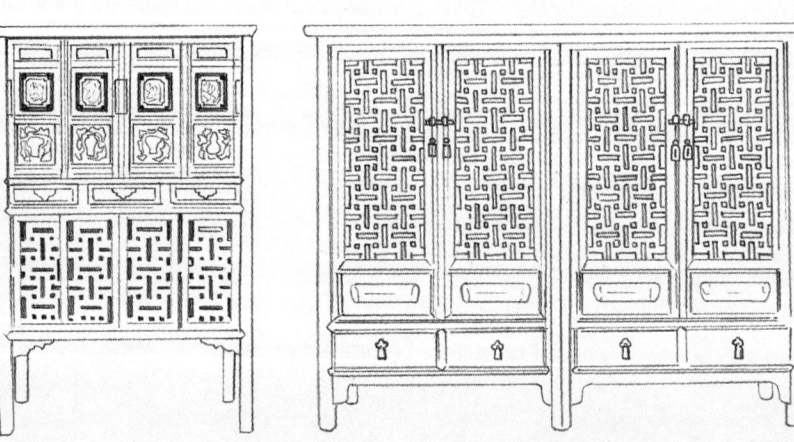

H189.2

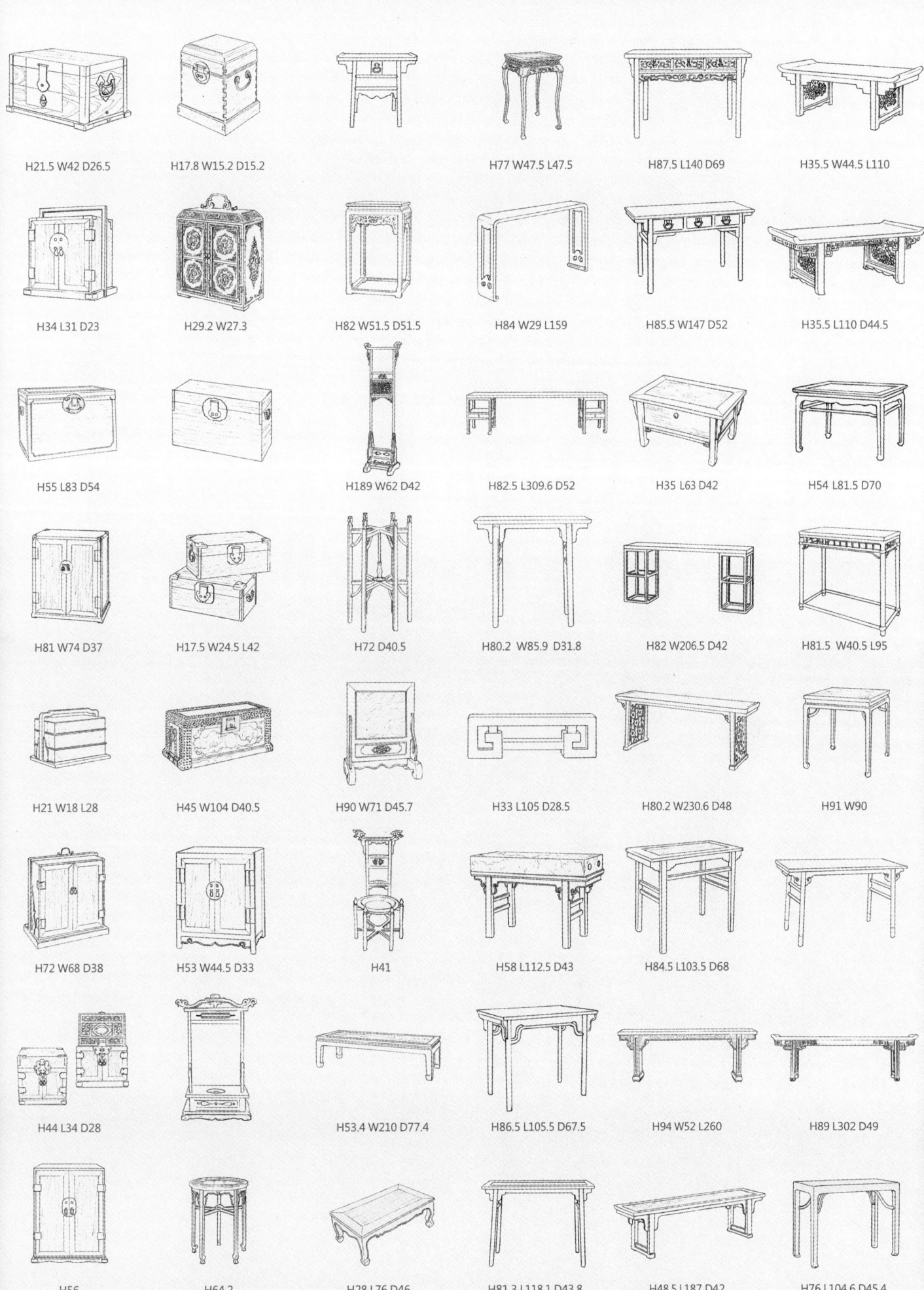

中国的家具

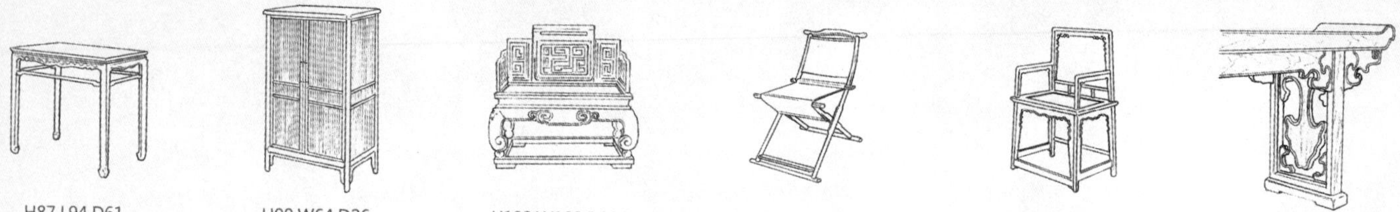

H87 L94 D61	H99 W64 D26	H102 W109 D86.5	H93 W57.8 D45.1	H99 W61.5		H89 W50 L343.5
H85.7 L99.7 D66	H183 L102 D56	H98 W117.5 D84	H130	H102.7 W61.6		H94 W71.5 L109.5
H85 W92.7 D92.7	H197.4 W109.5 D50	H82 W122 L211	H69 W58 D45	H112 W54.9 D35.6		H82 W75 L143
H178.5	H182 L78 D42	H77 W112 L206	H85 W54 D42	H83 W57.7 D46		
H222.3	H126 W48 D49	H50.5 W58 D45	H88 W56 D45.5	H83 L61 D49.5		H81.5 W52.5 L193
H296	H101/76	H82 L60 D46	H87.5 W61.4 D46.8	H122 W59		H81 L201 D49
	H185 L126 D48	H118 W58 D48	H83.4 W64 D42	H104		
H160 W104 D51	H172 W100.3 D43		H119 W56.5 D47.5			

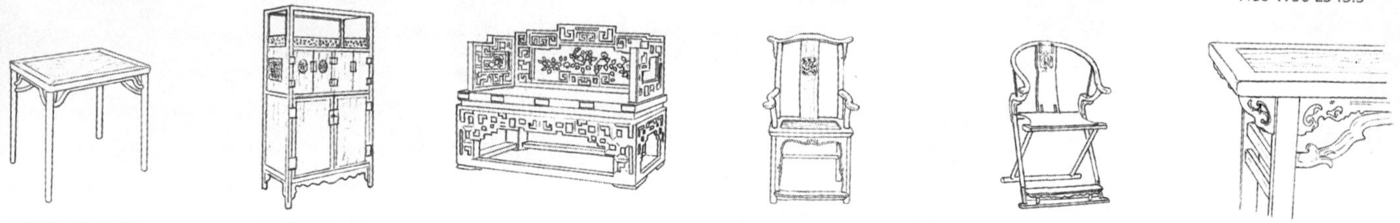

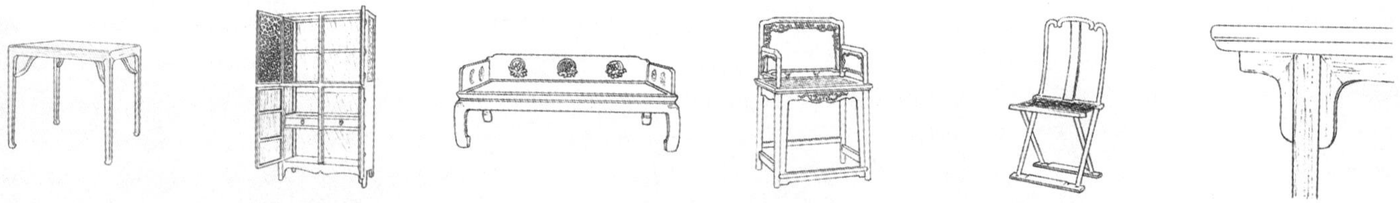

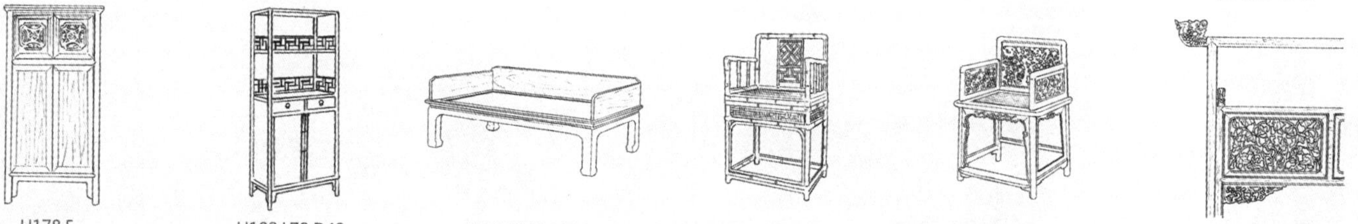

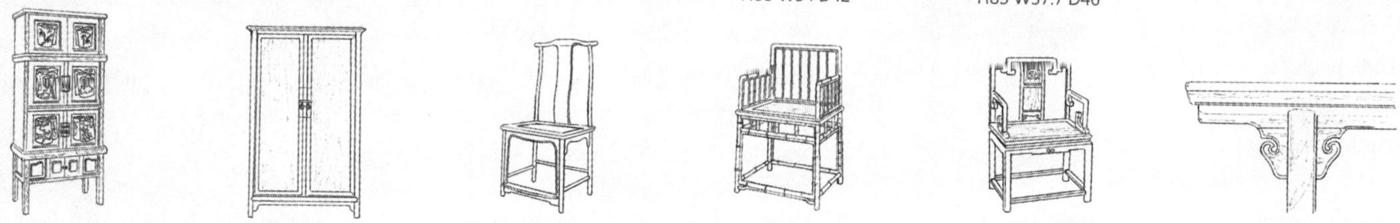

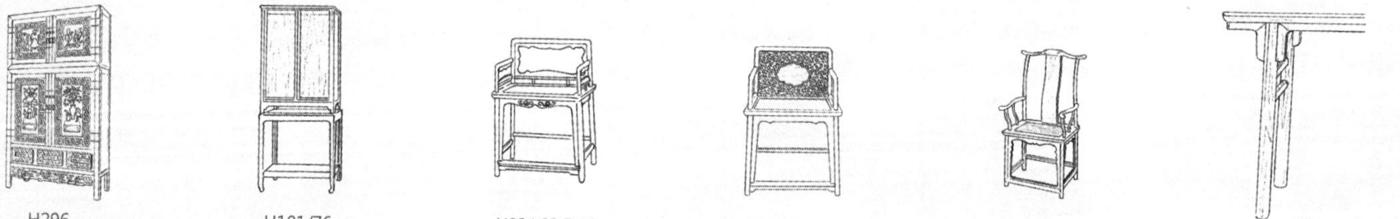

H 高
W 宽
L 长
D 深

H288 W680

H82.5 L158.5 D58

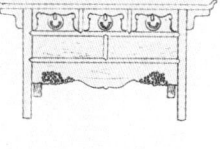
H53 W33 D33

H48 D61

H51 W36 L56

H56 D51

H164

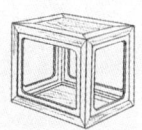
H36.6 W48.3 D33

H52 W59 D59

H51.5 L60 D60

H83.9 W105 D63

H227 W159 D58

H85.3 W61.5 D30.5

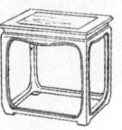
H51 W54

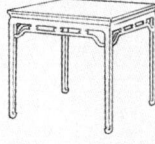
H82 L88.3 D46.4

H42 D38

H85 W92 D92

H80.5 W100 D56

书画同源 中国字

我每天总要打上千个中国字，以前从未发现我们何其幸运拥有这么精致的书写体系。前几年看了瑞典著名汉学家林西莉女士《汉字的故事》一书，不禁赫然醒觉，汗颜不已。林西莉曾远赴黄河流域对中国古文字的缘起进行田野调查，并以长达八年的时间完成此书，一九八九年在瑞典问世后备受瞩目，曾被翻译成六国语言出版，二〇〇六年在台湾出中文版，二〇〇七年在大陆由三联书店出版。

这本分析汉字意象的书，考古资料完整，取材广泛且深入民间，是每一个中国人都该仔细阅读的。她将三百〇四个汉字分类为人、动物、植物、畜牧农耕、工具、文物、器物、建筑、人文、饮食、服饰，以说故事的方式分解每一个字的结构、部首，推演其逻辑，一步步还原到中国古代的地理景象与市井小民的生活面貌，让读者触类旁通地看到文化的延续性与故事性。

我们从小学习中国文字，却从不知跟远古那些有智慧的造字祖先对话。一位远在北欧的瑞典人，知道我们金库里藏匿的宝藏，为什么大部分的中国人，不知道自己财务报表中"无形资产"那一栏的价值呢？中国人自己的财富，却由外国人以亲切幽默的方式整理出版，让世人见识我们的文字艺术与历史；此书无疑给我们一个当头棒喝。本章节以《篆刻字林》字典为模板，委请插画家叶子明先生绘制了近一百个中国字形的对照，也精简维基百科对字形的介绍，将文字演变与字形的来源，简略介绍于后。

世界上其他国家的文字大多以音韵表达，中国字则有视觉图像的联想与故事性。从殷商时代的甲骨文，到周代的金文，其缘起都兼具图像与故事，蕴含丰富的趣味与美学艺术，所以自古即有"书画同源"之说，学习书法有很多方法，但都不外乎临摹，以"入帖"为基础，写出自己风格，即有"出帖"的自主性。在台湾，学习书法，多以欧阳询的《九成宫醴泉铭》、颜真卿的《多宝塔碑》《颜勤礼碑》、柳公权的《玄秘塔碑》四帖入门，康有为说："学书必须摹仿，不得古人形质，无自得性情也。"字如其人，情志与气势都在其中，需要长时间练习。本章节也参考高明一博士所著的《中国书法简明史》，以及台北故宫博物院出版的《华夏文化与世界文化之关系图录》、李萧锟教授所著的《中国书法之旅》，做了一张简易的中国书法长轴，跟读者们分享从象形文字到书家大师的书法精华。虽然碍于版权与版面，只能轻描淡写地点到为止，但已足够让我们从这些优美的线条，看出每一个中国字都是一幅画。也希望我们的儿女及后代子孙在学习中国字的当下，珍惜祖先留下的这份文化内涵，借此养润你们的人生。

甲骨文	乃商朝晚期于龟甲上占卜记事的文字，首次于清朝末年在河南安阳小屯村殷墟遗址被发现。目前在各地陆续发现有大约十五万片甲骨之多，总计约有四千五百个单字，但能够解释且仍具争议的，只有百分之三十左右。又名龟甲兽骨文字、卜辞、契文、殷契。甲骨文是一个非常成熟的文字系统，学者认为可能来自于比甲骨文早一千多年的"良渚原始文字"或符号。历史学家推论殷商君王向祖先提出不论是征战、天气、梦兆与生老病死……的问题，都以甲骨占卜，其答案则以巫师在兽骨上钻洞燃烧出的裂纹为回复。
金文	乃商朝中期至周朝铸或刻于青铜器上的记录文字。大部分的商代的金文，都出现于盘庚迁殷（今河南安阳西北）之后。自西周以来，普遍使用的约有三千字，可辨识的则约为一千八百字。由于商周盛行青铜器，而青铜礼器以"鼎"为代表，乐器以"钟"为代表，因此又名钟鼎文或铭文。很多人以周宣王在位时期铸造的毛公鼎金文（又称西周金文）为金文代表，毛公鼎铭文共三十二行，约五百字。周朝的金文多记述有关天子之事，如昭王南巡、穆王西狩等。西周铭文青铜器几乎涵括每一位周王。殷周金文被铸在青铜器的内侧，但究竟是用什么技术铸成，至今仍然没有答案。
古文	指春秋战国时期山东六国流行的文字。因汉代通行隶书，因此把秦以前秦地篆文以外的字体叫作古文，也就是泛指春秋战国时期东方各国竹简上的文字，如"孔壁古文""汲郡古文"等。《说文解字》里将古文解释为："及宣王太史籀著大篆十五篇，与古文或异。"乃把古文与大篆相提并论，古文是史籀以前的文字通称。
石鼓文	石鼓文上承西周金文，下启秦代小篆，与先秦时期的大篆又有所不同，可以说是大篆与小篆之间的一种书体。其笔法方正、均衡，布局紧凑，笔法圆阔，极为周致。石鼓文刻于十座花岗岩石上，因石墩形似鼓，故称为"石鼓"。石鼓文与金文有较大差别，具有明显的动感，是中国现存最早的刻石文字。又名猎碣、雍邑刻石。石鼓文对后世的书法与绘画艺术有着非常重大的影响，许多杰出的书画家都长期研究石鼓文艺术，并将其作为自己书法艺术的重要养分，进而融入进自己的石鼓文书法或是绘画艺术之中。
大篆（籀文）	传说是周宣王时太史籀所造，属于籀文（籀音同"咒"），春秋时期已在秦国流行。《说文解字》收籀文二百七十六字。周宣王的石鼓文也常被指为籀文，秦始皇时曾撰有六块记功刻石：秦山刻石、琅琊刻石、绎山刻石、碣石刻石、会稽刻石、芝罘刻石等。北宋时又发现三块刻字石头，内容是秦王诅咒楚王的文字，后人称为"诅楚文"。籀文、石鼓文、诅楚文和部分秦国金文，皆属同一字体，称籀文或大篆。
小篆	小篆又称秦篆，相传是秦始皇统一六国后向全国颁布的官方文字，当时一方面废除六国的古文以及区域用字，一方面以秦国通用的籀文（大篆的一种）为基础加以简化，使之成为秦朝的官方文字，并且汉唐沿用了几百年，至唐朝时期，民间普遍盛行隶书。小篆汉字形式较不长方形和更加似方形。第一本字典《说文解字》显示九千多个小篆字体。
蝌蚪文	由于古人无笔墨，于是就用竹签点漆，在竹简上写字，称为书契文，亦叫竹简书。因竹硬漆腻，书写不流利，笔画起止皆以尖锋来书写，写出的字头粗尾细，像蝌蚪之形，故叫蝌蚪书或蝌蚪文。凡是竹简漆书，都可以叫蝌蚪文。
鸟虫书	鸟虫书是春秋中期至战国时期盛行于中国南方的一种文字。它的特点是其字形类似鸟虫鱼的形状，故有此命名。在战国时期，可能每个国家都有自己的鸟虫书变体。这是一种装饰性铭文字体，其特点是将字体的一些笔画写成鸟的形象。有很多名称如鸟虫文、虫书、鸟书、鸟篆、鱼书。秦代定书体有八种，其中之一是虫书。中国书法通常不认同直接将鸟虫书作为一种书法，认为它更应被视为有特殊用途的艺术变体（比如在印章中使用）。鸟书经常能够在青铜武器、青铜容器、玉器、篆书甚至建筑或装饰用品上找到。
漆书	漆书是由清朝著名书法家金农创造的一种书体。其字体吸收了隶书和楷书的特点，形成了一种独特的字体。其字形独特，需要用像刷子一样的扁笔来书写。宋代大书法家米芾在评自己书法时说："臣书刷字。"可知"漆书"是指一种特殊使用笔与墨的方法。金农写漆书所用的墨是自选墨烟所造的"五百斤油"。"金农墨"浓厚似漆，写出的字凸于纸面，行笔只折不转，如漆刷之运作。这种方法写出的字看似粗俗简单，无章法笔意可言，其实是大处着眼，剔除细节，直取其磅礴的气韵，浑朴钝拙的金石趣，将这些融合在黑、厚、重、凝的格调之中。金农到了五十岁既负盛名之后，有意"骇俗"，独创一种"渴笔八分"，融汉隶和魏楷于一体，这种被人称之为"漆书"的新书体，笔画方正，棱角分明，横画粗重而竖画纤细，墨色乌黑光亮，犹如漆成，这是其大胆创新、自辟蹊径的标志。

杨平先生书法作品取材自《千字文》内容

行书	行书，相传是在东汉年间创立。分为行楷及行草，晋朝以来，多数书法家都兼工行书，其中最著名的是王羲之的《兰亭序》，有"天下第一行书"之称；其次是《祭侄稿》，是颜真卿著名的行书作品，感情生动；还有《寒食帖》是苏轼被贬黄州第三年的寒食节于东坡雪堂写成，是他平生最得意的作品之一。行草则介于草书与行书之间，文字动感也较易辨认。
草书	草书相传出现于汉代初期，又名藁书，也称为"章草"，是一种隶书草书。章草字字独立；后来楷书出现，又演变成"今草"，即楷书草书，亦称"小草"，以王羲之、王献之的《十七帖》为圣品，到唐朝时，草书成为一种书法艺术，因此演变成为"狂草"，作为传递信息工具的功能已经减弱，成为一种艺术作品，讲究间架、纸的黑白布置。在狂草中，有"词联"符号，就是把两个字（常见词组）写成一个符号。现代人学习草书一般以今草为起点。普遍认同的草书写法有于右任先生编著的《标准草书》。
飞白书	飞白书，飞白的成熟期在于宋朝，是书法中的一种技法，指在书写时，毛笔笔头没有完全出墨，出现枯笔，使得笔画中留有拖丝或留白的现象。因给人以飞动之感，故称飞白。苏轼赞美飞白说："其飞白，美哉多乎，其尽万物之态也。霏霏乎其若轻云之蔽月，翻翻乎其若长风之卷旆也。猗猗乎其若游丝之萦柳絮，袅袅乎其若流水之舞荇带也。"宋太宗虽好飞白，却认为"飞白字势难工"，后代有"废绝"的可能，武则天与出身将门的北宋曹皇后，也善飞白书。清人陆绍曾辑《飞白录》，收入飞白作者一百零二人。
隶书	隶书起源于秦朝，在东汉时期达到顶峰，也有怀疑隶书与篆籀相生，只是未通行于当时。隶书为秦书八体之一，是汉字中常见的一种庄重的字体风格，书写效果略微宽扁，横画长而直画短，呈长方形状，讲究"蚕头雁尾""一波三折"。"隶变"是汉字由小篆演变为隶书的过程，大约发生在秦汉之间，是汉字发展的转折点，对后世的汉字有很大的影响。中国文字在小篆以前仍然遵从"六书"造字原则，汉隶则不再遵守"六书"原则，自行变化造型。最有名解释隶书之由来为"奏事繁多，篆字难成，即令隶人佐书，曰隶字"。但近来指出"隶"字亦有"附属"的含义，可能意旨其为篆字之衍生。主要将篆书圆转的笔画逐渐改为方折，书写速度更快。
仿宋体	仿宋体，是近代仿制南宋临安陈宅书籍铺出品的字形，并不等同于宋朝的刻书体，因此名为"仿宋"，仿宋体是一种采用宋体结构、楷书笔画的较为清秀挺拔的字体，笔画横竖粗细均匀，常用于排印副标题、诗词短文、批注、引文等，在一些读物中也用来排印正文部分。拥有楷体的笔形，横画向上斜，折笔明显。在广泛使用蜡纸油印的时代，仿宋体由于笔画较细，并不会破坏蜡纸的韧性，因此成为实质上的标准字体，包括以汉字打字机打出及由刻字师所手写和刻印的字体。一般建筑及机械制图所用之手写字体，即为类瘦金体（仿宋体），通称"工程字"。为建筑土木科组之新生于制图课程时须练习的第一道习题，现代，仿宋体成为与明体、楷体、黑体并列的最基础最常用的四种汉字印刷体之一，也是中文计算机经常使用的字体。
明体	原形为宋代模仿楷书基本笔画，但因应当时以木板作活版印刷，为顺应木的天然纹理，呈现出硬朗表情的一种字体。笔画有粗细变化，而且一般是横细竖粗，末端有装饰部分。到明代，这种字体逐渐脱离楷书的模样，成为一种成熟的印刷字体。"明体"是一类字体的总称，有很多字体都属于这个范畴。

川	火	木	隹	雀	鳥	爪	馬	象	鹿	魚	甲骨
											小篆
											古文
											鐘鼎石金文字
											印篆

傘	包	角	字	斗	斤	朋	永	雅	集	
										甲骨
										小篆
										古文
										鐘鼎石金文字
										印篆

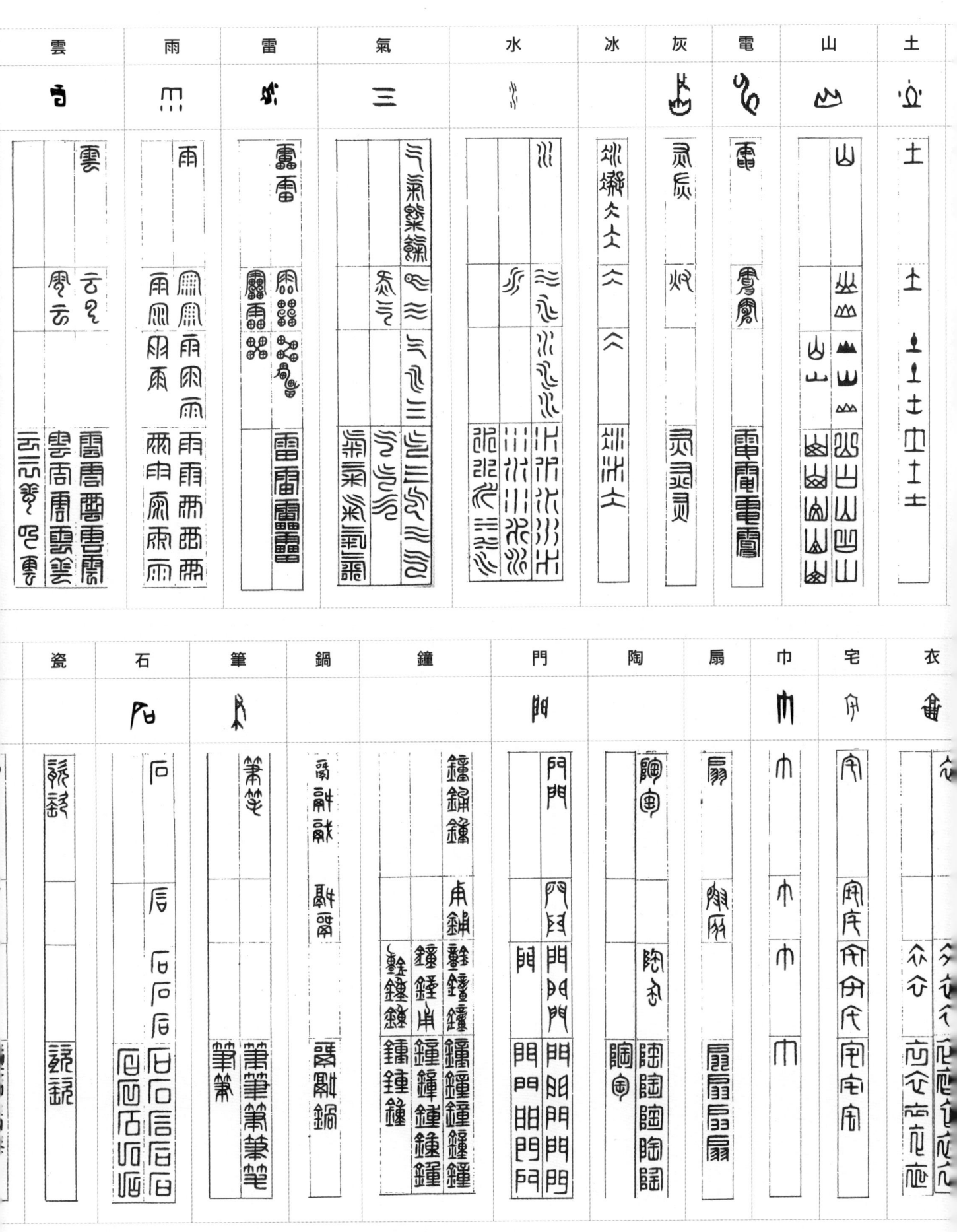

文字之美

余承尧先生书法作品《杜甫 秋兴 八首》

| 魏晋南北朝 (265AD) | 隋 (581AD) | 唐 (618AD) |

《天发神谶碑》

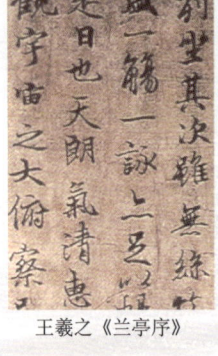
王羲之《兰亭序》

《爨宝子碑》

《云峰山刻石》

《龙藏寺碑》碑额

《孔子庙堂碑》

《正始石经》

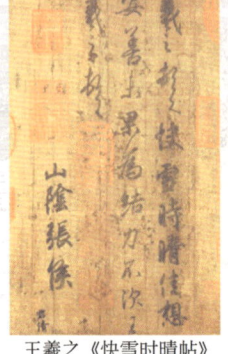
王羲之《快雪时晴帖》

《中岳嵩高灵庙碑》

《泰山金刚经》

《美人董氏墓志》

《九成宫醴泉铭》

《封禅国山碑》

王献之《大道帖》

《爨龙颜碑》

《张猛龙碑》

《宁赞碑》

褚遂良《伊阙佛龛碑》

《吊比干文》

《张黑女墓志铭》

孙过庭《书谱》

《石门铭》

商 (1600BC)	秦 (221BC)	西汉 (206BC)	东汉 (25AD)	三国 (220AD)

甲骨文

秦始皇诏版

衡府君碑

《祀三公山碑》

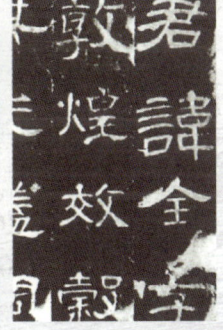
《熹平石经》

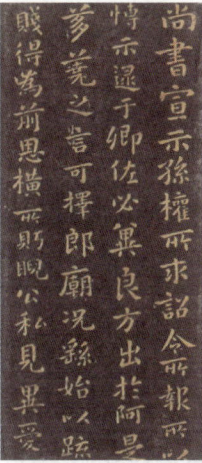
钟繇《宣示表》

西周 (1046BC)

《散氏盘》

李斯《琅琊台刻石》

韩仁铭碑

石门颂

《礼器碑》

《曹全碑》

《孔羡碑》

东周 (770BC)

《毛公鼎》

《石鼓文》

《睡虎地简》

新莽 (9AD)

《莱子侯刻石》

《西岳华山神庙碑》

《西狭颂》

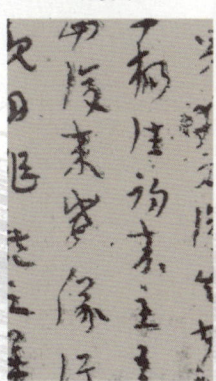
陆机《平复帖》

《谷朗碑》

方寸之间 文房四宝

我们的中国字还具有另外一个独一无二的艺术境界，那就是印章的艺术。这方寸间的艺术多为篆刻。篆体非常适合框于一方一寸之间以凹凸雕刻呈现，利用留白的线与面交令，将其工艺的手法与粗细线条的转折排列，自成一难能可贵的比例。

一枚印章就像一幅小小的版画，本身就是一个完满的视觉艺术。它的文字线条生动多变，甚至有肖形意象的图绘。篆刻讲究"方圆""疏密""轻重""增损""屈伸""承应""挪让""盘错""变化""离合""巧拙""界格""边缘"，这么多章法，要在这方寸之间布局，兼具动态的美感与情趣。其间的好辞好诗也充满故事性，或讽刺，或幽默，或抒发个人心胸大志；既能表达心声，又充满了浪漫的文艺气息。

印章在我们的文化上是权力、信物的象征，有着严谨的规矩。古时候皇帝的印章称为"玺"，朝廷百官则按官职大小，称为"章"或"印"。现代的公司行号，对外行文也都必须盖上公司大印。

印章最重要的配套是印泥。我开公司时，去"点石斋"刻了一套公司大小章，朋友送了一盒考究印泥。那印泥的外盒是铜制精雕的器皿，内盒是扁圆瓷装着红色印泥；外盒铜雕盒子下有三只狮子。朋友写的卡片里告诉我：三狮代表三思，要我在用印时，必须再三思考。我自己做了如图的"明忠三思""百里藏"与"妆胡涂"现代版本的印泥盒。好的印泥，成分有很难得的矿物质，还有银朱与珊瑚呢。以前听说某家著名餐厅的老板，以一道传家菜肴换得朋友一方祖传的"八宝印泥"，可见讲究此道的人是不惜代价的。

感谢在文人世家长大的收藏家宋绪康先生，提供清代三位艺术家的印章供我们欣赏：分别是张镠的"作个闲人"，边款：寿山之墨石为最难得也，斯石虽微而坑甚远矣。观其质当在乾隆前之产，明坑无疑也。欣而作之，以消永昼云尔，道光己巳春日；吴廷扬的"大好山水中人"，边款：砚山属刻。让之；蔡照的"一庭花木

半床书"，边款：咸丰辛酉（一八六一年）七月，容庄为幼谦先生刻元朱文。

南怀瑾老师送给我们这套书的椭圆形篆刻为"愿天常生好人，愿人常做好事"，那线条的对称与留白处的比例，让人一看就好想知道写的是什么字；知道了字的内容，又再次赞叹它艺文兼善的美学境界。印章本身就是令人爱不释手的一个器物，材质有很多种，比如左图中，其形以夫妻互为"包袱"与"包福"谐音的"包袱章"，是所谓羊脂白玉的和田玉，我也以其形为创意，烧出了如图陶烧的印章；下图的吉祥兽印章，则是铜制品，形状是由一只大的公兽搭配一只小的母兽，也是很理想的一对夫妻章。

秦朝时，蒙恬以柘木、鹿毛、羊毛发明了毛笔。据载小篆的线条曲折婉转，非毛笔不能，故推断当时是因为蒙恬发明了毛笔，而有助于小篆的成形。后世制笔业者，均以蒙恬为始祖。先秦时，毛笔有多种名称，如"聿""不律""弗"等，最后统称为"笔"。毛笔是用柔软且有弹性的毫毛制成，常听见狼毫、紫毫（兔毛）、胎儿毛等。讲究的笔尖锋尖，可以在提笔或按笔时，任由转折，因此是选择的重点。上图所示的小毛笔，是古代的人出门随身携带毛笔与墨，跟现代人带钢笔或原珠笔的道理是一样的。

传统墨的来源，分成松烟墨或油烟墨两种。松烟墨取自燃烧的松枝或柏油的烟，加上皮胶与香料及不同的药材制成，这一类的墨色黑但缺少光泽；油烟墨则是用桐油、麻油、菜油等，烧成烟灰，配以香料制成，其特色为黑且亮。以前用砚台磨墨为写书法前定下心的必经仪式，现代则被化学配制的墨汁所取代。想到以前的一个故事：一日我们书法课结束后，老师要大家去洗手台清理道具，一个同学很久很久才回来，老师问他：你为何清洗这么久呢？这同学居然回老师：老师！好奇怪呦！这墨我怎么怎么洗都洗不干净呢？

磨墨需要用砚，古代称为"研"，也就是磨的意思。砚台多用石头打造而成。其种类有端砚、歙砚、澄泥砚、瓦砚、玉砚、金沙砚等，好的砚，除了讲究的墨质以外，还可以累积岁月的痕迹，越显出它的价值。左面图上方的砚，做成一只乌龟的形状，龟壳变成这砚台的盖子，非常精致巧妙。

中国的纸以安徽宣州所出产的纸最为出名，称为"宣纸"。宣纸最能彰显书法吸墨强弱的韵味，经久不脆。宣纸大致上以树皮、稻草，后来又加楮、桑、竹、麻等原料，经过浸泡、灰掩、蒸煮、漂白、打浆、水捞、加胶、贴洪等几十道复杂的工序而成。相传东汉孔丹，为觅得好纸，为造纸师傅蔡伦绘制肖像，以青檀树皮创立了檀皮纸。此后凡古法宣纸，只用檀皮、不加稻草者，皆称作"丹纸"。

中国的很多艺术作品，均赖以文房四宝流传至今。中国文字之美，是我们骄傲的资产，本章的历史书法长轴表，是我把手边所有的书法资料依时代先后标明，委请台湾大学艺术史系高明一博士筛选，以历史与美学两个角度为依据，从有史以来的甲骨文、金文、篆书、隶书、楷书、宋体、草书等众多书体的演进，选出书法大家王羲之、柳公权、怀素、颜真卿、米芾、宋徽宗、陈献章、王宠、董其昌、于右任、溥心、孙文、毛泽东等人的代表作，一共一百一十三幅。

清
(1616AD) — 1911AD–

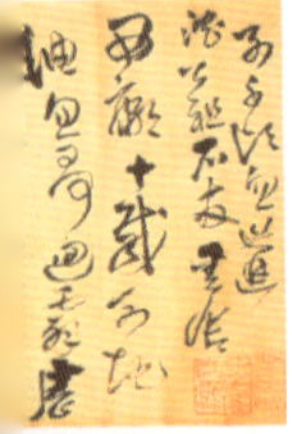

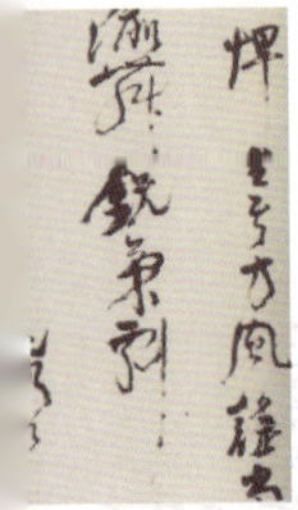

金农《隶书》
伊秉绶《隶书五言联》
杨岘《隶书七言联》
于右任《对联》
《七言律诗》
钱沣《芜城赋》
邓石如《隶书和毕沅登黄鹤楼诗》
张裕钊《千字文》
吴昌硕《临石鼓文》
溥心畲《行书七言诗》
台静农《行草》
《草书诗卷》
陈鸿寿《隶书对联》
元璐《草书》
蒋仁《八言对联》
孙文《乐天》
《草书古诗卷》
黄易《隶书》
郑孝胥《楷书八言对联》
弘一《楷书五言对联》
吴熙载《行书对联》
毛泽东《沁园春》
《行草诗卷》
康有为《行书五言句》
傅山《言律诗·连绵草》
奚冈《七言对联》
赵之谦《楷书》
沈尹默《行书七言诗》

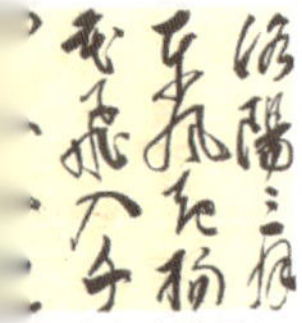

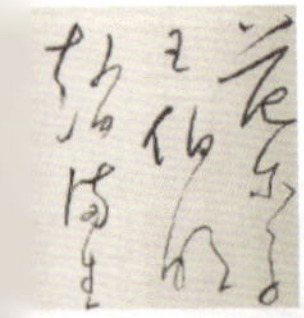

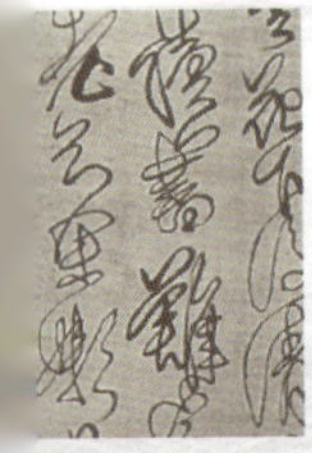

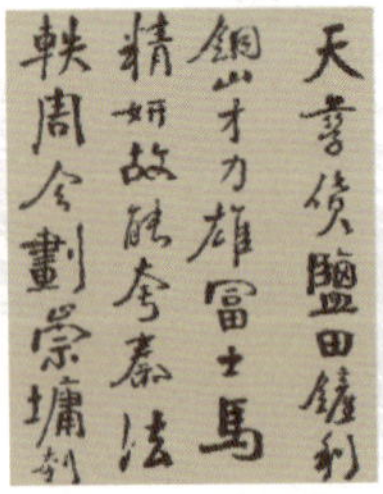

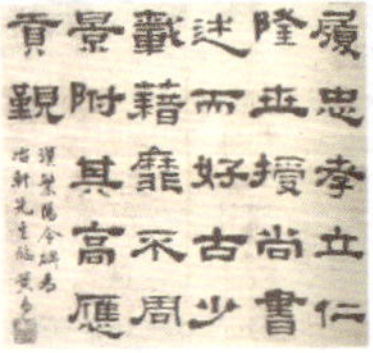

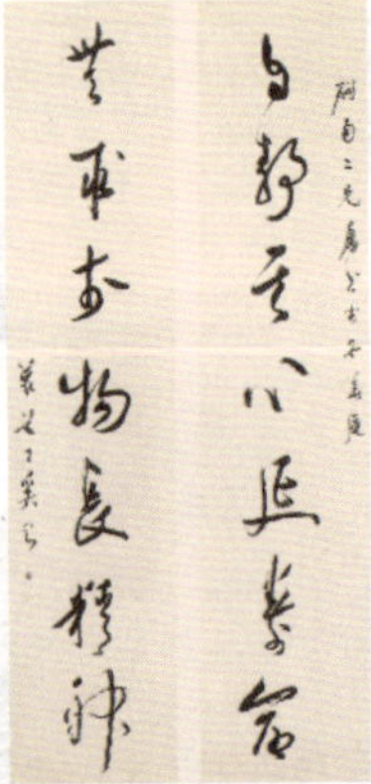

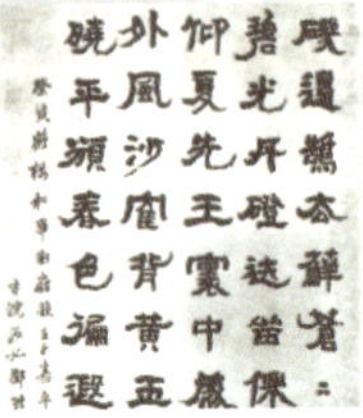

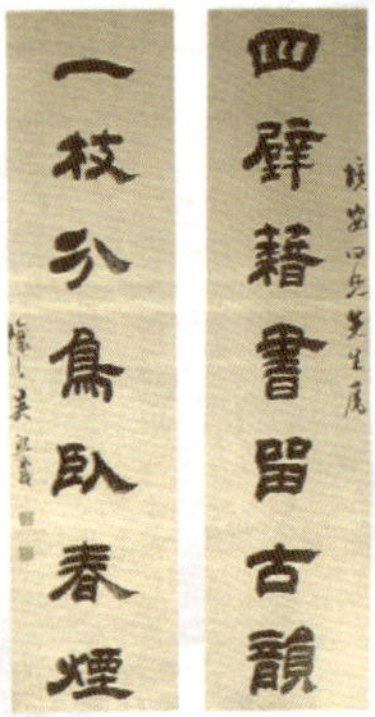

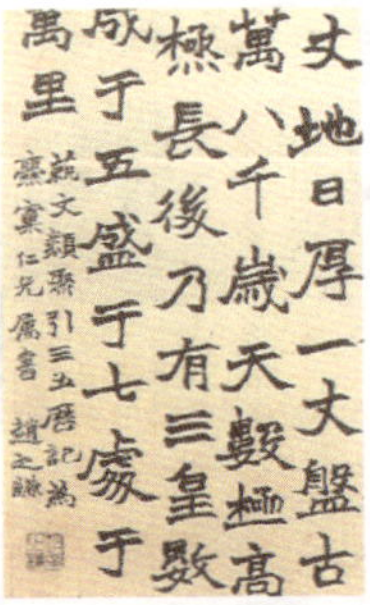

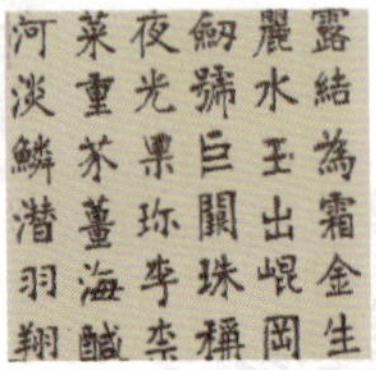

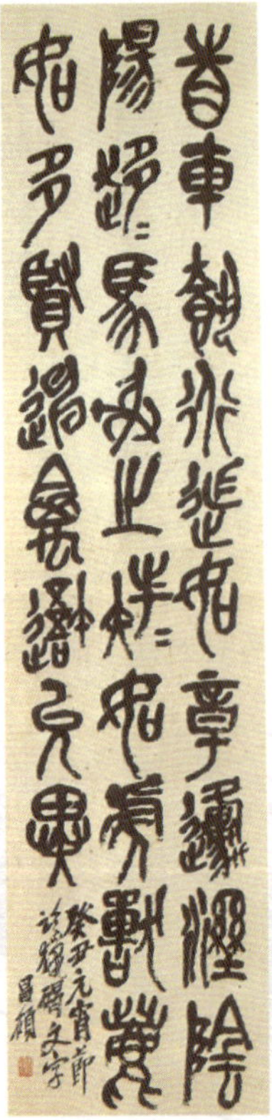

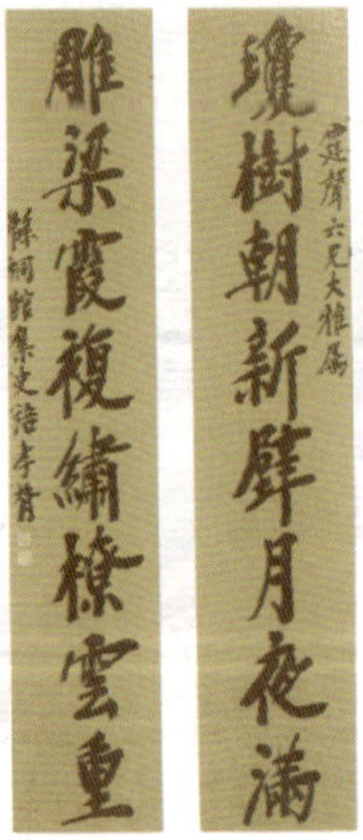

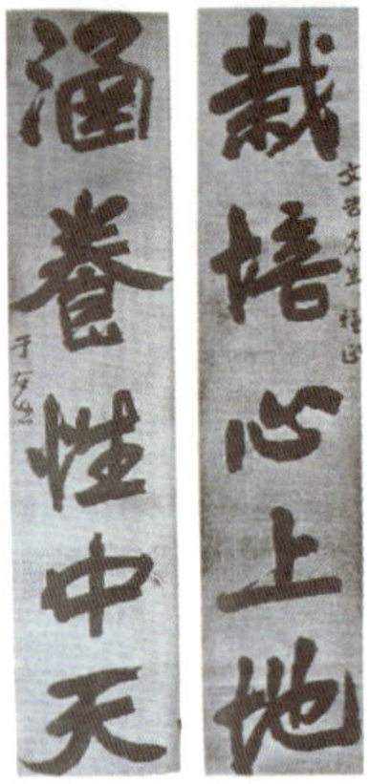

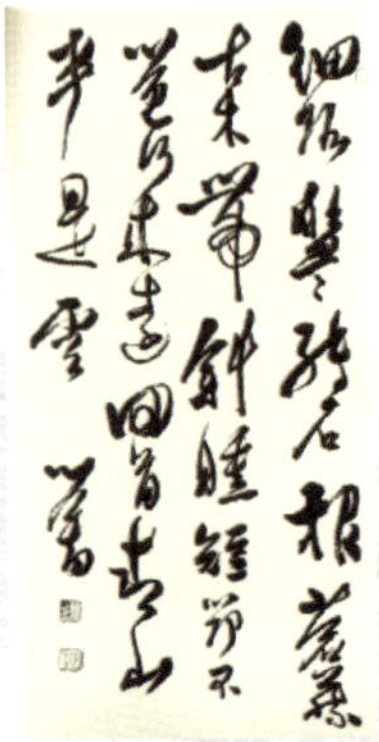

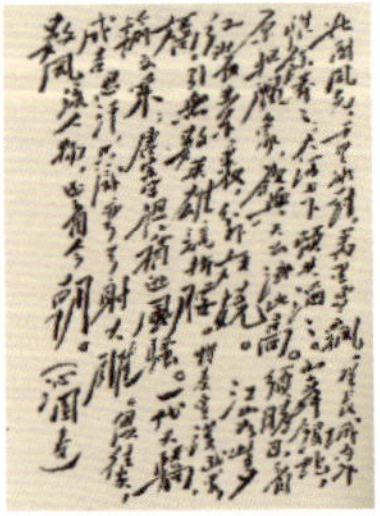

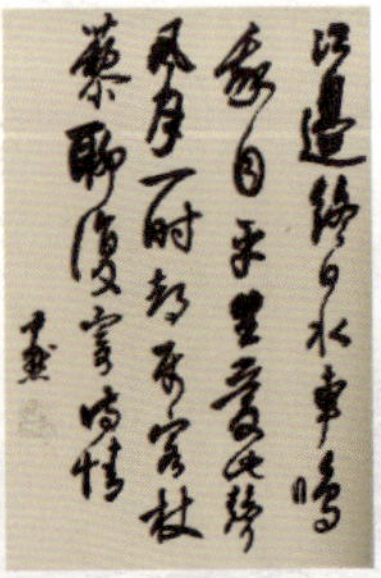

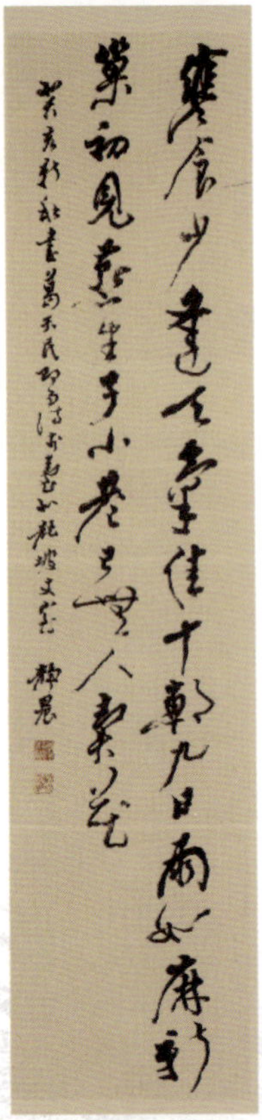

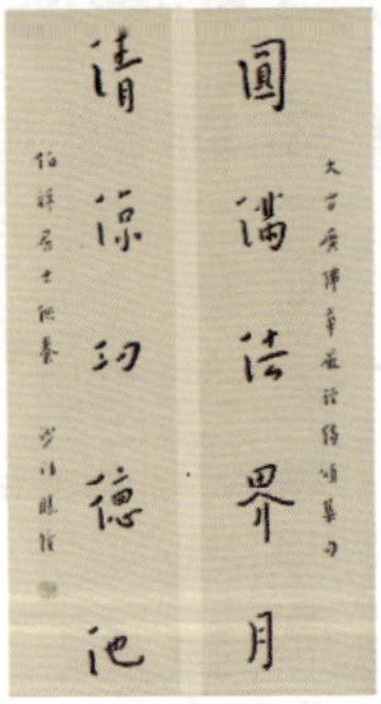

	北宋 (960AD)	南宋 (1127AD)	元 (1206AD)	明 (1368AD)	

颜真卿《大唐中兴颂》

颜真卿《争座位稿》

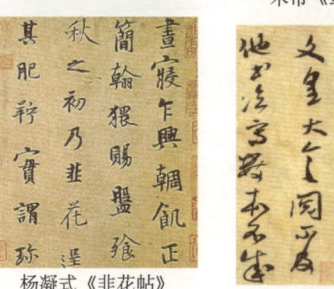
颜真卿《颜勤礼碑》

五代
(907AD)

杨凝式《韭花帖》

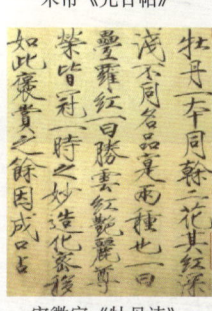
陈搏《行书》

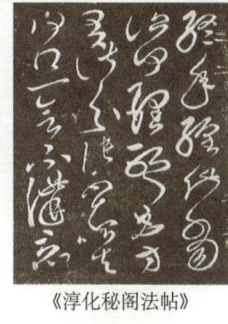
《淳化秘阁法帖》

蔡襄《泉州万安桥记》

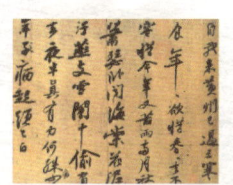
苏轼《黄州寒食帖》

米芾《蜀素帖》

米芾《元日帖》

宋徽宗《牡丹诗》

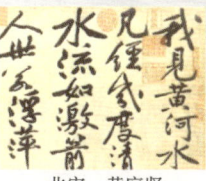
北宋 黄庭坚《书寒山子庞居士诗》

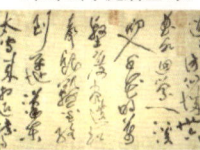
北宋 黄庭坚《李太白忆旧游诗卷》

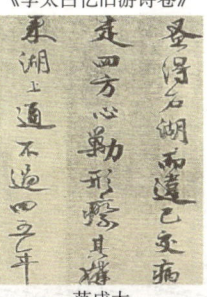
范成大《西塞渔社图卷跋》

朱熹《易系词》

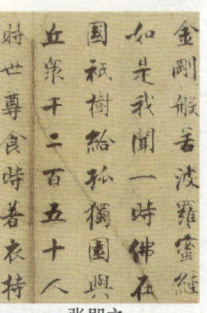
张即之《金刚般若波罗蜜经》

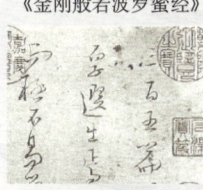
文天祥《木鸡集》

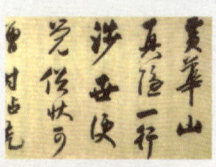
王庭筠《幽竹枯槎图》

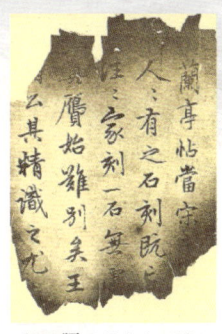
赵孟頫《兰亭十三跋》

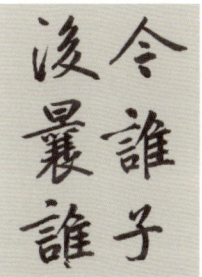
鲜于枢《透光古镜歌》

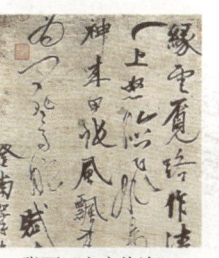
张雨《七言律诗》

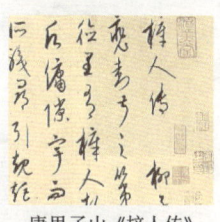
康里子山《梓人传》

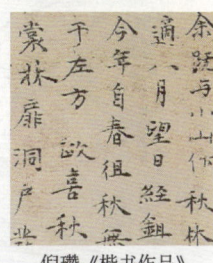
倪瓒《楷书作品》

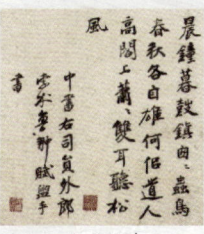
李术鲁翀《于黄庭坚松风阁诗题跋》

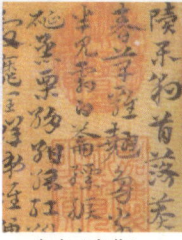
宋克《章草》

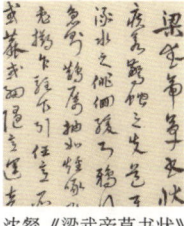
文徵明《般若波罗蜜》

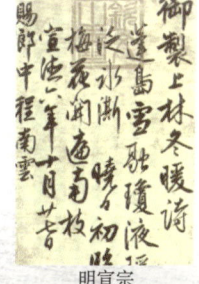
沈粲《梁武帝草书状》

沈周《行书》

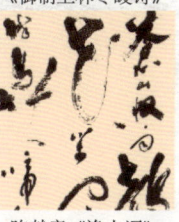
明宣宗《御制上林冬暖诗》

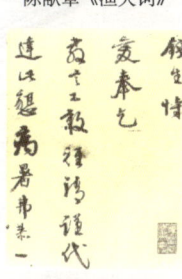
陈献章《渔夫词》

李东阳《诗卷》

李应祯《和靖处士真迹》

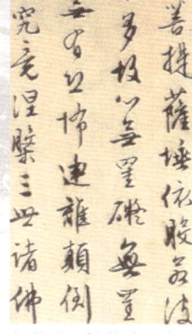

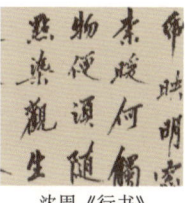
王宠

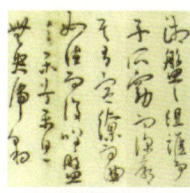
徐渭《青天诗》

祝允明《七言律诗轴》

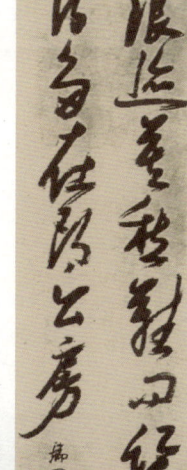
张瑞图《七言二句》

黄道

邢侗

董其

倪

《杜甫

母亲的艺术 中国女红

我热爱做手工艺，尤其喜欢中国女红的创作。"女红"一词，泛指女人所做的手艺品，中国地大，历史久远，世世代代承传下来的手工艺术，蕴藏着母亲们朴质的巧手与美丽的慈心，一针一线地串起了缤纷富丽的手艺，让不同时代女性的创意深植于中国民间。

一九九六年在台湾成立"中国女红坊"的陈曹倩女士，曾亲身体验日本对于传统艺术没落所做的努力，看到传统艺术与生活密不可分的事实，遂结合中国母女代代相传的"爱"与"情感"，让一项艰难的文化推广事业，转化为台湾妇女愉悦的生活实践，开创出"母亲的艺术"天地。

除了缝绣编织，她还于二〇〇七年创立"母亲的艺术基金会"，推广花艺、茶艺、剪纸、版画，兼顾文化的保存与创新，提升妇女生活的文化素养，并借以扶助弱势者，造就她们的工作机会。同时她也培育种子教师，繁衍及开发、保存地域性技艺与文化。这些心力的付出，贡献卓越，令人激赏。

中国女红的天地十分辽阔，台湾的《汉声》杂志也曾费心地远赴大陆各省实地采访，将深山里的侗族织绣技艺，陕西农村姥姥们的巧手布艺，山东妇女的传统手工纺织，陕西大娘的各式剪纸，一一做了深度报道并搭配教学方法，让世人缩短了时空的距离，更了解中国女红的深度与广度。对于无私奉献的文化工作者，我们献上最诚挚的敬意。

我自己对于中国的绲边与包扣特别欣赏，总觉得有一种秀气的质感，在这个篇幅中，特别把自上海买到的绲边包扣包展示出来。此外我也把中国女红的缝绣编织技巧，以同一个板型做成派对皮包，也把我们民族既有的传统图腾，以串珠缝制成轻巧的派对包，让这些听起来以为是姥姥们才会的技艺，摇身一变成了时尚的饰品。

中国女红的天地，本就是温故而常新的！

缝绣
编织

在台湾，有很多性质不同的社团，让有各类兴趣的人聚在一起学习、分享，同时也扮演着社交律动的功能。我参加的女红社团，缝、绣、编、织，每一样都相当活跃，每次举办发表会，不但结合了西方的工艺呈现非常现代的设计作品，也让人目不暇接地欣赏了种种中国传统的古老工法。一四五页图中一款被套，是小如参加中国女红坊"缝"的工艺课程所学习的作品成果。她上这项工艺课，一共三十余堂，每一堂学一种缝的工法，每次缝一个方块，结业作品就是把它们全部缝接起来，成为这个被套，也因此可以取得"中国女红坊"的毕业证书。在学习其他不同的工法时，她也做了各种枕套与布包。

"绣"法源自古老的中国，以蜀绣、湘绣、粤绣与苏绣最负盛名。除了它们的绣法不同，绣线本身的材质与植物染料的染色方法，也造就各地绣品的特色。中国现在还有很多资深的"绣娘"，甚至可以将一幅画绣出来，而且比画作本身还多了层次感呢。我母亲在永乐戏院演出那几年，戏服上的蝴蝶、花朵或边饰，也都是由她的好友陈长桐夫人画草稿，再委请专人绣出来。不同的绣线，在舞台上绽放或华丽或柔和的光彩，让人为之惊艳。

一二二页的刊头照片中，有一床绣有百子图的被套，上面绣了一百个（也有绣九十九或一百○一单数的）动作不一的小孩，具有多子多孙的象征，是我结婚时蔡阿姨送我的。旁边的红色刺绣长衫，则是莉玲送我的。我将它们放在古董中国床上与床边，有一种初婚的喜气。

中国结则是"编"法的最好呈现，远古的人以结绳记事，大概就是"编"法的开始。中国结的编织，除了美学的呈现，也包括了数理上的几何与逻辑运用，同时也最具实用性。我们的玉器与璎珞，常利用中国结将器物串联，甚至可以做成开关，也常与流苏搭配，成为装饰的吊饰。我自己在珠宝设计中，常利用的方式，把很多一样的串珠以中国结的手法编串起来，其一是把八串珠子编成一个方正的珠串，比较难编，但效果特佳。

编的缘起只有几根绳线，但可玩的方法繁多，能让作品呈现多样的造型特色。我利用中国结的编法，做成如图这两个装茶叶罐的饰品，让这个本来呆板的器皿产生了活泼抢眼的效果。此外也参考汉声出版社的一本《手打中国结》，将名结艺家陈夏生所教导的十三个常用的结绘制出来。记得念初中时，家事课有教我们编几个简单的中国结，学会了，就可以搭配着做各种设计，好玩极了。

"织"有著名的织锦缎，是中国传统丝绸织物的统称，通常都比较华丽，一般经纹是用单色为主，再靠三种以上的纬纹彩色交织出花纹，也有利用斜纹织成另一种装饰的效果。现代最常用的织品是毛线，图片中是用毛线替热水袋织了一件毛衣，还特别织上我们公司的"元"字，看起来更具温暖的感觉。

另外我也利用一个黑色的小提袋，做了缝绣编织四款外套，展现这些手艺在不同时尚上的运用。

冬天的花艺

在美术馆或博物馆里，我发现不论中外都一样：凡是以花艺为题材的绘画，总吸引人久久留驻，仔细观赏，因为画里不只可以学习各种插花手法，还可以看到不一样的花器造型，以及搭配的瓜果静物。台北的故宫博物院，也藏有许多中国历朝历代的花艺图绘，欣赏时固然赏心悦目，研究起来则是一门大学问。

中式花艺的特色是融合、热闹、大气，发展至宋朝已是鼎盛时期。宋朝画家李嵩出身杭州，享有"三朝老画家"美誉，他所绘的《花篮图》至今仍典藏于台北故宫博物院：花篮是藤条编制，其间簇拥着百合等各种早春的花叶，中间则斜倚着娇柔粉嫩的山茶花，让人在欣赏时，仿佛看到花容月貌的青春少女正挽着藤篮从花园走出来。

世人大概没有不爱花的。花的色彩缤纷亮丽，香气则能沁人心脾，在人类生活中一直扮演着不可或缺的角色。同样典藏于台北故宫博物院的宋朝《生活四艺图》，即把花等"四艺"的基本位置都明载其中：插花居中，挂画后悬，点茶于左上方，焚香于左下方。中国自古即把琴、棋、书、画视为读书人的四艺，宋朝的人则把插花、看画、燃香、饮茶，视为一般人的生活四艺。想见那是一个心灵多么富裕的年代。

元朝的花艺，花器风格仍沿用宋朝，大多为大而浅的铜盘，色彩绚丽的奇花异卉交错其间，花朵翻仰自在，并排比拟，却没有拥挤的感觉，这不正是目前流行的欧式花艺所注重的技法吗？清朝则以岁朝斋花最为有名，台北故宫博物院典藏的《新韶如意》，是文人雅士的随兴创作，画作中有山茶、松、梅、柿子、百合、灵芝等，每一个单项都有吉祥的寓意或谐音上的巧意，也有"无意、无必、无固、无我"的象征。中国花艺史的重要史料皆出自明朝，其中一五九五年张谦德所著的《瓶花谱》，及一五九九年袁宏道所著的《瓶史》最具影响力。

《瓶史》计有十二节，分别为花目、品第、器具、择水、宜称、屏俗、花祟、洗沐、使令、好事、清赏、监戒，详尽介绍了中国人的插花理论与技巧。一六九六年，该书翻译为日文，中国的花道开始东传日本，所以日本的花道虽有十五世纪的池坊花派，至今也有"宏道流"，可见影响至深。研究中国女红的陈曹倩女士说，日本花艺协会到中国台湾的圆山大饭店展览，主持人上台对着台下深深一鞠躬，说他们展览的虽是日本花艺，但他们都知道，日本的插花艺术源自明代袁宏道的《瓶史》，日本花道是向中国人取经之后再研变的。

中国花艺文化传到西方，则应归功于前"行政院长"俞国华的夫人俞董梅真女士。她热爱花艺，研究花艺，于陈奇禄担任首位文建会主委期间，由该会于一九八六年出版《中国古典插花艺术》一书，有系统地将中国的花艺史料整理成册，对中国的插花精神、技巧，以及历来花器的演变，都有翔实而精彩的介绍。该书系以英文撰写，英文名 The Art of Classical Chinese Flower Arrangement，是向西方世界介绍中国花艺的重要史料。

冬天的花艺单元，我请资深的林雪玉老师插了一盆中国过年的应景花艺。她还把我家大树下发现的灵芝也纳入花作中，以取吉祥之意。

中国的花道、茶道、香道都是由来已久的生活艺术，这些看似静态的活动所带来人心与人文的影响力，是不容忽视的。对自身心灵的滋养，更不是三言两语讲得清楚的，只有亲身体会，才能了解其中的情趣与奥秘。

中式花艺

冬之礼

锁麟囊

《锁麟囊》是程派青衣戏的代表作，剧本于一九三九年出自编剧名家翁偶虹之手，原型则出自清朝学人焦循所著的《剧说》。故事叙述一位家财万贯的富家女，一位家道寒微的贫家女，两人同一天出嫁途中遇雨，喜轿暂停"春秋亭"躲雨时，富家女听到另一乘喜轿传来阵阵哭声，乃请家丁过去关心发生了什么事，得知贫家女因为没有嫁妆而伤心，于是取出一个装满珠宝的锁麟囊锦袋，请家丁拿过去送给贫家女。雨停之后双方分别上路，未曾互留姓名。但是人生无常，六年后淹大水，富家女不幸被冲到一个陌生的地方，为了吃饭活命只好暂时去替人帮佣，无巧不巧就是当年贫穷女子的夫家，且在女主人家看到那个她当年送出的珠宝锦囊，内心百感交集……这出程派名戏也是我母亲的拿手好戏。

龙年这一年，我设计的礼物是幸运饼干。所谓幸运饼干，是中间藏有一张字条，印着几句命运签言，在国内不怎么流行，在国外的中国餐馆则一定是饭后赠送的甜点。我的设计是把签言改成过年的对联佳句，比如"生意兴隆如春意，财源滚滚似水源"，"花好月圆人长寿，时和世泰年年丰"，"笑盈盈去除旧岁，喜滋滋欢迎新年"，"天增岁月人增寿，春满乾坤福满门"，"门迎春夏秋冬福，户纳东西南北财"，"爆竹连声除旧岁，桃符万象更新年"，"积善之家有余庆，里仁为邻纳千祥"，"日日都是平安日，年年皆为幸福年"等，分别夹在饼干中。

饼干需要一个口袋来装，我想到《锁麟囊》这个好心有好报的故事，设计了这款"锁麟囊"：金色的布是到迪化街永乐布市场选购的，车缝成缩口的口袋，配上应景的金龙贺卡。我祈愿收到礼物的朋友，一边吃着幸运饼干一边读着吉祥话，也读着我希望大家知道的这个好心有好报的故事。

毛巾架

这一年是狗年，适逢我学串珠，就把我家贾宝玉用水晶串出来，另外用串珠做了财神爷，并且搭配立体的春字、福字与巧克力等，全部悬挂在一个架子上，写了一句应景的话："春字在人间，福字在心田，狗年行大运，财神送上门。"

卸下了这些小玩意后，那个架子还可以变成一个实用的毛巾架呢。

发糕

台湾过年习惯上要吃"发糕"，用米做的。早年没有发粉的时代，考验着长媳打开蒸笼的那一刻，有没有"开口发"，象征着来年一家的兴旺。我以发糕的形体做成外盒，也做成肥皂，有谓"遇水则发"，我想送给别人的，正是这一个"发"字：发奋！发动！发展！发明！发财！发达！发光！发亮！

这份礼物有着美丽与吉祥的寓意。

金鸡报喜
拈花微笑

我们烧了一个可以放置五个鸡蛋的盛器，以五片圆形的垫布包起来，另用精巧的布边，拉出花朵盛开的线条，当成恰如其名的鸡年的礼物。

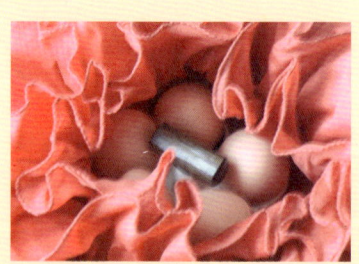

糖果盅

过年期间，小朋友总忘不了对糖果的期待，糖果盅成了最受欢迎的盒子。

我一直想念的则是小时候有提把的三层饭盒，于是以那样的概念设计了这款糖果盒：把手利用竹节的概念，并用铜铸出来；盒身分成两种，一年用米色陶瓷材质，另一年用绿色玻璃材质，并在透明处用金色铝箔纸裁切图案，也把我们公司的名字以古字手法切割后套在玻璃上。

这个实用的器皿，两年都配上有嚼劲的牛轧糖，里外都有厚实的感觉。

花团锦簇

不织布是一种新材料，可塑性强而色彩饱满，且价位合理，可以拿来做各样的创作。特别是红色，有着深厚浓郁的庆贺之意，我决定好好地彰显它，将所有的颜色都找来，于是出现像花园一样的丰富色彩。

我用的贺卡与"是好年"同一个版形，不同的是四边留的缝份稍宽些，中间放了柔软的棉花糖，另外附一个柔软无比的枕芯，糖果拿出来后就可以替换成小抱枕。并且在背面做了一个可以放照片的位子，也可以变成一个花团锦簇的相框呢。

红包枕

过年的红包有喜气，又象征吉祥，我想送给朋友们一个大红包。要找到好看有劲道的"贺年"两字，用激光切割机切出来，钻了孔喷成红色，缝到红色丝绒布上。动作看起来很简单，却因布料太柔软，必须用绣花框绷住才能使力。

我想要搭配一个像郝思嘉在《飘》那部电影中所穿的绒布装一样的绒布，要有吸住人眼睛的力量，但又不能有化学材质的白粉亮，最后找到日本生产的绒布，价格不菲，好在用得不多。在用缝纫机缝制时，也因绒布又柔又软，容易滑跑，必须先用手缝固定才能过机器车缝。

小小的丝绒垫子，缝制时出的状况不少，让我更体会了世间的完美都是得来不易的。能送朋友们这样的红包，也说明了我的心意是如此诚恳而饱满。

小食
陈列架

很多小点心在店里橱窗摆放得很好看，但一拿回家，躲在盒子里，无法感受到原有的趣味。因此，我为它们做了个架子，十二个高低错落的小空间，让食物像花朵般呈现，装点出吃食艺术的精致境界。

我还烧了十二个逗点小盘，利用逗点的尾巴，安稳地抓住架子。这个利落的分装设计很实用，可盛放中式早餐小点，火锅蘸调料，油灯……无所不能。

五一 对杯

这个作品是两个人拥抱在一起的原意，很可惜杯口没有时间削成斜角，最后实用性不足，只能当成装饰用。

一口匙 团圆餐具

话说某一天我在捏黏土，电话响了，我把手中的黏土用两个大拇指一捏，转成像数字8一样，就放在电话旁，隔了一个星期，我再看到它时，就变成一个完美的汤匙的感觉，最后这一个作品有全家到齐一起吃年夜饭的意境。

卡片设计

好的灵感来自玩耍

我们公司自一九八五年成立以来，每一年的新年贺卡设计，都认真地当一个专案来处理。一九八七年，我们开始依循中国人十二生肖的概念设计卡片，轮完十二年之后，又以立体手法做各种结合日历的造型，可说玩得不亦乐乎。

早年的平版印刷总有颜色不够饱满的遗憾，所以我比较喜欢以绢印制作卡片。经过二十多年，这次再拿出来拍照，它们的色彩依旧浓郁，没有辜负当年一张一张手工刷网、一张一张晾干的苦心。

二〇一〇年上海世博会的瑞典馆，展出很多创意设计，大厅中有一个好大的秋千，墙上贴有"Swing it!The more you test and play, the more creative the ideas. Try a swing and see if you can come up with something"，我一看就觉得灵犀相通，是真的，好的灵感来自玩耍！这二十几年来，我们公司每天都在为建筑做设计与创意，因为要斤斤计较于工地品质与法规安全，我不敢说每天都在"玩耍"，但每年一次的新年卡片设计，总是运用各种媒介，创新各类手法，一试再试，整个过程的确是好玩极了。

我自己觉得玩得很开心，但执行班底遇到的挑战也相对较多。我由衷感谢大元这个梦幻团队，感谢能干的同事们帮我一一克服了难题。当然，我也由衷地希望他们都玩得开心。

猪

猪年取自三只小猪的故事，猪鼻以一种韧性强的纸张做成，让它可以上下弹动，信封还有条猪尾巴哩。

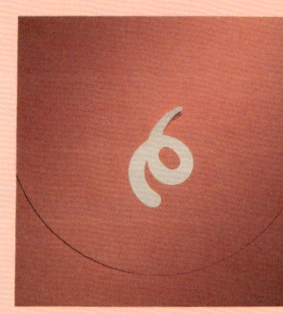

羊

羊年姚姚才四岁，正喜欢剪东西，我每天一进家门，就给我一袋她剪的小东西。我就用那个创意做了"羊羊得意"的小剪纸。

狗

狗年设计成一张可以卷折的造型，可以套在任何一个罐子上当笔筒用。

虎年利用虎纹的特点设计，信封是一个印有虎纹可再利用的小筒子。

牛

牛年则以乳牛与青草的色系，帮牛群们排了一出戏，展现成一个小舞台。

鼠

鼠年是一个转盘的设计，小白老鼠转一下，就会出现以环保为主题的可爱图示。

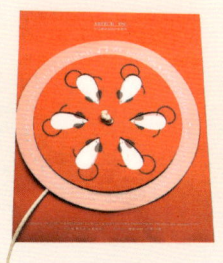
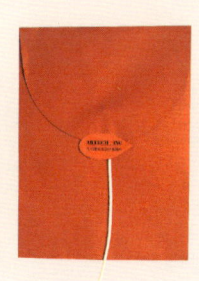

兔

兔年我把公司的众生群相画了出来,表现了一个建筑师事务所纸张满天飞的样子。众多人物中,你找得到我在哪儿吗?

蛇

蛇年造型,想要表现蛇蜷曲的身段,于是采用夏天常用的蚊香为设计概念。

猴

猴年的卡片一个用建筑师的图纸为底,核准人栏位由圣诞老人签字,这张卡片是立体的,猴子的鼻子可以站起来,还搭配了一张香蕉组成的圣诞树绘图;另一个用猴年的尾巴拉出2016年的图腾,再将此图腾皮革压纹呈现,香蕉串是猴年离不开的主题。

斑马的特殊性，是一个很好发挥的题材，我们把年历变成斑马线，因为要迎接二〇一四年的到来，把这匹斑马画上两千〇一十四个轮胎，代表着两千〇一十四马力，冲劲十足。白色上局部光；黑色则印上丝绒膜，最后这个作品呈现出对比抢眼，时尚切题的设计。

马

鸡

鸡年最好玩，公司每天请同事泡蛋蜜汁，把蛋壳收集起来染红，放在一个正方形的盒子里，上面再放一张正方形的"鸡生蛋、蛋生鸡，生意盎然"的卡片，二〇一七年我捡到一只公鸡的羽毛，就想到小时候踢的毽子，煞费苦心地缝制红布以祈吉祥，我们的美编设计了一个黑白红的视觉图稿，正好拿来做成毽子的套子，并以"毽毽康康"祝福大家。

龙盒子：公元二〇〇〇年，既是千禧年又是龙年，我参考战国时代龙的造型，再利用七巧板的原理，以上下两个组合器变成一个可以折叠的"龙的方盒子"，可以翻转六次，还搭配了双排的小抽屉。这是我们做过的卡片中最复杂的一个，每次翻转间都要把一条龙身从两个盒子间左右对起来，最后的十一月、十二月则是一只回过头来的龙。一共九条龙，更符合中国吉祥称霸的含义。这设计是由当时我们财务部的朱芳君小姐主持完成的，美工叶子明先生也是一个聪明人，数学几何不好的我则多次想放弃，都是靠他们两位救回来的。之后朱小姐问我要不要申请专利，我说七巧板是老祖宗的智慧，我们只算是拼凑而已，不算是发明人吧？

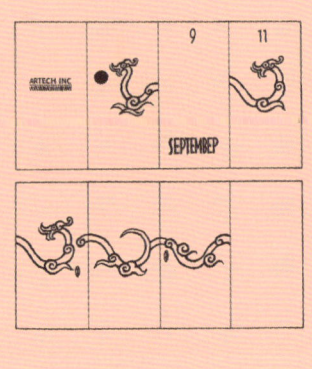

花花发发：设计时正逢年尾经济大崩盘，人人都想发财，于是以"发发"为主题，这两个字的台湾"国语"谐音为"花花"，所以做了两个花花戒指，以中国大红为底色，以八种彩度的亮片与小珠子做成戒指。这些颜色，都是冬末春初的桃花杏花梨花梅花的颜色，另外也有一款是放上麻将的"发"字。

有鱼人家：灵感来自《易传》上的"积善之家，必有余庆"，以十二个月划分鱼身，让这只鱼展现玲珑活跃的生动姿态；盒盖上有十二个月的日历，下面则以一月是一条鱼，到十二月是十二条鱼，呈现一种丰盛的感觉。鱼身是用厚纸双面黏合后，挖槽线勾，串上铁丝，再面对面予以胶合，是一组手工相当繁复的作品。"有鱼人家"这四字的书法，是仁喜多年前写的对联，那时我请他写"有余人家"与"有鱼人家"两款，觉得都很好，真是难以抉择，最后干脆两幅都放上去。

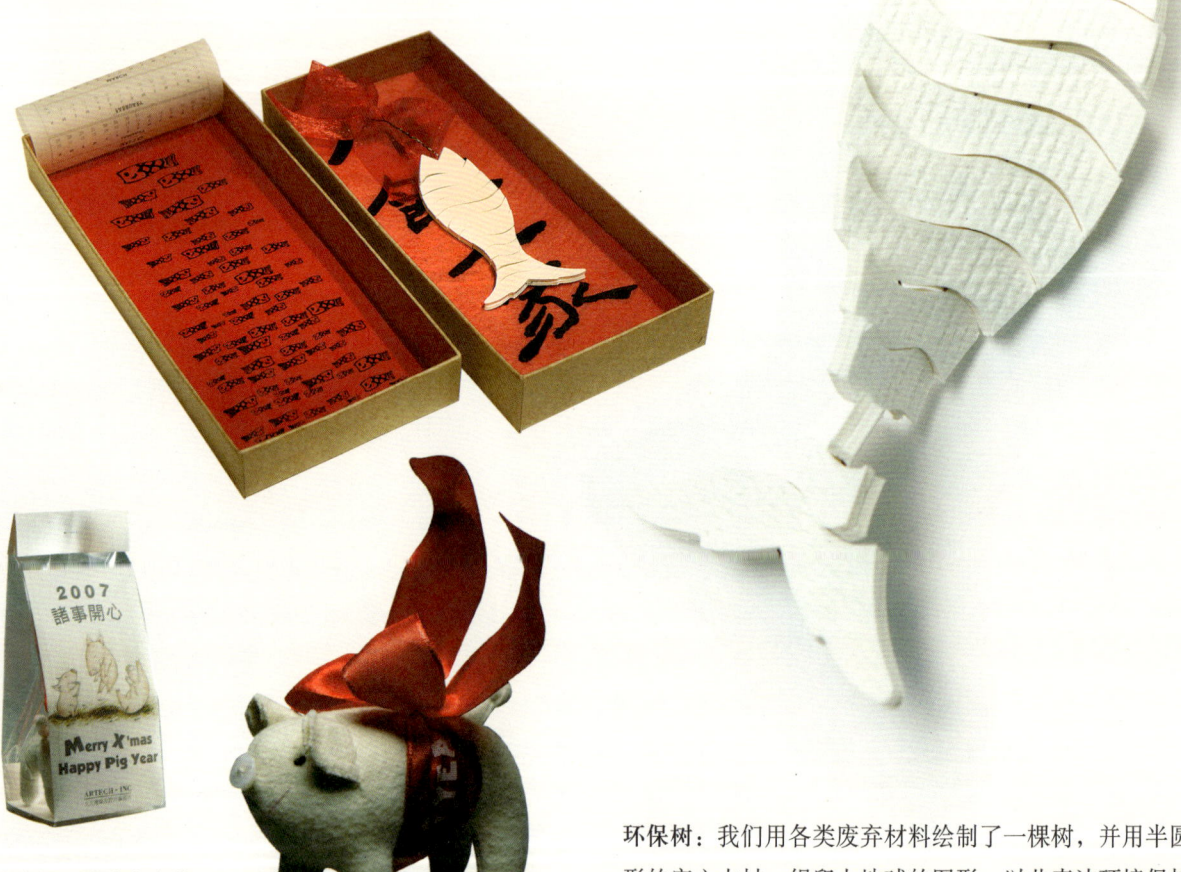

诸事开心：灵感来自曾经红极一时的Beanie Baby。我在土耳其旅行时，又恰好看到一个很像猪鼻子的扣子，且在当地买到可以伸缩又不会脱线的布料，于是开始了这只小猪的设计：缎带上绢印着祝福的话语，绑在小猪腹部的中间，看起来很像一对翅膀，好似小猪快乐得要飞起来了；过几年我玩皮饰，就以打了结的皮线厚度，做成小猪的肚子，仔细切割，琢磨成一只时尚的二〇一九小猪锁匙圈。

环保树：我们用各类废弃材料绘制了一棵树，并用半圆形的实心木材，绢印上地球的图形，以此表达环境保护的议题。

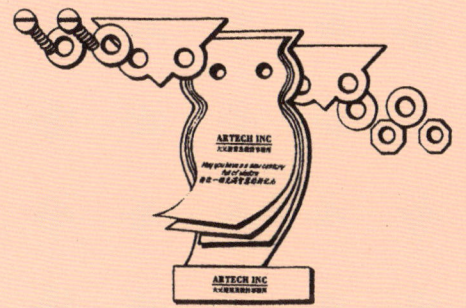

猫头鹰："猫头鹰"是智慧的象征，那一双眼睛最为传神。我每天冲澡时，看到我家冲凉室玻璃五金上的直纹螺丝，总觉得像眼睛，每天还会转一下眼睛的方向来跟我聊天呢。设计猫头鹰时，我就挪用那直纹螺丝的造型，十二个月的渐层则尝试过各种方法，最后靠失败的激光效果呈现层次晕散的感觉。

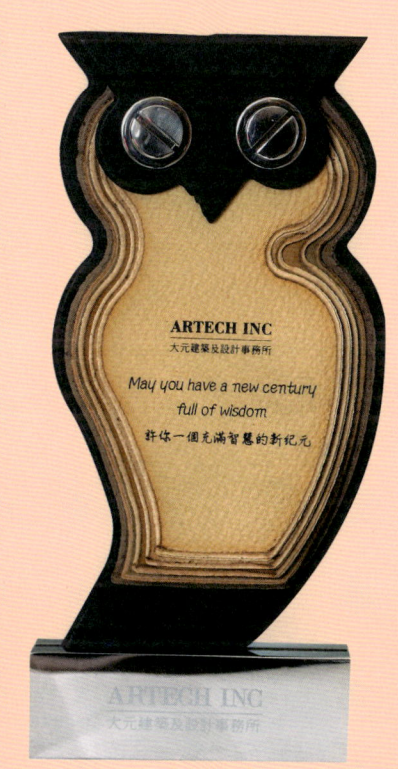

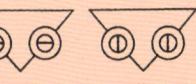			
自信的 Confident	震惊的 Shocked	快乐的 Happy	充满希望的 Hopeful
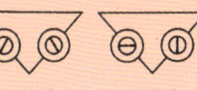	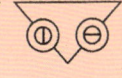	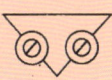	
沮丧的 Depressed	困惑的 Confused	筋疲力尽的 Exhausted	猜疑的 Suspicious

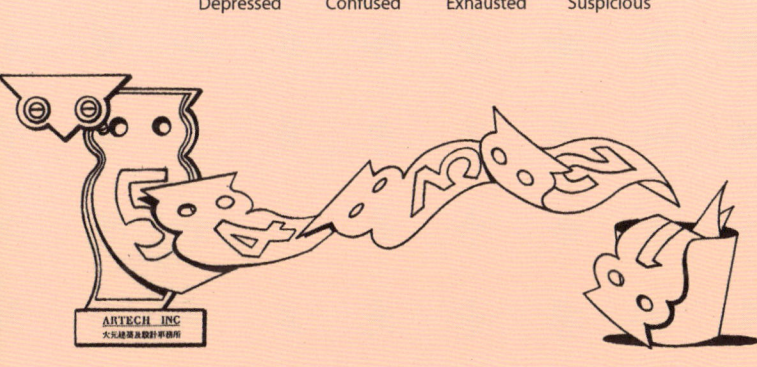

满愿树：利用一个不锈钢的立料，以倒圆弧切了二十二个可以插上讯息的缝，把十二个月的圆满月历安上，十个祝福句子的树叶插上，呈现一个树叶茂盛的树形，最顶上再用兔子的脸形，写上"2011"，巧的是那"11"刚好写在兔子的两只耳朵上。最后可让收到的人自行做各种创意的使用。

四 169
匠心手艺

相框月历：灵感来自一个好友，她生第一个孩子后，凡是与朋友聚会必从皮包拿出相本，让大家看她的孩子多可爱，也分享她初为人母的喜悦。这激发我把日历、相片、皮包结合在一起创作的想法。首先我把日历做各种不同式样的排列组合，完成时又觉得相本不该是空的，于是用Photoshop的"移花接木"法，以名模的身段与造型，换上我们同事的脸孔，看起来几可乱真。文案我则写着"把我们的俊男美女换上你的美丽传奇"，最后再加上一个小背包。这背包的袋子，是那年看到一款内衣的肩带使用很炫丽的塑胶材料，看起来大胆又性感，打听后才知原料产自日本，于是排除万难找到那种材料，完成了这顶女性背包的月历。

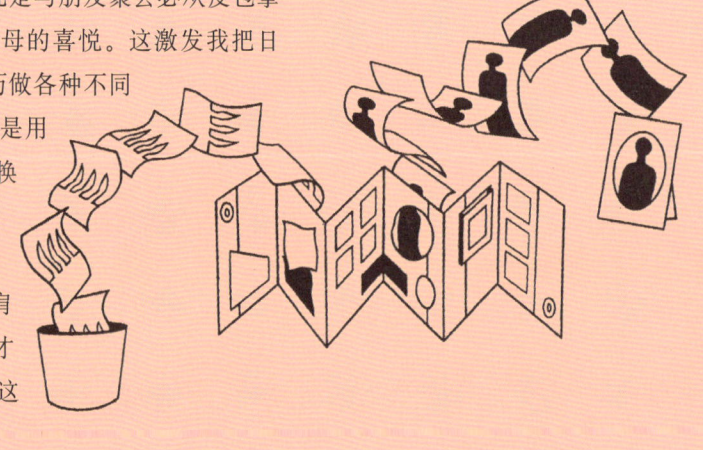

是好年：用红色的不织布搭配边饰的车缝，以十二个小窗户放入月历，与亮红色的信封搭配，喜气十足。

四季诗：以光线透过塑料，产生亮质的气氛，配上歌颂四季的诗词。

魔戒：为了破除玛雅历法预言二〇一二年是毁灭年，我设计了"魔戒"圣诞礼物，"2012 REST IN YOUR PALM"戒指，戒指在你掌中，意味着自己可以掌握一切的意思！这戒指板面上的"2012"数字可以拿下来，顿时可以变成一个绑围巾的扣环，一物多用是我最喜欢用的手法。

换个角度看：新的视野迎接新的来年！"换个角度"看风景，"换个角度"看晴雨，"换个角度"看时事，"换个角度"看人生。设计了一个折射镜，眼睛看入洞口，看到的是折射的影像。侧面有可放相片的槽，可以抽换小照片。上端绑上缎带或链子则变成具有个人风格的玩具。这次放入我们公司作品的小局部照片，
分别是：兰阳博物馆、中钢集团总部大楼、乌镇剧院、农禅寺、故宫博物院南院。

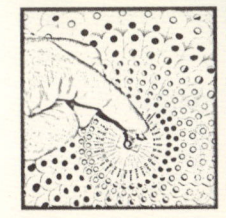  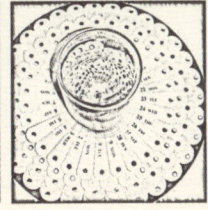   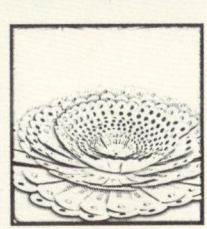

孔雀开屏：这一年是三百六十六天，我开了十二个月的模子，每天代表一片花瓣，把月亮的阴晴圆缺一个个画上去，变成一朵平面的花。我教收到的人每天扳开一片花瓣，一年过去，这朵花就会呈现孔雀开屏一样的姿态。而且后面有音乐剧Rent那首"Seasons of Love"的歌词，唱出该如何衡量每一天的一分一秒，非常感人。我希望每一片花瓣都可以是感人的一天。

齊家心語

恩爱夫妻

好友陈玲玉与洪三雄的爱女结婚前,玲玉拟帮女儿做一本《叮咛与祝福》的书,邀请她的朋友中公认为"恩爱夫妻"的好友为新人写几句话。我在电话里听到她的邀约,立即笑着问她:"你认为我们是恩爱夫妻?这是大家的错觉怎么办?"玲玉机灵地说:"你和Kris如果能够让大家产生一辈子的错觉,也是最高的婚姻宝典啦。一定要写啊,我需要你的建言。"

盛情难却,我于是写了以下这一段给新人:

由衷地恭喜你们!

在《浮生六记》里,恩爱夫妻的定义是只求长相厮守,心相向,身相依,其余世间事都看得很淡。

多年来,我本也秉持这样的信念在修行的。……

但仁喜叔叔虔诚礼佛后,因佛法认为世事万物皆无常,我受这个哲理影响而改变了生生世世长相厮守的梦想,追随他虔诚礼佛。这是我"心相向"的一种抉择!

And, it works!

"心相向",的确是夫妻间很重要的课题,也是我与仁喜共处二十五年来的相处之道,在日常生活中,不论曾经发生怎样的争执,我们的方向都是相同的。

外国人讲Loving Couple,有爱有照顾的意思;恩爱夫妻,"恩"这个字,真是历史悠久、经验老到的中国人才发明得出来的字。现代人向西方取经,爱得死去活来,满嘴甜心蜜糖的,却忘掉老祖宗教导的这个"恩"字,它有感恩、报恩、恩德、恩惠的意思。

父母那一代共患难的夫妻,或是辛苦求生存的夫妻,他们的恩爱里有泪水有汗水。我们这一代看琼瑶小说长大的,小说中的情侣总要经历波折或被迫分离,才能像牛郎织女那样恩爱。我们没有泪水汗水与波折,如何做恩爱夫妻呢?

我与仁喜结婚后,仁禄送了张桌子,我母亲送了个冰箱,我们的两人公司就开起来了。我们要自由快乐,不要小孩,每天在公司上班十四个小时,那时养的爱犬Nornor在家常见不到人影。

当年的两人公司,随着时代与局势起飞,如今已变成一百二十个人的公司。夫妻同在一个屋檐下工作，考验的事可真多。累到快垮的时候，不是什么患难与共，而是没完没了的忙碌相共。虽然没有汗水，却有一盆盆我气哭的泪水。琼瑶写的爱情子弹，绝对不足以应付我俩争执的手榴弹。至于争执的事情，从芝麻到大象，林林总总说不完，我的爱情积分经常是负数。

两个人的公司扩大成一百多人，两个人的家庭也一样由小变大啦。当年说不要生小孩，命中注定DO RE MI三个陆续来，爱情是负数也没什么关系啦，三个可爱的宝贝为小家庭带来了崭新的人生，我们忙着学习怎样为人父母，每天都有新的进展和太多要共同面对的课题。

热热闹闹的二十五年，想想这个"恩"字在哪里。恩就是要对对方好，尽管我们表达与接受的方式可能不一样，但他喜欢看我融入我爱做的事情，我也喜欢看到他做出好设计的神情。

他吝于说好话，对我少有甜言蜜语，我已习以为常了。我喜欢爱的花束，很希望收到他送我一束浪漫的花，暗示了很多次后，有一天他说："后车厢有一束花是要给你的，下车时不要忘了拿。"

就算是那样的方式，从后车厢拿起那束花，闻到花香从鼻子钻入心底，我还是高兴得差点流下泪来。

既然要求的浪漫情调不可得，我干脆自己去买花来插，居然也插出了点名堂，可见我给自己买了多少花。他看李安执导的张爱玲小说《色·戒》后，问我女主角王佳芝为什么最后那么笨？我告诉他：你就是不懂女人看到爱情的钻戒会有的化学变化！那也使我记起我们认识不久后，他就引经据典地告诉我："钻石事实上是一种矿而已。"所以我从没向他要过钻石，买各种材料自己设计珠宝，居然也设计出点名堂，可见我是如何理疗自己所需要的化学变化。不过我还是很感谢他帮我设计了一个实用的工作室，让我可以把浪漫的材料分门别类放在一起，有空就钻进去把想要的做给自己。有时他会在工作室门口跟我挥挥手，也不打扰我，这是我们两人之间极大的恩惠。

相对于我的浪漫，他是比较务实的人，送我的东西也都比较实用。譬如我喜欢吃冰，就买一个传统的大刨冰机给我；我喜欢插花，就买很棒的花瓶送我；知道我爱狗，有一年母亲节买一只我爱极了的哈士奇给我……

其实我最爱他的才气，最喜欢的礼物是外面买不到的，譬如他亲手画的素描、油画，一手好的字……

　　他也是说故事高手，以前孩子小的时候，总把他们逗得从床上滚下来。如果他看完一部我没看的电影或小说，总会条理分明地跟我分享剧情与对话精华，让我在最短的时间内好像跟他一起看完，这对我是很大的精神享受。我也喜欢他的幽默，有时半夜醒来上厕所，一不小心想到他讲的笑话，还会一个人在厕所里笑出声来。他的才气，幽默，会说故事，对我也都是极大的恩惠。

　　仁喜对孩子的好也是没话说的。从小给他们画卡通，编故事，没有缺席过一场Parents Conference，每年寒暑假带全家旅行，与孩子诚恳地对话，共议他们的未来。每个孩子入大学前，他都亲自开车陪他们探看哪个学校合适，每次大约开两千英里不以为苦。当孩子收到很多学校的入学许可时，他又再度陪孩子走访，确定哪所学校是适合他们的。他也经常对孩子们说："今天爸爸请客！"……这些对我更是无价的恩惠。

　　二十多年前，我娘家遭变故时，仁喜对我说："不要担心，我就是开计程车也一定会把你照顾得好好的。"几年后他又跟我说，把我母亲接过来，由我们照顾她好不好。我大哥过世时，他去给我母亲说佛法，带着她与我走出伤痛。这又是何等的恩惠！

　　仁喜一向从容自定，不轻易流露脆弱的表情。有天半夜我们在诚品各自看书，约好一小时后门口见。那天我没带手机，低着头坐在食谱区的角落地上看到忘了时间。两个半小时后，忽见我阿姨与母亲仓皇地跑到我面前，对远远的仁喜说："找到了！找到了！"原来约定的时间到了，仁喜没看到我，在诚品书店内找了一个多小时，竟没发现埋首于角落的我，不禁联想到各种最坏的状况，急着打电话给我母亲说："任祥不见了！"母亲与阿姨立即套上外衣直奔到书店，阿姨走得快，敏锐地往食谱区走，终于找到了我。那时，仁喜脸色苍白地冲过来，头发都立起来了，用手直拍着胸口。一向我不准时会被他责骂的，但那时他没骂我，一脸软弱地说不出话来，我窝在角落也吓得不知说什么好。那时有个声音在内心里对自己说：

　　"我一定要好好活着，他脆弱时好脆弱啊！"

　　今年二月，我们忙于接送小孩去参加西洋情人节派对，他就近请我在永和豆浆吃晚饭，没有玫瑰、蜡烛，因为只有那里有停车位，停他的爱车。苍白的日光灯，把我的白发与他的老人斑照得雪亮。烧饼油条的口味从来没有改变，但爱情的味道确实随着我们的年龄改变了。记得刚结婚时，晚上明明睡在他身边，有时半夜醒来却担心他有一天会不会不见了，竟然因此大哭起来呢。

　　这么多年后，爱情的旋律被他的鼾声与我的磨牙声震走了调，我们需要的养分从维他命爱情变成维他命恩情，最在意的事也从爱情多少变成血脂多少。以前他出差，我会写一张小小字的纸条"我爱你"塞在他的行李箱，现在则先在药袋上写下大大的字"紧急时吃一粒，含在舌下"，放进行李箱的最上层；以前会问爱情爱情在哪里，现在会问厕所厕所在哪里。爱情呀爱情，你真是靠不住的情人节大餐，抵不上永和豆浆的烧饼与油条。

仁喜很喜欢电影，一直想拍部电影，我也总想圆他的梦。但他的工作一年比一年忙碌，电影的梦想好像一年比一年遥远。去年我们结婚纪念日，我做了一个很大的卡片送他，是电影导演拍片前用的剪接黑板，导演名字写上他的，演员名字写上我们两人的，日期写今年的结婚纪念日，片名"二十三年以后"，剧情则是"微量爱情元素年代"。

——等着看吧，也许二十三年后他有空拍电影；或者片名真的就叫"二十三年以后"。

今年结婚纪念日，我送他一个小包包，里面有十张抵用券。抵用券的内容，前三张是初级艳舞一回，中级艳舞一回，高级艳舞一回，使用条件是每张间隔一个月到半年，终身抵用；另外七张则是按摩券两回，念经回向券两回，任祥生气抵用券三回。这看起来像不像高中生玩的游戏？如果我能给仁喜什么恩惠，大概就是这种保持着不要随着爱情老去的生活态度吧。

即使爱情的态度没有老去，我们的身体也是会老去的。现在也许只是膝盖痛，以后可能要拄拐杖，坐轮椅，然后耳朵半聋了，讲话要大声嚷……到了那时，相互的照顾是不是还可以保有年轻时的幽默？会不会有一天你到医院来看我，一进病房就大声问："你今天大了没？"护士会对你说："有啦，而且颜色很好哦，软硬也刚好哦！"也许你会细心地走过去检查，走回呆呆的我旁边更大声地吼道："好耶，漂亮，颜色好漂亮！岁哟！"

也或许情况相反，我一早到医院看你，第一句话就是："你今天小了没？"你点点头，我又问道："几cc？"

爱情与恩情的对话，其实都是一条生命幻变的长路。那过程从凝视你的脸庞，握着你的手掌看你的生命线多长开始，然后细数你的白发，关心你血脂的数据与舌下含片，再后来是互问大便有无与小便多少……对于已过中年的我与仁喜来说，严厉的恩情考验也许根本还没开始呢。

然而，亲爱的仁喜，有一天我不会说话时，并不表示我没有感觉。如果你送花给我，我的心一定还会笑得像一朵怒放的花。同时，请记得我怕大声，怕你不耐烦，要个好看一点的轮椅，不要小碎花的睡衣！

最后，我要告诉孩子们，恩爱的考验是永远的，有递减的爱情元素，则有递增的恩情元素，不要妄想超支姻缘簿上的总数字。在姻缘路上学着《浮生六记》的心相向，身相依，中国人所谓的"恩爱夫妻"，也就差可比拟了！

天下父母
双人舞

二〇一〇这一年，是我人生中最忙碌的一年。老大姚姚在美国休斯敦的Rice大学毕业，老二JJ也在同一所大学就读，今年要过二十岁生日，却遭遇了一场情感挫折；老三小元高中毕业，也即将去美国读大学。我还必须加紧脚步赶着《传家》问世，这套书是我与三个孩子之间一个重要的精神里程碑。

仁喜与我，也为着即将来临的空巢期做心理准备。怡蓁跟我说，她孩子出国上大学后，她回到家，照例喊着孩子的名字，空寂的回音，换来几滴默默的眼泪。佳君说："我会跑到孩子的床上，闻闻她枕头上留下来的味道。"天下父母与孩子之间，是一场爱恋。而做父母的本能天职，就是担心与选择。

仁喜与我经历了孩子们小时候该喝什么奶粉到长大了要选择哪一所大学；从担心他们的一个喷嚏到就业与前途；选了这桩以为好的，又担心哪桩出现什么问题……父母的念头，总是无时无刻不在担心、选择、爱恋、不舍间打转。

中国人有句老话："儿孙自有儿孙福"，但有几个父母能修到那个完全放下的境界呢？在教育孩子成长的过程中，父母各自扮演着不同的角色，站高一点来看，为人父母的艺术，有如一出动感的舞蹈，心念一转就像打开了音乐盒子，"双人舞团"即随之舞个不停。

小元是我们的老幺，高中毕业前也收到几所美国大学的入学通知，仁喜与我趁着去美国开会之便，也顺道陪着小元一站站从美国西岸到东岸，选择他未来四年要读的大学。从老大姚姚开始，多年来我们以眼见为凭的方式，走过将近三十五所美国大学，利用这趟选择之旅，尽可能地跟孩子对话、分析，把最后的选择权留给他们自己。对仁喜与我而言，为人父母给予孩子的人生选择建议，不外乎学校、职业与婚姻。一趟选择大学的旅程，象征着我俩十几年来栽培一个孩子的期末考；对每一个孩子而言，则是勾选另外一个人生旅程的开始。

小元的个性十分固执，小时候带他去玩具反斗城，他在前三个货架上决定一个玩具后，就不改初衷地抱着那玩具。这期间我们若看到更适合他的玩具，就要费九牛二虎之力才能扭转他的心意。因此对这趟他人生的选择之旅，仁喜与我多了一层面对一条牛的压力。预定的行程还没开始，小元就已属意一所我们也很喜欢的大学，几乎觉得就是定案之选了，但"双人舞团"执意机会教育，认为此乃人生重要决策，当看过所有可能的大学，再做决定也不迟。这趟旅程中，双人舞团的脚步沉稳，进退有序地打开小元的眼界，让他仔细地实地观察与感受。值得安慰的是，这份心力起了作用。老实说，选择哪一所大学，都错不到哪里去，也已经是其次的目的了，双人舞团希望建立沟通的是他在面对"选择权"这件事情上的认知。希望让孩子体会被动选择与主动选择间的差异。人的一生，将面临无数的选择，有些人斤斤计较，有些人大而化之，过与不及都不是正确的。最重要的是要能够在重要的事物上，学会分析与扭转选择权的技巧与方法。小元"以为"自己功课做足了，就妄下决定，事实上，玩具反斗城他只看了十分之一呀！

有一种人，会花下心力做开创的努力，有扭转顺逆境的"习惯"，把格局扩大；有些人则无所谓，没有养成花这层心力的习惯，渐渐地就习于逆来顺受。我以为，关键时刻，对于那种无所谓的个性、好脾气个性的人，最好加强这个教育。平常我们忙于应付工作与生活琐事，也没有机会有这么明显结果的实证，所以通过这层天时地利人和的机会旅行，让他亲身体验，学习训练这个功夫与习惯，之后再去面对诸如学校、职业与婚姻三样人生大事的选择时，相信是可以减少错误，少走些冤枉路的。

今年三月，JJ在情感上遇到了挫折，因为失恋而伤心不已，"双人舞团"也跟着一起挫折起来，紧张得晕头转向。当时仁喜在台北，我出差去上海，我俩与休斯敦的JJ三地三方skype个不停。skype的同时，"双人舞团"还不断地偷发短讯，协调你说什么，我就接着说什么，务求口径一致。我们画了一张好大好大的爱心卡片，在其中画了一个好小好小的爱心，宣示你失去那个小不叮当的爱，但你拥有跟恒河沙一样大的爱。我也分别打电话给在台北的母亲，请她以奶奶的立场帮忙打电话到美国开导开导他；打给姚姚，请她用训斥的口气对弟弟说"Be A Man"；打给小元，请他跟哥哥分析得失。"双人舞团"顿时扩大了军用的需求等级。事实上，已经不是在对付JJ失恋这一桩事了，战况的现场是急需抚平天下父母自己的不舍罢了。

仁喜这位言词精简的父亲，在百忙中提笔给JJ写下千字劝世文，希望安慰他所面临的挫折。劝世文开天辟地地引用名家格言从上写，哲学论理从下写，出世的从左写，入世的从右写，自然法则从中间切入，字字珠玑，呕心沥血。大意是：为父为母的，多年来在为他们创造一个牢固的城堡，希望他们在最美好的环境里生长，不要受到打击，但"Life is never easy"，人生一定会有失意的时刻，要勇于面对，并且要明白世间其实没有所谓的百分之百的"美好"。信寄去之后，舞团当然从老大姚姚那边打听劝世文是否奏效？老大回答说，JJ收到了，JJ说他看懂爸爸劝世文的大意是："大便总是会出现的。"仁喜的千字文换取了这八个字，我们也就关上了音乐盒子，决定从此再也不要跟着这种不舍的念头跳舞啦！

再谈到为人父母的担心，仁禄曾回忆母亲似乎要有很多很多的担心，才能换取她的安心。的确如此，为人父母最挥之不去的情绪就是担心。

不过，从老大老二离家上大学到老三上大学，我与仁喜总算修炼了一些经验，不会那么慌手慌脚穷担心了。

回想四年前首次送姚姚到美国上大学，仁喜与我全副武装，早早订了休斯敦Rice大学边上的Holiday Inn，从台湾打包了像搬家一样多的行李，准备搬到姚姚的宿舍去。报到的前一晚，仁喜几乎没睡，担心姚姚要搬到宿舍的东西太多，第二天要送到车上可能很费时，而旅馆也许没有足够的推车，所以他半夜四点半就下楼去找推车，但整个旅馆大厅都没有，只好逐层地找。果不其然，有几个更高招的父母早已把推车"私藏"在自己的房门口，于是引发了仁喜的"抢先"作战情怀，回来摇醒我，告诉我要快，因为他"偷"了推车，我也莫名其妙地感染了紧张的气氛，舍不得叫醒沉睡的姚姚，两人就把几箱行李偷偷摸摸地先搬上车去。

报到的时间是早上八点。我平日并不是个准时的人，但为了姚姚，不但要准时，而且要提前，因为我家小姐东西这么多，还是早早去帮她安顿好，免得被人家笑话。仁喜则想：一定要比室友先到，选个好风水的床位。于是我们三人七点十分就到达了学校门口。只见Rice大学已经依照不同的学院分好报到入口，我们经过其他学院找到姚姚的Will Rice College时，已经有比我们还紧张的父母在排队了。哇，人家的车子更大，塞满了箱子，还有人载着很高的冰箱或四层的档案柜呢。跟人家比起来，我们那四箱东西实在不算什么大不了的。

在那等待的五十分钟里，我又对着姚姚碎碎念：如果快感冒，要吃哪个；如果过敏了，吃哪一个；如果想家，就怎样……如果个没完没了。

八点一到，不知哪里冒出来的音乐声大作，从停车场的闸栏边冲出三十几个穿着Will Rice T恤的学生，对着我们又跳又叫，摆出最热情的欢迎仪式。其中两个来敲我们的车玻璃，我们一打开车窗，他们就直往姚姚脸上看，然后大叫"Joyce"，接下来的十几个孩子就一个一个叫"Joyce"，很像到日式餐厅一进门会有很多人鞠躬胡喊一阵，直到"负责"Joyce的两个学生冲过来，把姚姚拉下车，又跳又抱地把她带到前面去。

原来这些学生自愿组成了新生训练营，必须由新生申请大学时的照片与名字，认出新生本人，让新生不会有初来乍到的陌生感。

仁喜与我不太适应那么大声的音乐与热情，一阵错愕后被引导去停车。一下车，学生们一拥而上，给我们拥抱与一堆自我介绍。我礼貌地回应着，心里却只担心着车上那堆东西，该如何将之扛上宿舍呢？宿舍在哪儿？宿舍在哪儿？我的担心与现实的热情成了强烈的对比。我记不得这些学生的任何一个名字，只担心着那行李中的药粉再不拿出来会不会潮湿了？带来的床单会不会太大了？垫子合不合尺寸？宿舍会不会脏乱？会不会碰到一个恶室友？她会不会气喘发作？我带来的酱油该偷放到哪里？

我的担心，弥漫在空气中，与这群孩子的热情，形成了一层隔阂。我当下的感觉只有责任，心里只盘算着车上的行李该怎样才能搬运得完。

我们被迎领到管理者Mark的家，Mark介绍完他的家人和他的两只狗，我们就被带到早餐桌边，喝点饮料，吃点东西，客气地闲聊一下。我仍是恍惚，只想快快回到一个只有我们三人的空间，我还有很多事情没对姚姚交代完呀，比如驾照到期日、银行开户、保险。我也开始想着，我该怎样寄东西来？姚姚跟我之间的信箱在哪里？我将会有很多信很多包裹出现在那里。信箱要设密码，她会用我们家惯用的密码吗？还有，最重要的，她住的宿舍在哪里……我现在不需要热情，我需要跟姚姚单独相处的时间；等一下我们分开前，一定要好好地告诉她很多自己生活该注意的细节。

终于有人要带我们到她的宿舍了，我摩拳擦掌地等着看，我该如何分配她的柜子，电脑的延长线够不够？光线够不够？书架够不够？

她的学长们先带我们看未来四年姚姚将会出没的餐厅、娱乐间，树下有秋千、烤肉架、摇摇床，我幻想姚姚躺在上面，午后的阳光温煦地照在她脸上，她可能正用手机打电话给我呢。

姚姚分配到的房间在二楼，幸好不是四楼，不然仁喜与我，腰不好，膝盖不好，那些车上的箱子，搬二楼总比四楼省事多啦。而且我随身包内准备了小刀，万一扛不动，可以在车上先拆开，第一箱的最上层有一个帆布提袋，老鼠搬家也可以来回几次把最重的一箱搬完吧？车上有个小折叠推车，打开后也可以分梯次搬运完毕。在家打包的时候，我已经分好哪个给仁喜拿，哪样给姚姚拿，只要照着我的顺序开箱，一定可以很快就位的，就位后我们才有时间讲讲话呀。

学长带我们到她的房间门口，门上已经画了一堆欢迎的语汇，还有中国字哩！门上还有不知谁帮姚姚与她室友画的画像，那个室友的眼睛很长，也是东方人，应该比较爱干净吧？

门打开了，映入我眼睛的，居然就是我最担心的车上行李！原来在我们访问Mark的家时，那群孩子已经把姚姚的所有家当从我们的车上搬到房间来了。

姚姚与我及仁喜相互使了一个眼神，意思是：哇塞！Full Service！负责Joyce的学长指着窗户，我们随着看出去，优雅的校园，红砖砌的拱形廊柱穿插在每一栋建筑物上，地上的红砖有我走过的鞋子声音，将来是姚姚穿梭于这美丽的建筑物与古老的树木间，像海绵一样地吸收，她将会变得更有自信，更成熟。那学长并指着桌上的小鱼缸，里面有一只蓝色的鱼，另外一个桌上是一些糖果。学长对姚姚说：你与你的室友决定看谁要养这条鱼。他请我们整理一下，十一点集合，然后告辞而出。

为父最重要的时刻来了，仁喜迅速地看了一下小罗盘，选择左边的床，但要换个方向，我们三人就快速地搬好。因为要赶在室友来以前把东西安顿好，我再度发挥快速的归位法。仁喜跟我都觉得房间的光线稍暗，得加盏灯，而柜子没有分隔，该加些层板。同时我与仁喜内心深处的第二层担心也涌上心头：这室友，不知道好不好相处？我们只知道她叫Donna。我虽然恍惚地下车，但把所有的女生都幻想成可能是Donna。这个太野，那个好凶，这个都不笑，那个还不错，但旁边的妈妈，好像跟我一样烦哩。

在整理东西的这一段时间，仁喜与我都很专注与安静，姚姚却哼着歌，拿出一样东西就会跟我开开玩笑，糗我说这也要带！然后她拿起自己台北桌上的多格相框往书桌上一放，我看到其中一张是她五岁时穿着一袭黄色蝴蝶装的照片，不禁眼眶一热！

那是姚姚第一次上台表演跳舞。表演前，她就兴奋地在家里穿上这闪亮的衣服，像只小蝴蝶，飞呀飞的，让仁喜与我幻想着天鹅湖中的白天鹅在舞台上表演。正式表演当天，从阿公开始，全家浩浩荡荡九个人去抢位子；V8摄影机、拍立得、望远镜，装备齐全。伟大的演出时刻来临，布幕一拉开，一百多只蝴蝶在台上飞舞，我们全都傻了眼。阿公指说第三行第四只，姑姑说不对不对，好像是第五行第八只；一变换队形，仁喜说快快，在最左边！我那V8的小孔镜头，一次只能捕捉两只，但她们飞呀飞的，熟悉的音乐已经接近尾声，我们九人还没有一个找到蝴蝶姚姚在哪里。音乐结束，鼓掌响起，我们愣在那里，带去的重装备，竟然一只也没拍到！如今摆在桌上那张照片还是回家后补拍的呢。

这时候有人敲门，Donna与她父母来了。她是美国长大的ABC，从纽约来，父母会讲中文，大家相互礼貌地介绍了一下。看到她，我整颗心放下来了。Donna混合着东方的礼教与西方的活泼，我们欣喜姚姚修来个好室友，深层的忧虑一扫而空。我们很大方地说，印表机共用；他们说冰箱共用；我说我这儿准备了很多备用药与维生素，Donna如果不舒服也可以服用。又指着电锅说，想吃米饭，可以自己煮。仁喜瞪我一眼，好像责备我只担心生病与吃饭两件事。

所有的客套都说了，就是没有提到我们先到先选床位这档子事。这小小的房间，站了六个人，孩子有一搭没一搭地闲谈。家长相互客套，Donna妈妈说，希望姚姚能教Donna穿衣服，她嫌Donna太男性化了，不懂打扮。我则说听说Donna是全校第一名毕业的，SAT考2360分，姚姚如果需要请教功课，希望Donna能够指导一下。我们相互留下联络的电话，以防双方家长"找不到人"时备用。

然后我们一起走向说明会的地点。Donna妈妈说，看行程表，大概午后一点我们就该离校了，我说，不会的，表大概那么写，我们订的是后天晚上的飞机，还想多陪陪姚姚呀。

到了说明会会场，Will Rice的学生齐聚一堂，由具有领导魅力的学生主持节目，内容都是冲着家长来的。学生会会长极力安抚家长，千言万语要家长们不要担心。还说吃过中饭孩子们将会离开，开始他们的新生活动，家长们可以去礼堂听演讲。

然后学生们演出话剧，以话剧的方式告诉家长们，他们的孩子在未来一周新生训练的生活概况。我们的许多疑问，都在演出的细节中获得解答。那出话剧透露的讯息是：我们的孩子将会很兴奋，保证没有空想家；为了建立整个Will Rice College的默契，他们会带着我们的孩子玩到疯！节目单里还有一项活动是整晚不睡觉，穿着球鞋去溜冰。我心想，这是大学还是夏令营呀？

最重要的介绍，大概是选课规划与社团选择。面对密密麻麻的课程，看起来颇复杂呢。我又开始担心，不知姚姚搞得懂吗？

最后是Mark出场，说明各类相关的安全问题。最后他说，美国政府最近公布了一项法令，为了维护个人的隐私权，大学生的成绩单不会寄回家给家长看；如果家长坚持要看，这里有一份表格，学生必须签署同意书。我睁大眼睛看向仁喜，他才意会过来，我则已经气炸了！怎么可能呢？有没有搞错呀？这成绩单一直扮演着父母与儿女的脐带，怎么，怎么连这一部分都要剪断？不可能不可能，多年来，看管着成绩单与儿女算账，就是父母亲的责任呀！这是天职呀！美国人美国人！只知道顾人权！这岂不是只顾孩子的隐私权而剥夺了家长的人权呢？！我心中有无限的怨气与问号：我该不该让姚姚签署这份同意书呢？我该对她怎么说呢？于是又陷入一层失落与担心。我想，等一下我们三人单独相聚时，我可要跟姚姚算清楚，咱们中国人，脐带绝对不可以断呀！我们出钱让你念大学，你连个成绩单也不给我们看，这成何体统？成何体统呀！

午餐之前，校方再次告诉家长，孩子们下午就要开始一连串的活动，请家长们准备好。这午餐具有交谊性质，姚姚生涩地看着陌生的同学，我们也没有什么机会多说话。一点钟一到，Mark要我们拥抱孩子，因为他们将开始冗长的活动节目。我心想，那就等下课钟响休息时间再说吧。仁喜与我面对着兴奋的姚姚，给予一个长长深深的拥抱，然后说，手机打开，等下碰面再说。我爱你！我爱你！之后，姚姚跟一个小团体走到远远的一棵树下，我看不清楚，就用相机的望远镜头找这只姚姚蝴蝶。小镜头中，看到戴着花布发箍的姚姚，腼腆地跟着其他的学生在一起。

  这时Mark又说话了：现在孩子已经跟你们分开了，请你们到大礼堂听学校准备的演讲。

  演讲的第一场是总校长，我虽然坐着听，但脑海全是那相机望远镜头中戴着花布发箍的脸孔。第二场是一位母亲，她说自己是一位平凡的家庭主妇，但她显然非常有经验，以幽默且有心理学疏导的方式，道出在场父母离开孩子这一刻的心声。只见母亲们纷纷拿出纸巾，轻轻地擦泪，仁喜的眼睛也红了，有一位母亲甚至压抑不住，号啕大哭起来。演说的母亲极力请家长们放下担心与盼望，并且冷酷地告诉我们：孩子只有在走到很远的教室的那段十分钟的路程，才可能有空打电话回家；而且他们的第一句话与最后一句都是："我很忙，你们不要担心！"真的，他们很忙，请你们不要担心！

  第三场演讲是一位应届毕业生，她以过来人的心情告诉家长，为什么你们不需要担心：因为他们面对一个崭新的生活，会有一段调适期，请家长给他们一点时间，面对应对上的问题。她并再三强调，孩子们有多么感激与恩爱他们的父母辛苦的培育，让他们能够到这样一所完善的大学度过未来的四年，沉浸在人文与专业的学习领域，他们对父母的用心充满感恩，幸福与快乐，请父母们千万不要担心。

  可能是时差与一夜没有睡好，仁喜与我都需要喘口气，听完演讲就无言地回到旅馆，走过一堆已经没有人要用的行李推车。进了房间，想睡又睡不着，就这么昏昏地、慌慌地躺着。我们试图打姚姚的手机，却一直收到没有开机的讯息。仁喜又说起姚姚宿舍的灯光太暗了，我又说衣柜需要加些层板，走，去买呀。

  美国买家具，全都是要自己组装的，虽只买了三样东西，包装盒却又大又笨，我俩像卓别林电影中的笨蛋工人，手脚很不利落，又忘记买工具，在租来的车上翻来翻去，好不容易找到个十字螺丝起子，慌慌张张来来回回好几次，才把东西都搬到宿舍门前。宿舍很安静，好像没有人，而且上了锁，进不去。我们在外面绕了绕，终于有个人出来，我们于是趁机溜进姚姚的房间，开始偷偷摸摸地开箱组装柜子的层板、鞋架和书柜。最后剩下一个灯要组装时，我迅速地先把一大堆纸箱拿到外面的大垃圾箱去丢。等我回到房间时，看到仁喜的手对着空气一上一下地抓着，不知道他在抓什么，但那样子好滑稽啊！我低头一看，原来组装灯的包装用的是轻质粒状保丽龙小球包住的，一打开来，小球到处飞，如果不去处理，可能会漫得到处都是，别说给Donna看到，就是给姚姚看到，大概不免又被奚落一顿。于是我也赶紧加入仁喜的滑稽行列，把飘到半空中的小球抓下来。这玩意轻飘飘的还真不好抓，抓下来后必须设法压住，免得它又飘起来。仁喜两手两脚并用，我找不到扫把，只好趴在地上用手掌当扫把不停地扫。这两个默片里的笨蛋工人，一个向空中挥舞，一个向地上挥舞，活像正在彩排一出现代舞，我从穿衣镜中看到两人的狼狈模样，忍不住哈哈大笑起来。真希望能把这段滑稽的"天下父母双人舞"录影起来，播放给我们公司的同事看，看看那不容许犯错的老板，居然也有此荒唐落难的一幕呀！

更妙的是，那时姚姚突然回来了，看着我俩的舞蹈，露出一脸的惊讶。搞清楚怎么回事后，她也大笑了起来，并请我们千万不要再帮她整理了，晚上回来她会自己整理的。我心急地直问：你好不好？同学好不好？有没有坏小孩？但她急着换球鞋，要赶回下一场去报到。那时我才明白，学校说明书上写的下午一点以后请家长自行离开是真的，我们耗在这里也看不到她了。这个拥抱之后，可要五个月后才能再看得到她啊！我忍住眼泪，叮咛她不要想家，不要哭，因为你在这一头哭，我一定感受得到的，要记得吃维生素、过敏药……仁喜则一句话也说不出来，只深深地拥抱心爱的女儿。

女儿离开后，我俩像泄了气的皮球，全身软趴趴的，我的耳边还不断传来仁喜的叹气。我俩提前离开美国，没魂似的回到台湾。

这只是三段陪孩子选择、不舍于孩子所受的挫折与送孩子上大学的心情记录。我相信每一个孩子的成长，都让天下父母面临各种程度不一的选择、担心、爱恋与不舍。佛家有云："一切的情绪都是苦。"的确，好苦，真是苦！话虽如此，天下为人父母的，又有几个出离得了这甘愿受苦的轮回？大多数的父母，仍然持续地打开痴念的音乐盒子，转着停不下来的"天下父母双人舞"。

叮咛与祝福

"叮咛与祝福"是一本书的名字，编著者与出版者是好友洪三雄与陈玲玉夫妇。他俩于女儿结婚前夕，用心良苦地广邀好友为女儿女婿撰写婚姻经营宝典，结集成这本情意深厚、内容珍贵的书，作为送给小两口的结婚礼物。全书七十六篇婚姻故事，作者从结婚五年到五十年以上，每一篇婚姻的甘苦谈，都深深地唤起我的同感。仔细分析这本具有创意而又内容真实的婚姻宝典，这本书中的恩爱夫妻们提到最多的字，不外乎"爱""忍""敬""谅""心""惜""信"。我称这为"婚姻的七字箴言"。

身边朋友的婚姻，也并非都如《叮咛与祝福》里的夫妻；几位朋友的离婚故事其实都是"冰冻三尺非一日之寒"。分析起来，不外就是少了上述的"爱""忍""敬""谅""心""惜""信"这"婚姻的七字箴言"，有些甚至还多了致命伤害的"懒"字与"偷"字。希望孩子们切记这几个字，婚姻才不会中途变了调。

前"行政院经济建设委员会"主委何美玥女士，在书中提出婚姻里的金钱态度，尤其值得参考。她说："夫妻最不值得争吵的事是金钱，因此我在结婚的那一刻就与我先生就金钱的使用订定处理原则，非常简单，但可明确执行。亦即我先生赚的钱归他自己用，但每个月拿出一定的金额作为家用，他家里的财产及对他家亲人及亲戚的财务相关事情由他自己处理及支付；买房子我付头款他付分期付款；买汽车我先生自己付（因为大部分是他用）；小孩子的费用我支付；其他的都是小钱，谁想买谁就付。"我觉得，她这一番话，讲到了婚姻经营的重点。的确，百分之九十的怨偶，起因都与金钱有关。金钱与生活的价值观是一体的两面，一切海誓山盟的美好气氛，都可能因为金钱而从浪漫剧情变成仇恨剧情。

有次我参加一个聚会，见到一个熟识的朋友嘴角乌青，大家都关心地问他发生了什么事，我们才知道一出浪漫剧变成仇恨剧的剧情。他说，太太嫁给他后辞去工作，先后生了三个孩子，专心在家养育孩子。他的事业顺畅时，股票在高潮期，太太也自先生处拿点钱做做股票，日子相安无事。后来他的工作不顺畅，太太的股票也亏光了，太太就开始计算她从带孩子开始就没向先生领过薪水，这一对外表恩爱浪漫的夫妻竟由争执到大打出手，演变成一场仇恨不归路。

这一类的剧情，其实经常出现在我们生活的周遭，只是程度不同罢了。何"主委"文章里的话，也道出了女性要有经济自主的能力。时代不同了，女性还是要有一份自我的生活空间与经济来源比较稳当。

价值观念的异同，会影响人的交往与相处。夫妻间的价值观念最好能够相近，才能在教导下一代上减少歧异与摩擦，这是可以通过沟通与对话将距离拉近的。此外，很多人以"条件"作为选择婚姻的一把尺，但过度地以此为依据，会让单纯的感情蒙上阴霾的色彩。有个朋友几年前请我给他儿子介绍女友，居然大言不惭地跟我说，最好的行业是护士，并说最好不要某省的省籍，我只好由衷地祝福他了。隔几年，那位儿子主动找我介绍，我就真的安排了一次晚宴。几年不见，他的身材已经变得有点臃肿，头发也少了，失去了帅气与天真。我介绍给他的是一位在投资银行工作的女孩子，过了一周，他打电话给我："谢谢阿姨，王小姐很好！谢谢！但不适合我，我想跟阿姨说，我其实要求的不高，真的不高，我只要一个可以帮我在家把家管好，把孩子带好，看好小孩的功课，让我可以放心工作的一个乖乖的女孩子就好，不需要有家庭的背景，阿姨你一定认识很多这样的女孩。还有，她家里不要有黑道的背景，不要欠着债，其实就这么简单，阿姨，你身边一定认识很多这样容易找的女孩！"他的婚姻态度里，除了没有见到那七字箴言外，更没有看到平等的对待。我回答他："真的不难，你可以到中介找一个帮佣或找位家庭教师，马上可以成婚的！"

我有个小学同学从小就说一定要嫁给住别墅的男人，有一个说要嫁给坐头等舱的男人，有个男生说女生腿没有几厘米是不娶的……婚姻在第一时间就有条件说，那条路会很辛苦的，而这样的心态也是不可爱更不值得鼓励的。

上海的一个公园的树上，贴满了父母帮子女的征婚启事，那些都是"一胎化"下的王子与公主。必须双方家长先看对眼了，再安排下一代见面，进行配对前奏曲。可见即使在上海这个繁华现代的大都会，很多婚姻大事还是要父母亲张罗的。本书中的中国人的"生命礼节"，可以看到婚姻这桩人生大事所占据人生长轴的比例，也可以看到繁复的礼节所取悦的对象，其实是一大家子人，因为婚姻关系有很大一部分不只是两个人的事，而是两个家族的事。做人若没有成熟到能照顾圆满两个家族，可能就会有杂音；除了培养肚量、改进与忍耐之外，也必须认清这个事实的重要性。婚姻中的杂音，就如花园中的杂草，自己要懂得整理拔除，而且花下的心力一定不能少。在浪漫的爱情篇章中，这个认知常常会被漏掉，我特别提出来供孩子们参考。

花园需要灌溉，婚姻需要经营，要拨出生活中既定的时间与心力来灌溉与经营，完全没有别的便捷之路。祝福孩子们与全天下的有情人，都能管理好自己人生中最重要的一片花园。

爸爸的答案

二〇〇八年夏天，有天我们一家一起吃饭，三个孩子联合提出一个问题："爸爸妈妈，有没有什么特别的事是你们想要我们学会，但我们还没有学会的？"

我毫不思索地回答："有呀！可多啦，全在《传家》这套书里呀！"

仁喜则沉稳地说："让我想想看！"

二〇〇九年夏天，姚姚与JJ从美国回台北小聚，暑假将结束要再赴美的前一晚，仁喜叫我和三个孩子到他书房。他布置了五个人的位置，我们一一坐下。仁喜难得这么"形式化"，我们以为有什么大事要宣布，结果是给每人一个信封。打开来一看，信纸上写着"回复你们的问题：静坐的练习"——原来仁喜想这个问题想了一年呀！

然后仁喜说了一段开场白：

"这不是一个宗教活动，我要你们学会的是建立让自己静下来的习惯。你们出门在外，每天纷纷扰扰地忙碌，永远处在生活的旋涡中，久了就不容易看清自己的心绪，很多人因而无法面对独处与孤寂，一定要跟着别人转才认知自己的存在；渐渐地，你可能变成自己与情绪的奴隶而不自知。爸爸不能一直陪在你们身边，却时刻会担心你们，我由衷地希望教会你们这一门简单但需要持续的好习惯，请你们每天都要花一点时间做静坐的练习。"

仁喜的信上写着：

奢摩他（SHAMATHA），其字义是"安住"。

一、为何要安住：因为我们的心，散乱于各处。

二、它有何作用：让我们的觉知锐利，思维清晰。

三、怎么做：最好将它养成一个习惯；每次短暂而持续，约三到五分钟。

七个重点

一、双腿盘坐。

二、腰背挺直。

三、双肩张开。

四、双手置于膝上或交叠。

五、视线沿着鼻尖下望。

六、舌尖顶住上颚。

七、下巴微收。

仁喜还当场要我们坐下来照着做，检查我们每个人的姿势，并且再三交代：刚开始静坐的当下，心绪纷乱是正常的。如果能察觉自己心绪纷乱，已经是一个好的开始。

这等了一年的答案，其实是一份极为难得的礼物。

我们的俗世生活，确实常处于纷乱之中，像一杯水不停地被搅和旋转，难得一刻真实的静，更不用说止。

我们确实需要不时地暂停旋转，沉淀心情，才能回归清净，返见本我。

谢谢仁喜。对我们的孩子，这是独一无二的人生好礼——对我亦是如此！

东汉 (25–220AD)	三国 (220–280AD)	西晋 (265–317AD)	东晋 (317–420AD)	唐 (618–907AD)		
政治军事家	**政治军事家**	**戏剧人物**	**政治军事家**	**政治军事家**	**戏剧人物**	**小说人物**
刘秀 6BC–57AD	曹操 155–220	司马炎 236–290	晋元帝 276–323	唐高祖 565–635	秦琼	史幽探
班超 32–102	刘备 161–223	**戏剧人物**	齐高帝 427–482	房玄龄 579–648	王伯当	纪沉鱼
孔融 153–208	周瑜 175–210	绿珠	梁武帝 464–549	魏征 580–643	王老好《秦琼卖马》	言锦心
孙坚 155–191	孙权 182–252	石崇	**十六国 (304–439AD)**	杜如晦 585–630	东方氏《虹霓关》	谢文锦
吕布 不详–199	赵云 不详–229	孙秀《绿珠坠楼》	**宗教哲学思想教育家**	唐太宗 599–649	薛仁贵	师兰言
刘表 不详–208	诸葛亮 181–234		法显 337–422	武则天 624–705	柳迎春	林书香
董卓 不详–192	关羽 不详–220		菩提达摩 不详–535	唐高宗 628–683	薛丁山	章兰英
袁绍 不详–202	张飞 不详–221		**艺术创作家**	唐明皇 (唐玄宗) 685–762	樊梨花	杨墨香
孙策 175–200	曹丕 187–226		王羲之 303–361	安禄山 703–757	薛金莲《樊江关》	郦锦春
汉献帝 181–234	曹植 192–232		王徽之 338–386	唐代宗 726–779	薛平贵	田舜英《镜花缘》
科学家	**戏剧人物**		顾恺之 344–405	黄巢 820–884	王宝钏	廉锦枫
张衡 78–139	陈宫《捉放曹》		**戏剧人物**	**宗教哲学思想教育家**	王允	郑元和
医学家	甄宓《洛神赋》		梁山伯	玄奘 602–664	代战公主《红鬃烈马》	李娃《李娃传》
华佗	乔玄		祝英台《梁山伯与祝英台》	**艺术创作家**	尉迟恭《薛礼叹月》	王月英《买胭脂》
社会科学家	吴国太		**南朝/北朝 (420–589AD/386–581AD)**	张旭 685–747	薛应龙《芦花河》	**其他/和亲公主**
班昭 45–117	乔福		**政治军事家**	颜真卿 709–785	升平公主	文成公主 623–680
发明家	贾化		高欢 496–547	怀素 725–785	郭子仪	**其他/后妃**
蔡伦 63–121	孙尚香《甘露寺》		**戏剧人物**	**神话人物**	郭暧《打金枝》	萧淑妃 不详–655
戏剧人物	蒋干		花木兰《花木兰》	孙悟空	张君瑞《西厢记》	**辽 (907–1125AD)**
姚期《草桥关》	黄盖		**隋 (581–618AD)**	猪八戒	崔护	**政治军事家**
蔡伯喈	鲁肃《群英会》		**政治军事家**	沙悟净《西游记》	杜宜春《人面桃花》	辽太宗 902–947
赵五娘《琵琶记》	韩玄		隋文帝 541–604		杨贵妃	
董永《天仙配》	黄忠		**小说人物**		高力士	
刘兰芝	魏延《战长沙》		李靖		裴力士《贵妃醉酒》	
焦仲卿《孔雀东南飞》	马谡		红拂女		李益	
小说人物	王平《失街亭》		虬髯客		霍小玉《紫钗记》	
司马徽	马岱		杨素《虬髯客传》			
徐庶《三国演义》	姜维					
	李福《七星灯》					
	貂蝉《吕布与貂蝉》					

旧石器时代	商 (1600–1046BC)	东周 春秋(770–476BC)	战国(475–221BC)	秦 (221–206BC)	西汉 (206BC–9AD)	
神话人物	**政治军事家**	**政治军事家**	**政治军事家**	**政治军事家**	**政治军事家**	**戏剧人物**
女娲	商汤	周幽王 795–771BC	商鞅 395–338BC	子婴 不详–206BC	萧何 257–193BC	许平君
仓颉	比干	管仲 725–645BC	孙膑 不详–316BC	蒙恬 不详–210BC	刘邦 256–195BC	霍成君
伏羲	箕子	鲍叔牙 不详–644BC	张仪	项羽 232–202BC	韩信 不详–196BC	霍显《汉宫怨》
神农	微子	伍子胥 不详–484BC	苏秦	秦始皇 259–210BC	张良 不详–186BC	朱买臣《朱买臣休妻》
炎帝	商纣王 不详–1646BC	勾践 496–464BC	庞涓	**宗教哲学思想教育家**	李广 不详–119BC	卫子夫
嫘祖	**神话人物**	夫差 不详–473BC	魏惠王	李斯 280–208BC	霍去病 140–117BC	李寿《秋风辞》
颛顼	妲己	范蠡	吕不韦 292–235BC	**戏剧人物**	张骞 不详–114BC	王昭君
帝喾	**西周 (1046–771BC)**	**宗教哲学思想教育家**	孟尝君 不详–279BC	孟姜女《孟姜女哭长城》	卫青 不详–106BC	毛延寿
少昊	**政治军事家**	孔子 551–497BC	蔺相如	虞姬《霸王别姬》	李敢	呼韩邪单于《汉宫秋》
尧	姜子牙	**音乐家**	廉颇	赵高《宇宙锋》	汉武帝 156–87BC	夏侯婴《萧何月下追韩信》
舜	周文王 1152–1056BC	伯牙	**宗教哲学思想教育家**		董仲舒 179–104BC	**其他/后妃**
杜康	周武王 1087–1043BC	**建筑工程水利机械专家**	墨子 479–381BC		司马迁 145–86BC	赵飞燕 32–1BC
夏 (2070–1600BC)	周公	鲁班 507–444BC	申不害 420–337BC		苏武 140–80BC	**新莽 (9–23AD)**
政治军事家	**神话人物**	**戏剧人物**	孟子 372–289BC		汉宣帝 91–49BC	**政治军事家**
大禹 (2205–2105BC)	哪吒	西施	庄子 369–286BC		霍光 不详–68BC	王莽 45BC–23AD
夏桀	褒姒	文仲《西施》	**建筑工程水利机械专家**		李广利 不详–88BC	**戏剧人物**
	牛郎	申包胥《文昭关》	李冰		汉元帝 76–33BC	吴汉
	织女	赵盾	**戏剧人物**			王兰英
		屠岸贾	田氏《大劈棺》			马成《斩经堂》
		程婴	孟母《孟母三迁》			
		赵武《赵氏孤儿》				

1.政治军事家、2.宗教哲学思想教育家、3.经济实业家、4.科学家、5.医学家、6.社会科学家、7.人文科学家、8.艺术创作家、9.音乐家、10.电影戏剧艺术家、11.建筑工程水利机械家、12.发明家、13.小说人物、14.神话人物、15.戏剧人物、16.其他

民族人物

年代久远的民族,总有一个庞大的人物资料库。当我们从中认识任何一个人,搭配其历史背景的对照,都可由他的思想、故事,或者丰功伟业或者错误行径等,或多或少学习到做人的根本信念。

春天、秋天两册,已分别介绍过作家与诗人,本册则将民族人物分成十六大类:政治军事家、宗教哲学思想教育家、经济实业家、科学家、医学家、社会科学家、人文科学家、艺术创作家、音乐家、电影戏剧艺术家、建筑工程水利机械家、发明家、小说人物、神话人物、戏剧人物、其他。

这十六类人物,在人类的历史各有其特殊贡献,都很值得我们认识。

多加研读这些民族人物的传记,神交他们的宏伟思想与开阔心灵,你在人生的历程上将会适时适地地发现,生命是不寂寞的。

本表仅列出历史上较常见的名字,我们的网站则会列出更多值得认识的人物。

五 195
齐家心语

清 (1616–1911AD) | 1911AD–

清 (1616–1911AD)

政治军事家

施琅 1621–1696
顺治皇帝 1638–1661
康熙皇帝 1654–1722
雍正皇帝 1678–1735
年羹尧 1679–1726
乾隆皇帝 1711–1799
刘墉 1719–1805
纪晓岚 1724–1805
和珅 1750–1799
林则徐 1785–1850
曾国藩 1811–1872
左宗棠 1812–1885
洪秀全 1814–1864
李鸿章 1823–1901
慈禧太后 1835–1908
洪钧 1839–1893
光绪皇帝 1871–1908
秋瑾 1875–1907

宗教哲学思想教育家

康有为 1858–1927

经济实业家

胡雪岩 1823–1885

社会科学家

章学诚 1738–1801

小说人物

贾宝玉
林黛玉
薛宝钗
贾元春
贾探春
史湘云
妙玉
贾迎春
贾惜春
王熙凤
贾巧姐
李纨
秦可卿
贾母
刘姥姥
香菱
平儿
晴雯
袭人
紫鹃
鸳鸯
薛宝琴
《红楼梦》
胡斐
程灵素
袁紫衣
苗人凤
《飞狐外传》
韦小宝
郑克塽
《鹿鼎记》
陈家洛
霍青桐
《书剑恩仇录》
曹七巧
《金锁记》

其他/后妃

孝庄皇后 1613–1688
董鄂妃 1639–1660

其他

赛金花 1870–1936

1911AD–

政治军事家

袁世凯 1859–1916
黎元洪 1864–1928
段祺瑞 1865–1936
孙中山 1866–1925
梁启超 1873–1929
宋教仁 1882–1913
蒋百里 1882–1938
蒋介石 1887–1975
宋庆龄 1893–1981
毛泽东 1893–1976
宋美龄 1897–2003
周恩来 1898–1976
陈诚 1898–1965
李国鼎 1901–2001
尹仲容 1903–1963
吴国桢 1903–1984
邓小平 1904–1997
溥仪 1906–1967
蒋经国 1910–1988
任显群 1912–1975
江青 1914–1991

宗教哲学思想教育家

蔡元培 1868–1940
胡适 1891–1962
陶行知 1891–1946
晏阳初 1893–1990
钱穆 1895–1990

科学家

吴大猷 1907–2000
钱学森 1911–2009
杨振宁 1922–
李振声 1931–
李政道 1926–
李远哲 1936–

社会科学家

陈寅恪 1890–1969
余英时 1930–

人文科学家

赵元任 1892–1982

艺术创作家

齐白石 1864–1957
于右任 1879–1964
李叔同 1880–1942
徐悲鸿 1895–1953
陈澄波 1895–1947
刘海粟 1896–1994
溥心畬 1896–1963
黄君璧 1898–1991
余承尧 1898–1993
丰子恺 1898–1975
张大千 1899–1983
林风眠 1900–1991
李梅树 1902–1983
蓝荫鼎 1903–1979
傅抱石 1904–1965
李可染 1907–1989

艺术创作家

杨三郎 1907–1995
洪瑞麟 1912–1996
吴冠中 1919–2010
程十发 1921–2007
赵无极 1921–
黄永玉 1924–
江兆申 1925–1996
杨英风 1926–1997
朱铭 1938–
范曾 1938–

音乐家

邓雨贤 1906–1944
江文也 1910–1983
聂耳 1912–1935
黄友棣 1912–2010
马思聪 1912–1987
洪一峰 1927–2010
紫薇 1930–1989
邓丽君 1953–1995

建筑工程水利机械专家

梁思成 1901–1972

电影戏剧艺术家

田汉 1893–1968
梅兰芳 1894–1961
麒麟童 1895–1975

电影戏剧艺术家

尚小云 1900–1976
荀慧生 1900–1968
夏衍 1900–1995
俞振飞 1902–1993
程砚秋 1904–1958
费穆 1906–1951
邵逸夫 1907–2014
张善琨 1907–1957
胡蝶 1908–1989
周传瑛 1912–1988
桑弧 1916–2004
钟惦棐 1919–1987
白杨 1920–1996
白光 1921–1999
蔡瑞月 1921–2005
谢晋 1923–2008
李丽华 1924–
李翰祥 1926–1996
慎芝 1928–1988
顾正秋 1929–2016
宋存寿 1930–2008
李行 1930–
林黛 1934–1964
乐蒂 1937–1968
吴贻弓 1938–
杨丽花 1944–

宋 (—1127AD)		南宋 (1127–1279AD)		元 (1206–1368AD)		明 (1368–1644AD)	
政治军事家	**戏剧人物**	**政治军事家**	**小说人物**	**政治军事家**	**政治军事家**	**戏剧人物**	
赵匡胤 927–976	寇准	秦桧 1090–1155	乔峰	成吉思汗 1155–1227	刘伯温 1311–1375	苏三	
宋太宗 939–997	杨令公	岳飞 1103–1142	段誉	忽必烈 1215–1294	朱元璋 1328–1398	崇公道	
宋真宗 968–1022	佘太君	文天祥 1236–1283	虚竹	伯颜 1236–1294	明成祖 1360–1424	刘秉义	
包拯 999–1062	杨延定	陆秀夫 1237–1279	阿朱	陈友谅 1320–1363	郑和 1371–1433	潘必正《玉堂春》	
宋仁宗 1010–1063	杨延安	**宗教哲学思想教育家**	阿紫	**戏剧人物**	建文帝 1377–不详	李相国《春草闯堂》	
司马光 1019–1086	杨延辉	济公活佛 1130–1209	阿碧	孟丽君	戚继光 1528–1588	薛保	
王安石 1021–1086	杨延德	陆九渊 1139–1193	慕容复	皇甫少华《孟丽君》	熊廷弼 1569–1625	王春娥	
宋徽宗 1082–1135	杨延昭	**音乐家**	王语嫣	窦娥《窦娥冤》	袁崇焕 1584–1630	薛广《三娘教子》	
宋高宗 1107–1187	杨延嗣	姜夔 1155–1221	木婉清	**小说人物**	李自成 1606–1645	李香君《桃花扇》	
教哲学思想教育家	杨延顺	**神话人物**	钟灵	张无忌	吴三桂 1612–1678	李凤姐《游龙戏凤》	
林默娘	杨宗保	白素贞	段正淳	赵敏	郑成功 1624–1662	傅朋	
建筑工程利机械专家	穆桂英	许仙	段正明	周芷若	**宗教哲学思想教育家**	孙玉娇《拾玉镯》	
李诫 1035–1110	柴郡主	小青	段延庆	韦一笑	王守仁 1472–1528	程浦	
戏剧人物	焦赞	法海和尚《白蛇传》	岳老三	张三丰	利玛窦 1552–1610	程雪雁	
赵京娘《千里送京娘》	孟良	**戏剧人物**	云中鹤	灭绝师太《倚天屠龙记》	**医学家**	程雪娥	
展昭	杨文广	王魁	柯百岁		李时珍 1518–1593	穆居易《凤还巢》	
柳青	杨金花	焦桂英《王魁负桂英》	崔百泉《天龙八部》		**艺术创作家**	韦燕春	
白玉堂《七侠五义》	八贤王	柳梦梅	郭靖		沈周 1427–1509	贾玉珍	
李宸妃	铁镜公主	杜丽娘《牡丹亭》	黄蓉		祝枝山 1460–1526	李奎元《七世夫妻》	
陈琳	萧太后	陆游	黄药师		文徵明 1470–1559	**小说人物**	
郭槐《狸猫换太子》	萧天佐《杨家将》	唐婉《陆游与唐婉》	洪七公		唐伯虎 1470–1524	令狐冲	
陈世美	韩玉娘	王瑞兰	一灯大师		仇英 1509–1551	任盈盈	
秦香莲	程鹏举	蒋世隆	周伯通		徐文长 1521–1593	东方不败	
韩琪《铡美案》	张万户《生死恨》	蒋瑞莲《拜月亭》	丘处机		**戏剧人物**	左冷禅	
狄青	**小说人物**	钱玉莲	杨康《射雕英雄传》		商琳	任我行	
孙秀《万花楼》	李师师	王十朋《荆钗记》	杨过		秦雪梅《秦雪梅吊孝》	向问天《笑傲江湖》	
	晁盖		小龙女			石破天	
	宋江		李莫愁			石中玉	
	林冲		郭襄			张三	
	鲁智深		郭芙			李四《侠客行》	
	武松		程英			袁承志	
	李逵		陆无双			夏青青	
	燕青		耶律齐			何铁手《碧血剑》	
	杨雄		耶律燕《神雕侠侣》			**其他**	
	石秀					陈圆圆 1624–1681	
	魏定国						
	孔亮《水浒传》						
	西门庆						
	潘金莲						
	武松						
	李瓶儿《金瓶梅》						

富而好礼
谈礼节

2 落檻

3 奉茶

3 新人拜別女方父母

拜堂：祭拜祖先

9 坐庫：新人坐上覆蓋有新郎長褲的椅子象徵新人共存榮

文定礼仪

1 媒婆提亲

嫁娶礼仪

1 女方家长替新娘盖头纱　　　　2 新娘父将新娘交予新郎

7 入门：要跨过火盆并破瓦片象征辟邪与踩碎过去种种厄运

生命的礼节

1 出生

本篇章为"生命的礼节",我参考各式礼节仪式的资料,把一个人从出生到死亡,几十年间会遇到的民间习俗,以剪纸的方式绘制出来。各地的风俗、民情不一,我是以我生长的台湾看到的大多数案例为底稿,将人的出生、抓阄(也称抓周)、婚姻、成家、立业、功成名就与死亡的诸多礼节,以剪纸与绘图方式一一呈现。人生的大事,虽然每个阶段不同,综合起来也不外就是这些,该有的礼节与礼数,应该要懂,才不愧是一个礼仪之邦的人。

2 抓周

3 成長

4 入學

5 成人禮

6 登科狀元

7 初戀

8 情投意合

6 宾宴

5 泼水：祝福新婚姻不再重来

6 断根：新娘轿离时将扇子丢出轿外由女方母亲捡回

桂圆红枣茶

12 入洞房

4 交信物

5 回礼

4 迎娶

10 掀头纱

11 交杯酒：新人合卺酒吃汤圆

1 麒麟送子

2 加官晋禄 事业有成

3 子孙满堂

8 守铺

9 亲友慰问

10 诵经助念

12 殡丧入殓

13 启灵送丧

安享晚年 福寿双全

6 子孙在侧

临终关怀

7 终老此生

安葬

11 举行告别式

15 缅怀先人

伯母
伯母大人
侄/侄女

伯父

伯父大人
侄/侄女

问候语：敬请 崇安、敬颂 崇祺
末启词：谨上、拜上

缄封词：缄

父亲

父亲大人
男/女

提称语：膝下、膝前
启事敬词：敬禀者、谨禀
敬语：端肃、肃此

启封词：安启

弟妇
○○妹
○/兄

弟

○○弟
姐/兄

问候语：顺颂 时祺、即颂 近佳
末启词：手书、手启

缄封词：缄

嫂

○○嫂
妹/弟

提称语：尊鉴、赐鉴
启事敬词：敬启者、谨启者
敬语：敬此、谨此

启封词：大启、台启

兄

○○兄
妹/弟

问候语：敬请 崇安、敬颂 崇祺
末启词：谨上、敬上

缄封词：缄

妻

○○吾妻
○○妹
夫/兄

提称语：惠鉴、雅鉴
启事敬词：敬启者、谨启者
敬语：端此、特此
问候语：顺请 妆安、顺请 阃安
末启词：顿首、冉拜

启封词：大启、台启　缄封词：缄

侄
○○
贤侄
伯(叔)/
伯(叔)母

提称语：青鉴、青览
启事敬词：敬启者、谨启者
敬语：手此、草此

启封词：收启

侄女
○○
贤侄女
伯(叔)/
伯(叔)母

问候语：即问 近安、顺问 近祺
末启词：手书、手泐

缄封词：缄

媳妇

贤媳
愚母/愚父

提称语：如晤、英览
启事敬词：敬启者、谨启者
敬语：手此、草此
问候语：即问 近安、顺问 近祺
末启词：手书、手启

启封词：收启　缄封词：缄

儿

○○
吾儿
母/父

提称语：知之、收悉
启事敬词：敬启者、谨启者
敬语：此谕

问候语：即问 近安、顺问
末启词：字、示

启封词：收启　缄封词：缄

请托用语：

长辈
├ 长辈的长辈（敬请○○世伯　面陈/尘、呈）
├ 长辈（敬请○○世伯　袖交）
├ 平辈（敬请○○世伯　掷交）
└ 晚辈（敬请○○世伯　掷交）

自己　平辈
├ 长辈（敬请　面陈/尘、呈）
├ 平辈（敬请　面交）
└ 晚辈（敬请　掷交）

晚辈
├ 长辈（敬请　面陈/尘、呈）
├ 平辈（敬请　面陈/尘、呈）
└ 晚辈（敬请　面交）

孙

○○
吾孙
祖母/祖

孙女
○○
孙女
祖母/祖

提称语：知悉、收悉
启事敬词：敬启者、谨启者
敬语：此谕

末启词：字、示

启封词：收启　缄封词：缄

收件词：托带封通常不封口，所以不能用启封词，只能用收件词。如果有附件，则收件词用"检收""查收"；没有附件，那么对长辈用"赐收"，平辈用"台收"，晚辈用"收"。

祖父母

祖母 祖母大人 孙/孙女
祖父 祖父大人 孙/孙女

提称语：膝下、膝前
启事敬词：敬禀者、谨禀者
敬语：端肃、肃此
启封词：福启

问候语：敬请 福安、敬请 金安
末启词：谨禀、叩上
缄封词：缄

姑丈・姑母・叔母・叔父

姑丈 姑父大人 侄/侄女
姑母 姑母大人 侄/侄女
叔母 叔母大人 侄/侄女
叔父 叔父大人 侄/侄女

提称语：尊前、尊右 ／ 尊鉴、赐鉴 ／ 尊前、（尊鉴）
启事敬词：敬肃者、谨肃者 ／ 敬肃者、谨肃者 ／ 敬肃者、谨肃者
敬语：肃此、敬此
问候语：敬请 崇安、敬颂 崇祺
末启词：拜上、敬上 ／ 谨上、拜上
启封词：安启
缄封词：缄

(表)兄/弟・(表)姐/妹・(堂)兄/弟・(堂)姐/妹

(表)兄/弟 ○○ 吾兄(弟) 弟(兄)
(表)姐/妹 ○○ 吾姐(妹) 妹(姐)
(堂)兄/弟 ○○ 吾兄(弟) 弟(兄)
(堂)姐/妹 ○○ 吾姐(妹) 妹(姐)

提称语：台鉴、大鉴 ／ 惠鉴、雅鉴
启事敬词：敬启者、谨启者 ／ 兹者、
敬语：端此、特此 ／ 端此、草此
问候语：敬请 台安、顺颂 时祺
末启词：拜启、顿首 ／ 再拜、顿首
启封词：大启、台启
缄封词：缄

※启封词用在给全家时，以全福代之。

范例：（堂弟妹→堂兄姐）

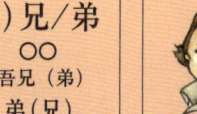 

淑凡姐台鉴：
　分别至今已近三载，思念之情与日俱增，近年家中事务繁忙，久未请安联系深以为歉，待琐事稍定盼能一见，书不尽意，余言后叙。
　端此，敬请
台安
　　　　　　　　　妹 任祥 再拜
二〇一〇年八月六日

请托用语范例：

外 书籍二册（附件语）
敬请 面交
大明 主任 检收
任祥拜托
四月二十六日

○○世伯 敬请 掷交
大明 先生
夫人 台收
任祥拜托
四月二十六日

拜托平辈（晚辈）转交给平辈（晚辈）

一般中式直写信封：

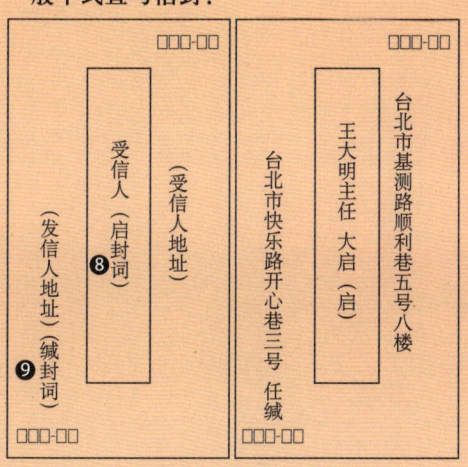

范例：
（长辈→平辈/晚辈）

出家人中式直写信封：

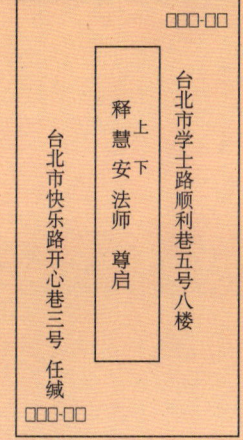

范例：
（○○→出家人）

书信礼节

以前的书信称为"尺牍",坊间有些教导书信写法格式的尺牍书,是很有用的工具书,还有些专分成女子与小孩的呢。但那些古代的用词,已不适用于现代,我整理了一张家族表,把最简单的书信格式、收信者正确的称呼、写信者的落款与行文表述等,具体地列表出来,并请韩介光老师帮我校正,希望网络时代的孩子有一天要用时,还有个大约的方向可以查询。这些资料,用现在的眼光看来可能觉得十分生疏,譬如称自己的丈夫为"夫君",感觉好像在唱戏;又譬如我给仁喜写信用"再拜"两字,他一定会以为我有什么要挟的目的。但近二十多年开始流行的"老公"一词,出自历代王朝的"太监"与"公公",这样的称呼挂在口边,岂不是轻率刺耳?最近听到大陆朋友称呼自己的太太是"我夫人",殊不知"夫人"是一种尊称,觉得需要纠正,可以称呼"我内人"。我最喜欢的是台湾话"牵手",每次听到人家说"这是阮的牵手",都觉得亲切而感动;这个富有感情的名词是值得流传的。整理这些资料,只是要给孩子们一个参考,写信最重要的还是对人表达诚心诚意。总之,提笔写一封信,永远会让收信者感动与欣喜的。适切的用语,是需要学习的,现在孩子们用词,我总觉得不是太少字,比如"没""了";就是太多字,比如这两年突然所有句子中都出现"部分"两字,或是比如流行的形容词"不错吃",到底是好吃还是不好吃呢?称呼别人的父亲"你爸"当改为"令尊",要先离席说"我走了"当改为"我先告辞"。近日我参加一个律师事务所举办的新办公室启用酒会,看到舞台上与银幕上大大的字写着:XXX事务所乔迁酒会,不禁替他们感到尴尬,"乔迁之喜"原意是"鸟儿飞离深谷,迁到高大的树木上去",应用上则是贺人官职升迁之意,自己说自己会升官是不合的。我觉得准确的用词,表现出一个人的基本礼节,在本章节里,我们整理了基本的数据,提供使用上的参考。

称谓用语

亲属称谓

称对(己)方家族:
- 令祖父/令祖母(家祖父/家祖母)
- 令尊、令严、令堂、令慈(家父、家严、家母、家慈)
- 令伯(叔)/令伯(叔)母[家伯(叔)/家伯(叔)母]
- 令兄/令嫂(家兄/家嫂)
- 令弟/令弟妇(舍弟/舍弟妇)
- 令姐/令妹(家姐/舍妹)
- 令夫君、某某先生(外子)
- 尊大人、嫂大人(内子/内人)
- 令郎、令公子/令爱、令媛、令千金(小儿、小犬/小女)
- 令媳(小媳)
- 令孙/令孙女(小孙/小孙女)
- 令侄/令侄女(舍侄/舍侄女)
- 令舅/令姑(家舅/家姑)

称对(己)方亲戚:
- 令外祖父/令外祖母(家外祖父/家外祖母)
- 令姑丈/令姑母(家姑丈/家姑母)
- 令母舅/令舅母(家母舅/家母舅母)
- 令姨丈/令姨家母(家姨丈/家姨母)
- 令岳/令岳母(家岳/家岳母)
- 令姐丈(家姐丈)
- 令妹丈(舍妹丈)
- 令表兄/令表嫂(家表兄/家表嫂)
- 令表弟/令表弟妇(舍表弟/舍表弟妇)
- 令内兄/令内弟(敝内兄/敝内弟)
- 令襟兄/令襟弟(敝襟兄/敝襟弟)
- 令亲(舍亲)
- 令内侄/令内侄女(舍内侄/舍内侄女)
- 令外孙/令外孙女(舍外孙/舍外孙女)
- 令甥/令甥女(舍甥/舍甥女)
- 令婿、令东床(小婿)
- 令表侄/令表侄女(舍表侄/舍表侄女)

师友称谓

称人:
- 太夫子/太师母
- 老师/师母
- 世伯(叔)父/世伯(叔)母
- 学长(兄/姊)
- 同学
- 世兄、世台

自称:
- 门下、晚生
- 受业、学生
- 世侄/世侄女
- 学弟/妹
- 小兄/愚姊
- 愚

称对(己)方师友世交:
- 令太夫子/令太师母(敝太夫子/敝太师母)
- 令业师/令师母(敝业师/敝师母)
- 令世伯(叔)父/令世伯(叔)母
- [敝世伯(叔)父/敝世伯(叔)母]
- 贵同学(敝同学)
- 令高足(敝门人)
- 令世侄(敝世侄)

宗教称谓

称人:
- 对出家人的称谓:先师/法师/师父/○○大和尚/○○老师太(师太)
- 对德高望重的出家人称谓:先法师/大师/上人/○○法师/○○大德
- 僧人出家前的妻子:故本二/故故二
- 对基督教神职人员称谓:长老、牧师、执事、传道、都祭司、祭司
- 对天主教神职人员称谓:教宗、教皇、(枢机、宗、首席、总)主教、神父、司铎、修女、修士

僧人自称:
- 弟子/贫道/拙僧/晚学
- 方外

一般人自称:
- 白衣○○/弟子○○/学人○○/戒和尚/阿奢黎/上师/禅师
- 方外

书信遣词

收到来信
- 颂来手示,诵悉一切
- 忽得兰言,欣喜若狂
- 大札拜读,敬佩之至
- 兹蒙惠书,无限感激
- 得聆教益,如坐春风

倾诉思念
- 别来良久,甚以为怀
- 海天在望,不尽依依
- 一日不见,如隔三秋
- 离情别绪,耿耿于怀
- 秋水伊人,怀念不已

祝福词语
- 顺时纳祜,福体增绥
- 春风蔼吉,道履绥和
- 起居叶吉,诸事咸亨
- 兴居安燕,诸事顺适
- 百务顺遂,时祉财祺

谢(馈)赠语词
- 承赐厚贶,至感盛情
- 谆谆忠告,铭感五衷
- 承赐嘉惠,至深感篆
- 承赠厚贶,弥切铭感
- 谨具菲仪,藉申贺敬

时间飞逝
- 白驹过隙,寒暑三度
- 光阴似箭,日月如梭
- 光阴荏苒,时序频迁
- 时光流水,日月飞梭
- 岁月不居,时节如流

道歉请谅
- 抱歉之情,莫可言表
- 久疏问候,抱歉良深
- 屡未奉答,歉甚愧良
- 夙夜抚怀,殊深歉厌
- 未能践约,抱歉良深

言犹未尽
- 情长纸短,不尽依依
- 书未尽情,余候面叙
- 书不尽怀,余候后禀
- 书不尽意,余言后叙
- 言不尽思,再祈珍重

珍卫用语
- 气候多变,希自珍卫
- 赤日炎炎,万请珍重
- 盛暑之后,继以炎秋,务望珍摄为盼
- 春寒料峭,善自珍重
- 渐入严寒,伏维自爱

钦佩语
- 奉读大示,向往尤深 久钦鸿才,时怀渴想
- 喜接诲教,真解蒙矣 谨蒙诲语,用祛尘惑
- 顷读惠书,如闻金玉良言

礼貌用语

问病语
大示细读，尊恙极念
闻君欠安，甚为悬念
贵体新瘥，诸唯珍重
欣闻贵体康复，至为慰藉
尊恙已有起色，甚以为慰

商讨语
厚蒙雅爱，沥胆直谏
相见以诚，请恕不谦
肺俯之语，请恕直言
叨在契末，斗胆直陈
伏维良照，不尽缕衷

催促语
立盼速复　请速示知
如蒙速复，不胜感激
奉恳之事，乞速复为荷
余不尽言，唯乞速复为盼
尊意如何，请即示知

结束语
专此奉复
余容后禀
书不尽意
匆杂书复，见谅
草率书此，祈恕不恭

赠物语
寄上薄物若干，尚望笑纳为幸
略表贺意，请笑纳
兹奉上……，聊表祝意，幸祈笑纳
所奉礼品虽微不足道，望勿嫌弃
千里鹅毛，聊表寸心

自述语
阖寓无恙，请释悬念
贱体初安，承问极感
日前患病，现已复原
合家老小安好如常，请勿念为要
偶然微恙，幸近已痊愈，希勿念为幸

邀约语
何日来此，愿得晤谈为幸
祈望一会，共叙友情
敬请光临，若蒙光临寒舍，当不胜荣幸之至
偶得一佳作，愿与君共赏，恳请光临

致哀语
顷接讣告，不胜伤悼
尊×逝世，深致哀悼，尚望节哀顺变
惊承讣告，悲悼不已，专函致唁，并慰哀衷
远道闻讣，万分哀痛，特此慰唁，尚请保重
惊悉×辞世，万分悲悼，务请节哀

婉辞语
无法奉命，尚希鉴谅
所托之事，实非绵力所能及
盛意心领，然非为难也，实不能耳
无以为之，实非得已，伏乞谅鉴为幸
蒙惠赠厚物，感谢之至，然实难拜受，尚祈原谅

承诺语
凡有可效劳之处，自当尽力而为
承嘱各事，皆一一照办，尽请放心
所言之事，当为设法，请释念
托付之事，时刻不敢忘怀
有蒙见托，敢不尽心尽力

请教语
倘蒙见教，没齿不忘
如有所得，祈随时赐示为盼
尊意以为如何，请告
拙作幼稚，恳请大加斧正
如何之处，敬候卓裁

祝贺语
顷闻吉音，欣逢嘉礼
喜贺福寿双全，寿星高照
弄璋（瓦）之喜，可庆可贺
恭贺添孙之喜，并祝合家快乐
欣闻……，谨寄数语，聊表祝贺

请托语
冒昧干请，惟望幸许
谨布区区，尚希鉴察，费神相助
特沥寸函布达，祈勿他言推诿
如承俯允，无任感荷
倘蒙照办，铭感无已

二人见面称："你好"、"您好"　　　　　　　　　　　　（回称："你好"、"您好"）
初次见面称："久仰"、"幸会"、"如雷贯耳"　　　　　（回称："久仰"、"幸会"）
久别重逢称："久违"　　　　　　　　　　　　　　　（回称："久违"、"好久不见"）
看望他人称："拜访"　　　　　　　　　　　　　　　（回称："别客气"）
客人到来称："欢迎"、"请进"　　　　　　　　　　　（回称："打扰"）
客人进门称："请进"　　　　　　　　　　　　　　　（回称："谢谢"）
敬茶待客称："请用茶"　　　　　　　　　　　　　　（回称："谢谢"）
招待远客称："洗尘"、"接风"　　　　　　　　　　　（回称："不必"）
望客亲临称："蓬荜生辉"　　　　　　　　　　　　　（回称："遵命"）
瞩客亲至称："欢迎光临"、"惠然肯来"　　　　　　　（回称："从命"）
陪同客人称："奉陪"　　　　　　　　　　　　　　　（回称："不客气"）
中途退走称："失陪"　　　　　　　　　　　　　　　（回称："请便"）
客人归去称："告辞"　　　　　　　　　　　　　　　（回称："急慢"、"对不起"）
送客出门称："慢走"、"走好"　　　　　　　　　　　（回称："留步"）
与客握别称："再见"、"有空多来"　　　　　　　　　（回称："再见"）
受人之赐称："谢谢"、"敬谢厚赐"　　　　　　　　　（回称："不谢"）
受人深恩称："感恩"　　　　　　　　　　　　　　　（回称："不敢当"）
感救命恩称："再造"、"没齿不忘"　　　　　　　　　（回称："应该做的"）
感德难忘称："铭心镂骨"　　　　　　　　　　　　　（回称："不必"）
请人看稿称："阅示"、"阅批"　　　　　　　　　　　（回称："拜读"）
请人改稿称："斧正"　　　　　　　　　　　　　　　（回称："班门弄斧"）
请人评论称："指教"、"指点"　　　　　　　　　　　（回称："互相学习"）
受人益言称："受教"　　　　　　　　　　　　　　　（回称："过奖"）
求人办事称："拜托"、"鼎助"　　　　　　　　　　　（回称："应该"、"照办"）
请求解难称："恳求"、"恳请"　　　　　　　　　　　（回称："尽力"、"效劳"）
请人回信称："敬祈赐覆"　　　　　　　　　　　　　（回称："遵嘱"）
央人协助称："麻烦"　　　　　　　　　　　　　　　（回称："不麻烦"）
麻烦他人称："打扰"　　　　　　　　　　　　　　　（回称："没打扰"）
请人原谅称："包涵"、"海涵"　　　　　　　　　　　（回称："好说"）
望人恕罪称："得罪了"、"负荆请罪"　　　　　　　　（回称："好说"）
谢人致问称："多蒙寄声"　　　　　　　　　　　　　（回称："应该"）
赞襄其事称："功德圆满"　　　　　　　　　　　　　（回称："办得不周"）
托人事称："借重鼎言"　　　　　　　　　　　　　　（回称："过奖"）
贺人荣归称："锦旋"　　　　　　　　　　　　　　　（回称："过奖"）
称人生日称："生日快乐"　　　　　　　　　　　　　（回称："何劳挂齿"）
献人年高称："齿德俱尊"　　　　　　　　　　　　　（回称："年老无用"）
贺人喜庆称："恭喜"　　　　　　　　　　　　　　　（回称："谢谢关心"）
自谦礼少称："礼数不周"、"不成敬意"　　　　　　　（回称："哪里，哪里"）
物归原主称："完璧归赵"　　　　　　　　　　　　　（回称："非常感谢"）
借物归还称："奉还"　　　　　　　　　　　　　　　（回称："领收"）
请人解惑称："指导"、"赐教"　　　　　　　　　　　（回称："共商"）
受人教导称："茅塞顿开"　　　　　　　　　　　　　（回称："过奖"、"哪里，哪里"）
请人指路称："请问"、"借问"　　　　　　　　　　　（回称："请讲"）
受人称赞称："承蒙垂爱"、"缪承过奖"　　　　　　　（回称："哪里"）
求给方便称："借光"　　　　　　　　　　　　　　　（回称："请便"）
自提意见称："浅见"、"肤见"　　　　　　　　　　　（回称："高见"）
询问籍贯称："阁下府上哪里"、"祖籍"、"故乡"、"家乡"、"老家"
询问姓名称："贵姓"、"请问尊姓大名"、"芳名"（询问女士）
询问年龄称："贵庚"、"芳龄"（询问年轻女子年龄）
询问对方工作："不知阁下在哪里高就"、"仁兄目前在何处得意"

外祖父 / 外祖母

外祖父 / 外祖母
外祖父大人 / 外祖母大人
外孙女/外孙

提称语：尊前、膝下
问候语：敬请 福安、敬颂 福绥
启事敬词：敬肃者、谨肃者
末启词：叩禀、敬禀
敬语：肃此、敬此

启封词：福启　　缄封词：缄

长辈 / 舅父 / 舅母 / 姨母 / 姨父

长辈
仁伯（叔）
父/母
世侄/世侄女

提称语：尊前、尊右
启事敬词：敬启者、谨启者
敬语：肃此
问候语：敬请 崇安、敬请 钧安
末启词：□、谨上
启封词：□、赐启　缄封词：缄

舅父 / 舅母
舅父大人 / 舅母大人
甥女/甥

提称语：尊前、尊右　　问候语：敬请 崇安、敬颂 崇祺
启事敬词：敬肃者、谨肃者
末启词：拜上、敬上
敬语：肃此、敬此

启封词：安启　　缄封词：缄

 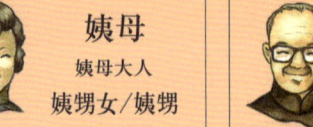

姨母 / 姨父
姨母大人 / 姨父大人
姨甥女/姨甥

提称语：尊前、尊右　　问候语：敬请 崇安、敬颂 崇祺
启事敬词：敬肃者、谨肃者
末启词：拜上、敬上
敬语：肃此、敬此

启封词：安启　　缄封词：缄

妹夫 / 朋友 / (表)兄/弟 / (表)姐/妹

妹夫
妹丈（妹倩）
姨姐/内兄

提称语：台鉴、大鉴
启事敬词：敬启者、谨启者
敬语：端此、谨此
问候语：敬请 台安、顺颂 时祺
末启词：顿首、拜启
缄封词：缄

朋友
○○
仁兄/姐
妹/弟

提称语：大鉴、台鉴
启事敬词：敬启者、谨启者
敬语：端此、特此
问候语：敬请 台安、顺颂 时祺
末启词：再拜、顿首
启封词：大启、台启　缄封词：缄

(表)兄/弟
○○
吾兄(弟)
弟(兄)

提称语：台鉴、大鉴
启事敬词：敬启者、谨启者
敬语：端此、特此
启封词：大启、台启

(表)姐/妹
○○
吾姐(妹)
妹(姐)

问候语：敬请 台安、顺颂 时祺
末启词：拜启、顿首
缄封词：缄

书信格式：

❶ 称谓提称语：
❷ 启事敬辞
❸ 敬语
❹ 问候语
❺ 正文

范例：（子女→父母）

母亲大人膝下（**称谓提称语**）：
敬禀者（**启事敬词**），自拜别慈颜，思念之情，与日俱增。儿五月四日乘车北上，第二日即到，未时抵达台北，妥办各项入学手续，一切均安，愿福体安泰。远离家乡不克在旁晨昏定省。敬祈福体康安（**正文**）。肃此奉禀（**敬语**），敬请福安（**问候语**）

儿 任祥叩上
二○一○年八月六日
（署名末启词）（日期）

范例：（在家佛教徒写信给出家法师）

师父尊鉴：
福慧无量心，发菩提心，求生西方净土。有些人听老法师讲经，认为只念一句佛号，策心习性很重，没有坚强的出离心。请开示要如何生起出离心，恭请福慧无量。肃此，恭请

弟子 任祥顶礼
二○一○年八月六日

范例：（学生→师长）

介光老师函丈：
日子过得真快，一转眼之间，学生毕业已经两年，现在是快乐的上班族。在此两年中，无时无刻不想念到老师。如今，我已察觉到老师当年为我们设想的实在是非常周到，至今深觉受用，真令我感怀于心。肃此奉候，敬请教安
老师近来身体好吗？

学生 任祥敬上
二○一○年八月六日

范例：（孙子女→外祖父母）

祖母大人：
孙女自六月八日离台赴美，于九日抵达休斯敦，转眼至今已经一个月了，甚是想念您。目前我已办妥各项入学手续，一切均安，请勿挂念。远离家乡不克在旁晨昏定省。敬祈福体康安。

外孙女 姚姚叩禀
二○一○年八月六日

齐家心语

① 称谓
② 自称
③ 问候语
④ 末启词
⑤ 缄封词

母亲
母亲
大人
男／女／(或儿)

问候语：敬请 福安、敬请 金安
末启词：谨禀、叩上
缄封词：缄

提称语：尊鉴
启事敬词：…
敬语：肃此、…
问候语：敬…
末启词：拜…
启封词：钧启

夫
○○夫君
○○夫子
妻／妹

提称语：大鉴、伟鉴
启事敬词：敬启者、谨启者
敬语：端此、特此
问候语：敬请 台安、敬颂 时祺
末启词：顿首、再拜
启封词：敬启、拜启 缄封词：缄

姐
○
姐
妹／弟

提称语：尊鉴、赐鉴
启事敬词：敬启者、谨启者
敬语：敬此、谨此
问候语：敬请 崇安、顺颂 时绥
末启词：谨上、敬上
启封词：大启、台启

姐夫
姐夫
(姐倩)
姨妹／内弟

提称语：台鉴、大鉴
启事敬词：敬启者、谨启者
敬语：端此、谨此
问候语：敬请 台安、顺颂 时祺
末启词：顿首、拜启
缄封词：缄

妹
○
妹
姐／兄

提称语：惠鉴、雅鉴
启事敬词：兹启者、启者
敬语：端此、草此
问候语：即颂 近安、顺颂 时祺
末启词：手书、手启
启封词：大启、台启

女
○○
吾女
母／父

提称语：知之、收悉
启事敬词：敬启者、谨启者
敬语：此谕
问候语：即问 近安、顺问 近祺
末启词：字、示
启封词：收启 缄封词：缄

女婿
○○
贤婿
岳母／愚岳

提称语：青览、青鉴
启事敬词：敬启者、谨启者
敬语：手此、草此
问候语：即问 近好、顺问 近佳
末启词：手启、手书
启封词：启 缄封词：缄

甥
○○
贤甥
愚舅母／愚舅

提称语：青鉴、青览
启事敬词：敬启者、谨启者
敬语：手此、草此

甥女
○○
贤甥女
愚舅母／愚舅

问候语：即问 近好、顺问 近佳
末启词：手启、手书
缄封词：缄

中式"直写"

外孙
○○
贤外孙
外祖母／外祖

提称语：青鉴、青览
启事敬词：敬启者、谨启者
敬语：手此、草此
启封词：收启 缄封词：缄

外孙女
○○
贤外孙女
外祖母／外祖

问候语：即问 近好、顺问 近佳
末启词：手启、手书
缄封词：缄

简易感谢函范例：

　　感谢您热情参与本公司新产品上市发表会，承蒙高轩莅临贺祝福或宠赐厚，尤以高龄长官、长辈、至亲、老友，不辞劳累，恭亲莅临，广添福泽，云情高谊，至深感篆，谨肃芜笺，敬申谢悃。
端此并颂

　　阖府康泰　平安喜乐

　　　　　　　　　　　　　　　　　任祥　谨启
　　　　　　　　　　　　　　　　二〇一〇年八月六日

② 自称
署名
末启词
⑦ 日期

生活札記

冬天菜园

探索奇妙的生态密码

从春天到冬天，我完成了"空中楼阁、酒箱菜园"的梦想。这个梦想的背后，有不少帮手，美珠无疑是最重要的人。她早年曾在我们家帮忙，后来在自己家乡苗栗"从根做起"经营来来种苗场，做得有声有色。我开始实验有机种菜后，每一季都郑重其事地开车到苗栗找美珠，载回一盆盆的娇嫩幼苗，依着她指导的方法种入我的红酒木箱中。就是靠着她育好的种苗，我才能完成梦想，享受收成之乐。

一年四季之中，冬季的虫害最少，蔬菜的种类也最多，十一月开始的一整个月，都适合种植冬季蔬菜，美珠帮我准备了四十多种菜苗：葱、韭菜、青芹、白芹、西洋菜、菜心、小结头菜、包心白、大结头菜、福山莴苣、仙桃牌高丽菜、青牛皮菜、莴苣、萝蔓莴苣、青花椰菜、白花椰菜、大青花椰菜、高脚芥菜、包心芥菜、大芥菜、毛白、西生菜、芥蓝、高丽菜、油菜、山东白菜、圆叶莴、黑芥蓝、凤京白、茼蒿、白萝卜、大梅花、青江白菜、香菜、菠菜、胡萝卜……这些菜陆续种下，可以一直吃到过年后呢。

我的冬季菜园，当然还是坚决不用化学肥料与杀虫剂。我也已经了解，跟着时令种的蔬菜，虫子其实不多，只有香菜容易被虫吃光，其他十字花科类"就分给虫子们吃一点也无妨"，快乐地与它们共存，就算菜叶被吃了几个小小洞，心里也有与众生共享的满足。而透过双手接触土壤，照顾着菜看着它们成长，那种心情好比重修一堂自然与健康的生活课程。

虽然报章杂志不断地报道蔬菜的农药问题，但能亲手种植，实际跟虫虫作战，观念才能更根深蒂固。所有农作物的天敌，除了气候就是虫害，蔬菜因为叶子嫩，虫害的情况更严重，现在我们买到的各类蔬菜，菜农的心力与成本可能有百分之五十以上都是用于抵抗虫害。以前我好喜欢美丽的蝴蝶，亲自种菜后才知道，它们的幼虫原来都藏在菜园里吃嫩叶。种了菜后我也会反问自己：在人类的生活里，真的能完全避开农药与化肥的种植吗？很悲哀的是，很少有人幸运地每天只为自己吃下去的东西把关；难怪上帝创造人类时，身上某些器官必须用于排毒。我们必须好好保护这些器官，不要过分增加它们的负担，免得不堪负荷而失去运作功能。所以，菜买回来一定要勤加冲洗，也要尽量回家吃饭，因为外面的餐馆没有人会帮你仔仔细细地洗掉农药。我甚至跟孩子说，如果必须在外面吃饭，点菜的原则是情愿少点蔬菜。

"有机"两个字，定义可大可小，每个国家的定义也不完全一样，像美国那样发达的国家，连"微生物杀虫法"也列在有机范围呢。相较之下，中国台湾地区的有机农业认定是不允许使用合成化学物质，当然更不能使用任何药物，尺度比美国还严格。

蔬菜的选购，当然以有机农业生产的最为安全，但三年的休耕、轮作，只用生物防治法与使用有机堆肥等，耗费的成本不是一般人可以消费得起，不容易成为市场主流。农人为了杀虫，不得已要用农药，但有良心的农人，会遵守政府规定，于喷洒多天后采收，经检测单位认证后才上市，所以我建议孩子们买菜时最好能采买有政府定期检测的蔬菜。台湾的认证单位很多，MOA、TOAF、TOPA等是有机认证，CAS则是农委会认证的优良农产品。

台湾地区的有关农业单位，在农药把关方面做得很成功。东南亚各地，我相信台湾的农产品是最值得信赖的，因为其他地方不像我们有定期抽检的机制，如果查出过多的农药残余，甚至可以查出是哪位农民种的。这种管理机制，主因之一是台湾自一九五三年开始施行"耕者有其田"政策后即为小农制，农民种菜的面积大多只有两三分地，跟美国十个人管理两百公顷的苹果园大不相同。就因农地小且教育普及，台湾的农民都很会种菜，把自己的菜园当幼稚园一样地细心照顾。但是凭良心说，台湾的蔬菜价格比起其他的生活必需品而言，价钱的确不高，要农民有更高的意愿生产有良心的蔬菜，需要整个社会的民众明白其中的困难度，肯定农民的辛苦才行。

台湾各地的农会，在教育与行销方面扮演着重要的角色，才能将这个复杂的产销机制管理得这么好。再加上台湾农民吃苦耐劳、精于研发的精神，发展出少见的"精耕"农业。早年就有许多农耕团到其他国家协助种稻种菜种水果，尤其是许多非洲国家土壤贫瘠，无法种出作物，台湾的农业改良人员不但能教导当地农民改善土质，并能参考当地的温度湿度，教导他们栽培适合生长的植物。这种"农业外交"，也让台湾的农业技术举世闻名。

台湾农业还有一个很特殊的宝，即成立于一九七一年的"亚蔬——世界蔬菜中心"，是一个非营利性的世界组织，位于南台湾的台南市善化区。这个无国界组织是全球的公共财产，专门研究与开发各类蔬菜，并致力于协助发展中国家进行蔬菜生产、消费与饮食教育。根据该组织的调查统计，世界上有十一亿人属于营养过剩，有八亿三千万人处于饥饿状态，二十到三十五亿人则营养不良。更令人难过的是，每天有四千个小孩死于微量元素不足，而蔬菜就是微量元素的主要来源，一个人一天需要二百四十克蔬菜，也就是常听到的三至五份蔬菜量。"亚蔬"多年来致力于品种的研发与种系的保存，成绩最为卓著的是番茄种系的研发。台湾目前有十四种番茄，出自"亚蔬"研发的即有十一种，且能分别在不一样的气温下生长。其中的黄金番茄，营养价值高于一般番茄三到六倍，造福农民与百姓，学术研究的成绩令人振奋。

同时，由于地球气温的改变，有环保概念的人都意识到人类可能面临植物灭绝的危机，遂于一九八三年成立了Svalbard Global Seed Vault，在挪威的北极地区挖了一个四百米的地下隧道，作为保存种子之用。而在最初埋放的七千三百类种子中，有四分之一来自我们善化的"亚蔬"。世界上极少这样重要的研究组织，"亚蔬"实是台湾人的骄傲。

我去参观"亚蔬"时，当然也请教他们如何与虫虫作战。他们的方法之一是利用黄昏昆虫交配的时间大量浇水，以减少它们产卵的数量；之二是以Sex Pheromone法控制昆虫产量；之三是利用颜色吸引虫子到黏胶板上或利用亮度让虫子不喜欢靠近；此外还有搭建网室、利用强风吹走植物上的幼虫等方法。在"亚蔬"的很多研究中，有些还一定要农药才能进行呢。我也发现，除了Sex Pheromone方法不甚熟悉，其他的方法和我对付虫虫的方式其实差不多。台湾位处亚热带，病虫害的种类众多且繁殖快速，对抗虫虫是人类要持续面对的，也真是一个没完没了的修行呀。

"亚蔬"的实验中，还包括保存土壤养分的方法。他们踏实地利用轮耕制，以一年稻米或豆类的轮植，保存土地自空气中吸收的氮，并利用堆肥的方法，得到天然的磷与钾，这三样都是增进土壤肥沃的基本养分。不过，有机的除虫与保存氮磷钾的原则说来简单，真要彻底执行则仍有很多困难，主要是消费者已经惯于多重选择，农人面对市场的需求很难两全，也因此土地无法轮耕休息，久而久之土壤逐渐贫瘠，只好阶段性地施用化肥增加产量。

此外，基因改良作物也是最近几年大家很关切的问题。在台湾，我们虽然没有吃到什么本地生产的基因改良作物，但为了预防有朝一日粮食不足，GMO的基因改造仍然必须提早研究与建置，因而"亚蔬"也致力于番茄与青花菜的基因研究。我参观了重重隔绝，成立了五年的基因改良专区，不得不忧心人类不知何时会真的面临粮食不足的险境。

其实，我们现在已经每天摄取很多基因改良的进口食物而不自知，譬如玉米与大豆，我们完全仰赖美国大宗进口，其中约百分之八十都是基因改良品，它们变成我们的炒菜油，也变成我们的畜牧业饲料。不过我们也不必闻基因而色变，因为GMO的技术已有很多安全方法，应该不致危害人体。我想，一个人除非住在山里自给自足，否则，跟农药一样，我们很难不吃到基因改良的食品。

参观"亚蔬"之后，我更体会了中国人有着得天独厚的饮食传承。西方人吃蔬菜只会当成生菜吃，非洲人则把蔬菜捣成泥蘸面包吃，但我们多么幸运，有种类繁多的蔬菜，也有各种口味的料理方式。就以我小小的有机菜园来说，春天种了三十种蔬菜，夏天种了十种，秋天的芽菜十五种，冬天更多达四十二种，加起来有近百种之多。自己做了农夫，才能体会有机的不同：有机蔬菜存放很多天，还可以很新鲜，它有一种可以对抗天然环境的能量，有朝气，味浓，粗壮有劲。这些差异，得经过双手与土壤长期的探索与对话，才能知晓其中的原因。

在食品界日新月异地推出新食品假食物之际，你还是该花时间去探索奇妙的生态密码，从而得到根深蒂固的正确饮食概念。

十字花科的栽培——芥菜、菜心、根用芥菜

冬天的十字花科菜中，芥菜类与菜心等，是中国人最擅长处理的，比如：

芥菜

芥菜栽培。芥菜分成叶用芥菜、茎用芥菜（如榨菜）和根用芥菜（如大头菜、结头菜）三大类。茎用的我种过，但因为气候不对，没长成功。其他两种提供我的心得：

叶用芥菜等于刈菜，因为加工的与新鲜的长年都可吃到，所以又名长年菜。

我种过四种叶用芥菜，这些成熟后都可以炒来吃，或是跟汤一起煮。如果不先汆烫会有苦味，但我们家有些菜要的就是这种苦味。谈到要腌制，一律用盐来腌制，各地的腌制菜都靠温度与时间，发酵或不发酵，湿的或干的，成为传承的来源。这些芥菜之间，还是有些特定的分别：

高脚芥菜：这品种叶子多，梗不多，适合做成梅干菜。收成后晒一下，用盐搓一下，放到大一点的容器中，放到温度比较热的地方，用石头重压出水，等颜色变黄了，就可以拿起来等有太阳的时候暴晒，干了后捆起来就是梅干菜。我们家则不捆，于此时以大火蒸半小时，留在锅内焖半天，会出现外省人要求特殊的味道，叶子颜色也会变黑，再晒到全干，这样烧出来的肉颜色才漂亮。此芥菜因为叶子多的特性，特别可以跟有油的肉类一起煮。梅菜扣肉、三层肉等都是自古以来的最佳搭档。

大湖芥菜：这品种梗多，也可以称为肉多，可以经得起跟水久煮，所以最常是用来煮汤，煮越久越好吃。收成后晒过，撒盐，用石头压，看温度，温度热一点，变黄得快一些。变黄后等有太阳的时候暴晒，晒得七八分干，塞入瓶子，不留一点点空隙保存，这是全世界少见的保存方式，可存放一两年，是客家人的保存方式。要吃用铁勾勾出来。最有名的菜是卦菜鸡。

小芥菜：又叫雪里蕻，这种菜是直接撒种子，不会有育苗的过程，长出八九厘米，就摘下来，用盐轻轻按摩，放入容器，可以用重的东西压一下，一天就可以吃。吃的时候用煮过的水洗去多余的盐味。这不是可以长久存放的，我自己大约一周会吃完。最有名的菜是雪菜百页、雪菜毛豆，加点辣椒，吃起来提味、下饭。（台湾很多人会用油菜或是叶萝卜做一样的腌制法，也称为雪里蕻。）

包芥：顾名思义，此种芥菜会包起来，有心，肉又厚，因为有心，肉很厚，抹盐放缸里面，会变酸，不用晒是湿的。放久了水上会有些霉菌。我们家也会把包芥汆烫，与干贝一起炒。台湾有一句谚语："六月芥菜——假有心"，讲的就是夏天收成的包芥，虽外表丰硕，菜的中央内心不会像冬天收成的有芥菜心。听老家人说，早年没有什么品种之分，芥菜收成后晒了就腌，即成咸菜或酸菜，若再清洗放稻草上晒，再腌并不停地翻覆，七八分干入瓶，等一阵子就成了福菜（覆菜），不完整的叶片才去晒成梅干菜。

菜心

菜心并不是指某一种菜的心，我问半天，才知道在台湾这个菜的名字就叫菜心。这种菜分成三部分在市场上卖，很少看到全株的。这个菜只有冬天有。

上段，会开黄色的花，把接近黄色花的那部分，带一点点叶子摘下来，这部分叫冲菜（呛菜）。干的锅子抹一点点麻油，把切碎的冲菜放下去，快炒一下，不熟也没有关系，立刻装入罐子里。我们还会把罐子颠倒放，都不要开盖子，放冷，再放冰箱，两天打开来，就成了冲呛到头顶的冲菜，可放一阵子。吃的时候可以加一点点糖、酱油、醋，一旦加了糖，马上就不冲了，变成配饭配面配稀饭的极品。

中段，有人拿来煮汤，我们家会做成烩菜，汆烫后，放入酱油、冰糖、白醋，浸一下，然后用大火煮开后改以小火焖煮，收干水分的意思，这菜是吃冷的。很多人在过年期间，会吃这段一部分，又叫长寿菜。

下段的茎部，把外面的皮削掉，切成一块一块的，用盐抓一下，用煮过的水洗去盐，沥干。把对等比例的米酒、酱油、白醋、糖在火上煮滚，待全部冷却后，拌入，即可装罐放冰箱，这就是市面上看到的菜心酱瓜。

根用芥菜（如大头菜、结头菜）

这菜是凉拌用的，靠切的刀工来表达脆爽的口感。有切滚刀块的，有切或削成薄片的，也有切成长条丝状的。可以用盐抓一下，用煮过的水洗，沥干大部分水分。凉拌依个人喜好。我们家会浸入酱油半天，把水沥干，再入酱油，两天后再调味。可放入大蒜、姜、葱、辣椒、糖、黑醋、香油等凉拌，最后放上一点香菜。东北人叫"撒列"。这个菜产量稳定，据说治疗十二指肠溃疡有效。

我的**厨房**

灶神

灶神俗称"灶君",其全衔是"东厨司命九灵元王定福神君",又称为"护宅天尊"。相传"灶神"是上天派到每一户人家,专司记录每一家的善恶行为,并且于农历的十二月二十四要离开人间,返回天庭向玉皇大帝述职,所以这一天要"谢灶"。我记得我们家并没有隆重的仪式,但会把蜂蜜或糖水涂到炉口上,希望"灶神"能向玉皇大帝说些甜蜜的好话。此外又有"官三民四旦家五",这是说做官的人会选在十二月二十三谢灶,要比平民提早一日向灶君说尽好话;平民百姓在十二月二十四、水上人家则选择在十二月二十五做谢灶仪式。相传灶神每年的正月初四会再回到人间,所以这一天为"接灶神"的日子。

锅碗瓢盆炉

《吕氏春秋》品味篇云:"凡味之本,水最为始,五味三材,九沸九变,火为之纪,时疾时徐,灭腥去臊除膻,必以其胜,无失其理。"中国人并把"柴米油盐酱醋茶"列为开门七件事,位居第一的柴就是火。学会掌控火候,离会烧菜就不远了。

我们用火煮食的方法繁多,古时称的炮即为烧,炙即为烤,还有烩、炖、灼、烂、炊、炝、炒、烘、烙、炸、煨、焖,以及加了水的烫与煮、卤、熏、蒸等。火的大小快慢,造就了烹调食物的艺术。

中国菜一定要用火,近十余年国外一家家的厨具店在台湾开张,动辄上百万的厨房,我总是很遗憾没有一口对的中国火,什么电炉、电磁炉,用起来就觉得别扭。近年来有各种针对癌症或病症来源的讨论,病从口入的食材为首要的稽查对象之外,各种省时省力,加速烹调或保温的应用材料,也都变成了共犯结构中的一员。材料科学的进步,的确有助于人类的发展,但同时也可能有害于身体。所以,以食为天的我们,要仔细检查烹调、加热、保温的材料运用。凡是令人惊艳或神奇的产品,必定在省时省力上种了另外一种看不见的成本。要记得千年以来自然的"必以其胜,无失其理"的智慧:"九沸九变,火为之纪",火的运用,求快不得的。

早年台湾厨房的主要燃料是木柴、木炭、煤炭,几口大小不一的灶与炉,就能烧出一桌好菜,甚至在婚宴或大拜拜时办桌请人吃流水席。现在的瓦斯炉、棒棒炉、快速炉用煤气,且都分成不同孔口的炉火,当然比以前方便得多。我那位很会烧菜的阿姨,她的厨房就两口对的火,也从不用微波炉。这些实证告诉我们,烧菜煮饭,最重要的就是要用对的火。

我非常喜欢不一样的炉火,总有可以端上好菜的预兆。图片中的炭窑,是讲究传统食法的天坛餐厅老板研发的。台湾早期的锅炉,是特别请铁工师傅打出的迷你模型,烧柴的灶则是稍做改良以水泥灌出来的。有一种气锅砂锅,专门炖汤用的,只需要加一点点水,却可以炖出一锅的汤来呢。

图片中还有各种锅碗瓢盆与做糕点的印模,有些是向朋友借来拍摄,有些则是旅行到各地,向当地老婆婆借来拍的,很多都是古董了。我拍的时候没有时间多抚摸与细看,回家看到照片后才想起,老婆婆的厨房里一定有不少有趣的故事呀,我怎么忘了多问问呢?

碗

盘

瓢

糕饼模

冬
火锅宴

冬天最快乐的事就是跟一群好友们吃火锅，我安排了一场别开生面的火锅宴，在梅花与蜡烛的光影下，让这个热闹的聚会，变得优雅、尽兴与美丽。

养身

温泉药浴

人的身体出现酸痛,一定要设法纾缓,泡澡无疑是其中的好办法。历史上有很多有名的浴池,如唐朝杨贵妃的华清池,罗马浴池,都是靠着热水改善身体的血液循环。

温泉是自地下涌出的泉水,温度在特定的范围内,水质必须符合温泉水质的标准;洗温泉可以促进血液循环,也可治疗身体疾病。台湾北部的北投、阳明山地区,南部台南市的关子岭地区,屏东县的四重溪地区,东部台东县的知本温泉,是最有名的五大温泉区。根据统计,台湾全岛的温泉大大小小超过一百二十多处,洗温泉可说是我们的生活文化之一。

温泉依水质,主要分成氯化物泉、碳酸氢盐泉与硫酸盐泉。温泉池的设计,一定要有窗户,一方面方便空气对流,另一方面也可于浸泡时欣赏户外的庭院景致或远处山色,体会怡情养性与宁静之美。有一位常泡温泉的长辈告诉我,洗完澡后,不要一下子跳进温泉池,要先泡至膝盖以下,再逐渐泡到腹部,最后泡到肩膀;而且不可以泡太久,需要让气休息一下。此外,泡温泉最好不要讲话,以静态的身心浸泡,效果会更好。

中国自古以来常用药浴治疗身体,即在泉水中加入中药,更可改善身体不适的现象。此外,热敷的效果也很好。譬如治疗痔疮,有一帖辛大夫的药方:银花(三钱)黄芩(三钱)大生地(四钱)连翘(三钱)败酱草(三钱)川芎(三钱)当归(三钱)地榆(二钱)可分成十次用;比如治疗脚踝扭伤,也有一帖有效的药方:透骨草(一两五钱)伸筋草(一两五钱)千年健(一两五钱)红花(一两)桃仁(一两)儿茶(一两)川椒(一两)大青盐(三两)川芎(一两)可分成十次用,泡脚的台湾桧木桶,常在台湾的家庭看得到。这两帖都是针对患处浸泡,也算是一种药浴。晒干的艾草可以水煎成洗剂,或取多量磨碎装进纱袋,丢入热水中浸泡。艾草具有排毒的功能,对于皮肤类疾病有效,老人家说还可以驱邪与害虫呢。

还有一种是在热水中加入一瓶米酒,加速身体血液循环,借着大量出汗排除体内的酸性物质,达到去除疲劳的效果。不过浸泡时最好有家人在,以免有些人的体质反应过度,造成心脏不堪负荷的意外。

中国人也喜欢用姜、虾夷葱、竹叶、麻黄、荷叶与一些辛辣如胡椒的食材泡澡,都无非是利用刺激的原理促进血液循环。肌肉出现酸痛时,通常是表示过劳,需要休息,不管泡的内容物是什么,泡澡的确是让肌肉松弛的最好方式。

放药的柜子,几乎每个家庭都有,从小到大开开关关那个柜子,也让我们学会在什么时候要用什么药。就算长大出国,一些常用的备药,也一定会随身携带。我的药柜中有很多成分不明的药物被台湾当局列为禁药,但好像从上一代用到这一代,一直不假思索地继续用下去——有时候,在成分不明与历史悠久间,我还是相信后者呢。

武侠小说的剧情,总有主人公身受重伤,躲到深山瀑布中修练,打通"任督"二脉,使得内力大增,恢复武功的形容,让我从小对"经脉"学说特别有好感。李时珍所著《奇经八脉考》载"内景隧道,唯返观者能照察之",我猜有返观能力的人,就是在还没有内视镜、X光的时代,却可以有"看见"或"感应"能力的人,我也猜想,对杜撰的武侠小说人物、修身极高的圣人或是道家学说而言,这可能是司空见惯的能力吧!此书载:"凡人一身,有经脉、络脉;直行曰经,旁支曰络。经凡十二:手之三阴、三阳,足之三阴、三阳是也。络凡十五:乃十二经各有一别络,而脾又有一大络,并任、督二络,为十五也(《难经》作'阴络''阳络')……医不知此,罔探病机;仙不知此,难安炉鼎。时珍不敏,参考诸说,萃集于左,以备学仙、学医者筌蹄之用云。""八脉:奇经八脉者:阴维也,阳维也,阴跷也,阳跷也,冲也,任也,督也,带也……是故医而知乎八脉,则十二经、十五络之大旨得矣。仙而知乎八脉,则虎龙升降,玄牝幽微之窍妙得矣!"快把这可"治病"与"成仙"的伟大宝方,加上气血注入经脉的时间,五行对应等粗略地重绘出来。在日常生活中,我们随便学会几个老祖宗的经络体系,结合气功,加以发挥,相信都是很管用的养身法门。

运药成动

运动,这是现代社会最时兴的话题。凡是人,就要动,如果持续一个姿势不动,久了一定会出问题的。每次我去看医生,医生像开了录音机一样的,不断地警告我要动,要动!年轻的时候,没有停下来地动,很少去想这个动该怎么动。大概七八年前,有一天我送孩子上学,半途需要到家店去拿东西,因为交通混乱,时间又很紧迫,我把车停在五百米外,心想跑过去就可以。谁知心里急,又想使劲快跑,两条腿突然不听使唤,膝盖竟然软下来,跌在地上啦!

我不相信自己已面临不听使唤的窘境,遂发奋图强,决定要"动",于是开始游泳。但也只在琐碎的时间内进出泳池,而且没先暖身就像赶集一样的跳下去,僵着身子游。又因为生活紧张,游的时候不断地思考往下必须进行的、完成的种种事情……几年下来,自以为动到就好啦,但是动的方法不对,对于肌肉,无疑又添上一层疲惫。最后花了很长的时间进行各种疗法,才渐渐恢复。我于是明白,每个人的肌肉结构是不一样的,不能看别人的瑜伽能做大猫式,自己也跟着做,说不定最后会伤到自己,变成一只卧猫呢。不过,一旦上过类似瑜伽的课程,则不能停止,一定要持续做下去。此外,要明白肌肉占全身最大的面积,当肌肉僵硬,压到神经,那种痛是跟人叫苦也没有人救得了的。中医也一再强调,人老从脚开始,如果长期坐着,不但脚会先出现毛病,坐着坐着还会胸口突然闷闷的,头重重的;对于这一切,医生都只能摇头说:要动,要动呀!

但是动也要循序渐进,不能让自己跟杂志上的体育健将相比,必须理解自己各部分肌肉是否协调,从柔软的慢动作开始;不要像我那样以为僵着肉游泳就算动到了。

翻开我们老祖宗的运动建言,都是缓慢持续才不会伤身。比如最简单的配合提肛收腹动作的"蹲马步"或是"甩手功""五禽戏"等,都是安全且效果良好的养身运动。我参考《太极拳道诠真》《四十二式太极拳》《中国太极推手》《太极推手技击传真》《四库全书养身术》等书,绘制了"八段锦""太极导引""综合太极拳""立功""坐功""卧功""导引按摩"与主要穴位的图说,这些可都是源自于我们的老祖宗。不要以为缓慢不见力道,正确地做一趟下来,流的汗跟跑步一样多。这些拳术或武术,除了让人流汗,也讲究配合"吐故纳新"呼吸法或是逆呼吸法及气功的运用;各类导引之术也已跳脱了简单的运动,进而达到预防医学的层次。中国历代文献对气功与养身有太多值得参考的论述,举例如"丹田呼吸""九节佛风"的保健,或是"六字诀"治病的记录,"六字诀"在治病时很管用,以口轻念,不要发出声音,并要尽量一次次延长念字的时间。隋代高僧智大法师所著《修习止观坐禅法要》写道:"但观心想,用六种气治病者,即是观能治病。何谓六种气,一吹、二呼、三嘻、四呵、五嘘、六呬。此六种息皆于唇口中,想心方便,转侧而坐,绵微而用。""六字诀"的歌诀是:"心配属呵肾属吹,脾呼肺呬圣皆知,肝脏热来嘘字治,三焦壅处但言嘻。"明代著名医学养生家龚廷贤所著《寿世保元》中载道:"以呼法而自泻去脏腑之毒气,以吸气而自采天地之清气补气……吸则一而已。呼有六者,以呵字治心气,以呼字治脾气,以呬字治肺气,以嘘字治肝气,以吹字治肾气,以嘻字治胆气。此六字诀,分主五脏六腑也。"我们在练习的时候,咬字要注意,比如嘘字气要从唇出,嘻字气则从舌出。以鼻呼气要注意深、慢、细、长、匀。这些简易的气功运动,自古一直流传到今天。

中国人所爱戴的苏东坡,以其融合儒释道为一体的生活哲学,留下了他的养身诀:"每夜以子后披衣起,面东或南,盘足叩齿三十六通。握固闭息,内观五脏,肺白肝青脾黄心赤肾黑。次想心为赤火,光明洞澈,下入丹田中。待腹满气极,即徐出气,惟出入均调,即以舌接唇齿,内外漱炼精液,未得咽。复前法闭息内观。纳心丹田,调息漱津,皆依前法。如此者三。津液满口,即低头咽下,以气进入丹田。须用意精猛,令津与气谷谷然有声。径入丹田,又依前法为之。凡九闭息三咽津而止。然后以左右手热摩两脚心,及脐下腰脊间,皆令热彻。次以两手摩熨眼面耳项,皆令极热。仍案捉鼻梁左右五七下。梳头百余梳而卧,熟寝至明。"这位家喻户晓的中国之宝,在他所写的《续养生论》中,提到身体的康健,与情绪谐调的管理,心神意念的控制是合而为一的。这也能够解释为何他能在最困顿的人生岁月,仍能以阔达的心胸,面对现实的处境,仍能留下诸多经验独到的养身智慧。

我们所谓这些由内而外的运动习惯,普遍于民间,都是不会伤精力与元气的,换句话说,我们的运动不是劳动,我们的练身法则不需要缴月费,或是在冷气房里做运动,随时随地可以做的。不要怀疑,持之以恒,中国人最好的东西就在自己家里呀!

卧功

卧功-1

卧功-2

卧功-3

卧功-4

卧功-5

立功

立功-1

立功-2

立功-3

立功-4

立功-5

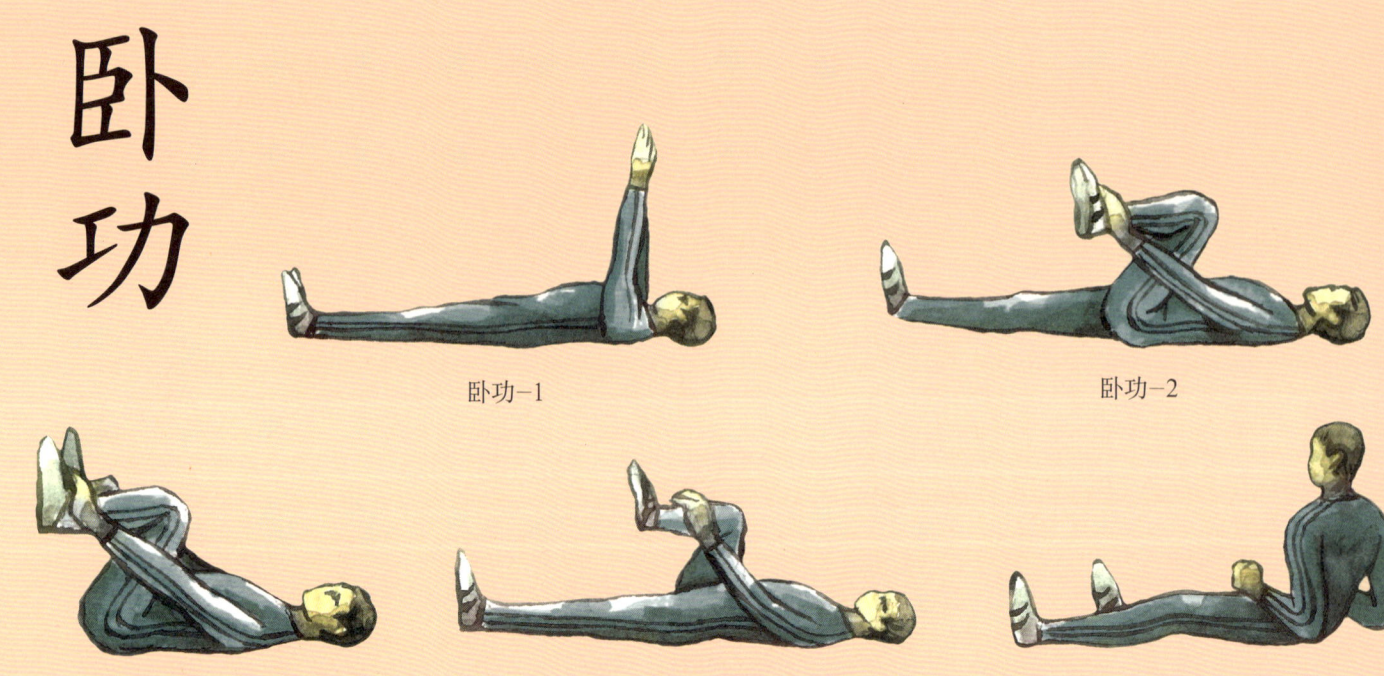

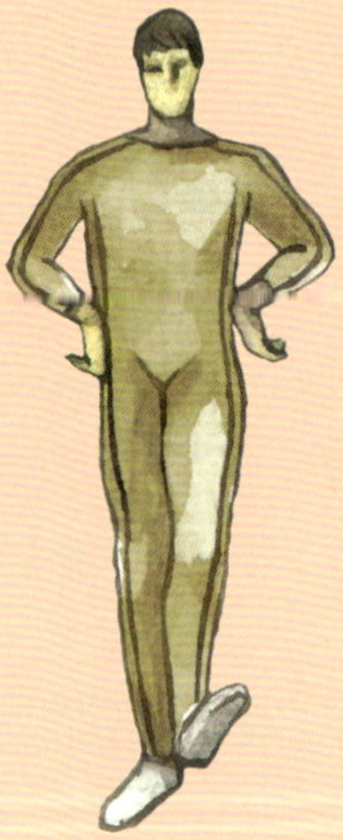

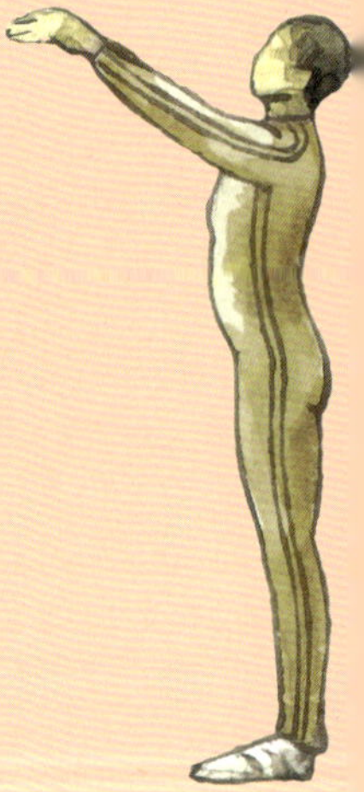

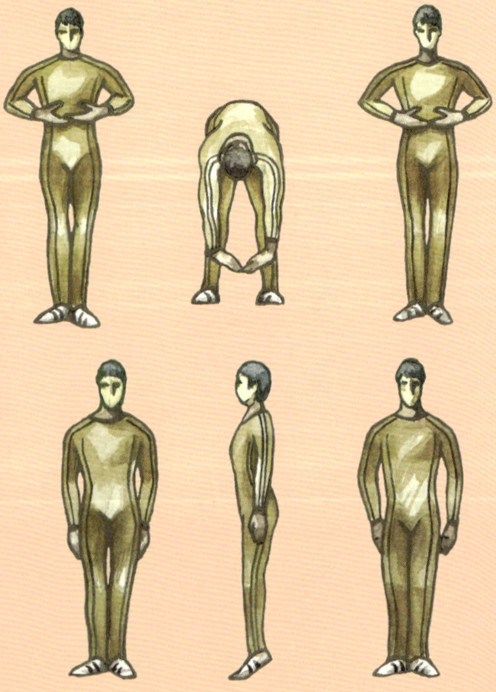

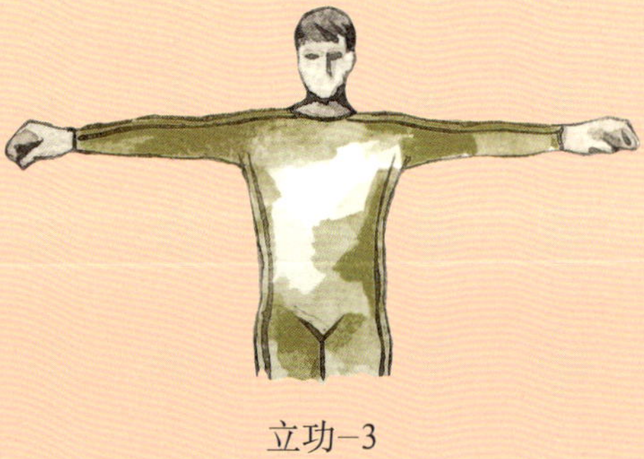

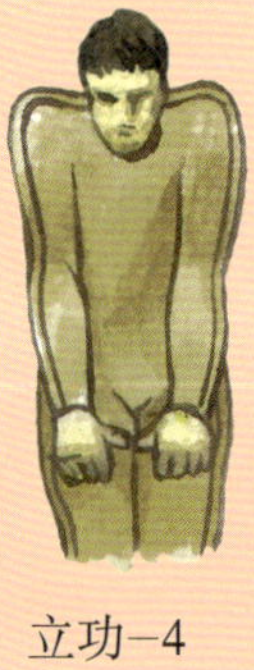

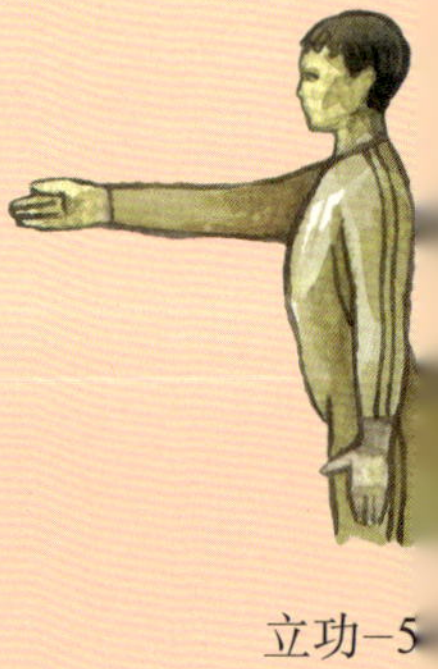

八段锦

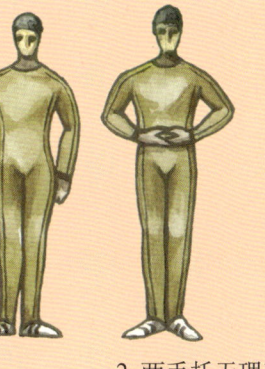

1 五劳七伤往后瞧　　　　2 两手托天理三焦

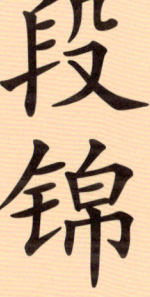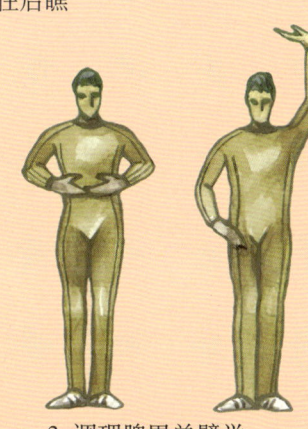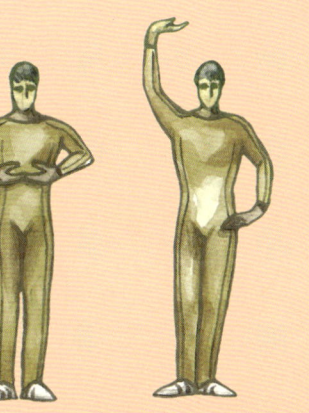

3 调理脾胃单臂举

4 左右开弓似射雕

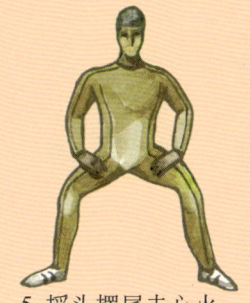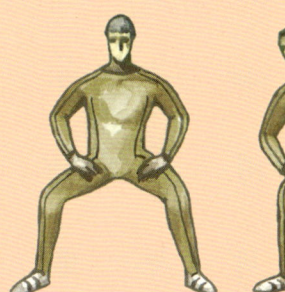

5 摇头摆尾去心火　　　　　　　　6 两手攀足固肾腰

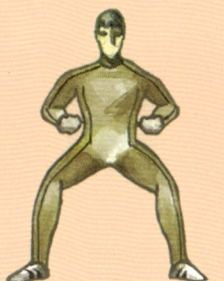

7 攒拳怒目增气力

6 摩掌熨目

7 旋转双眼

8 击探天鼓

9 摇摆头顶

10 环转带脉

11 震撼脏腑

鉴真

吐纳术

1 起功

2 一推

3 二展

4 三伸

5 四压

6 五转

7 六摆

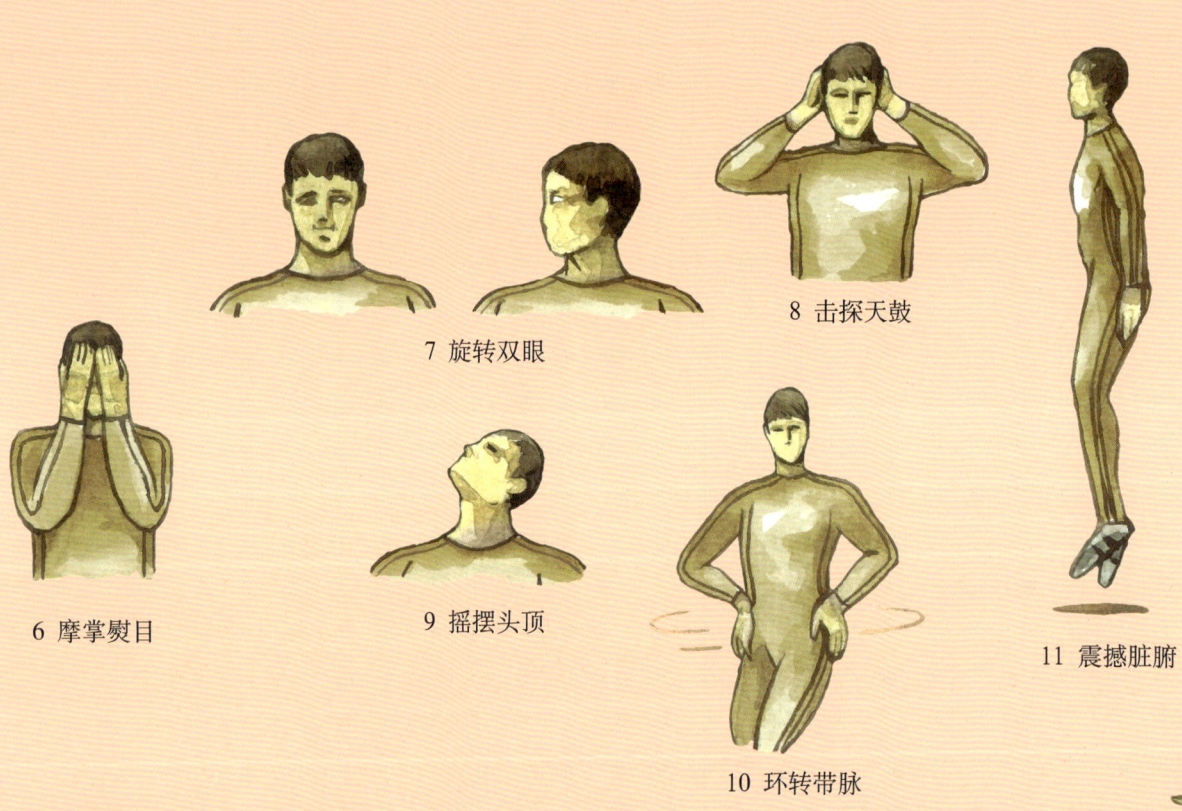

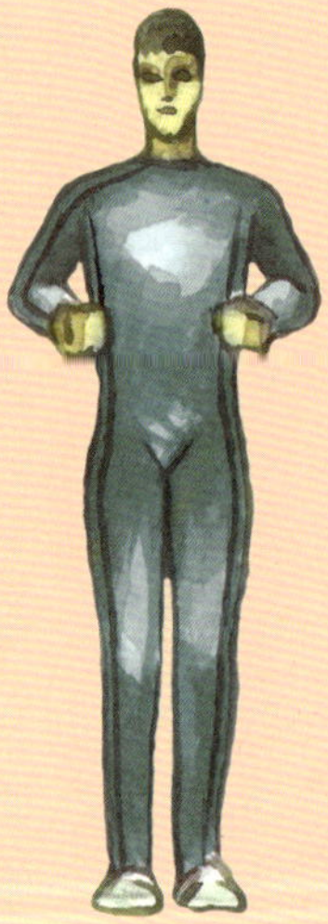

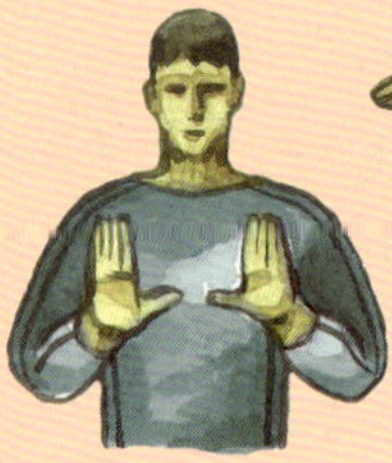

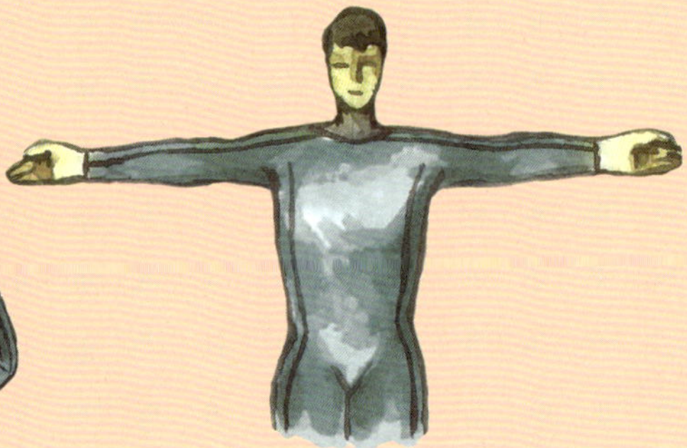

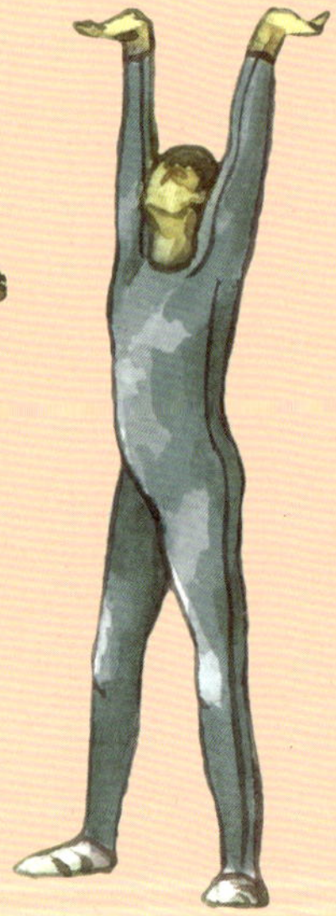

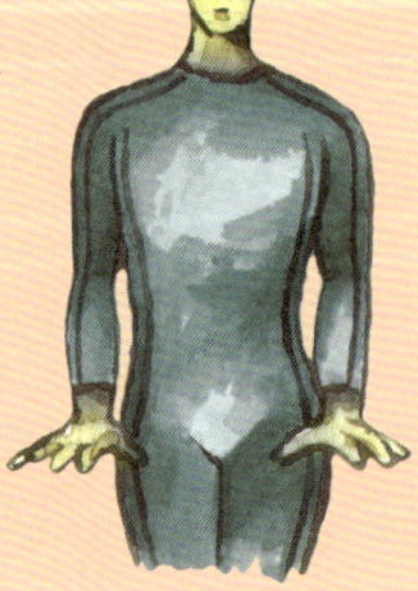

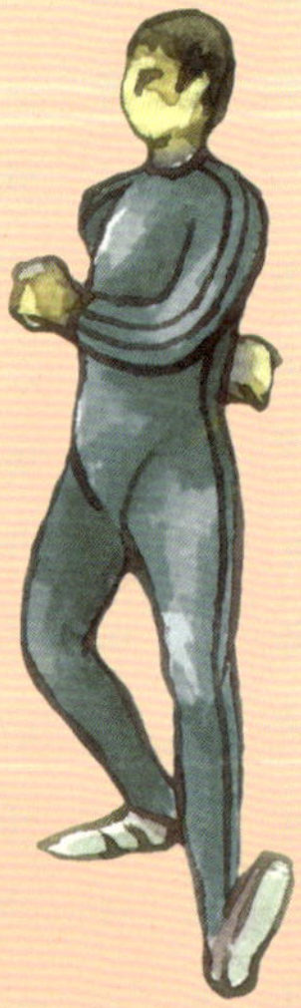

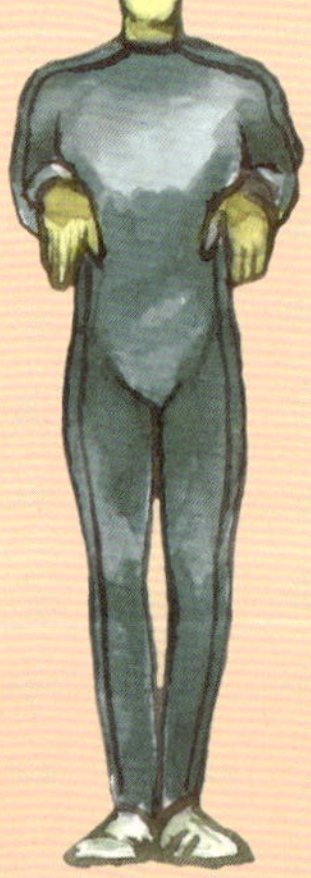

导引按摩法

1 预备式

2 搓手浴面

3 擦胸揉腹

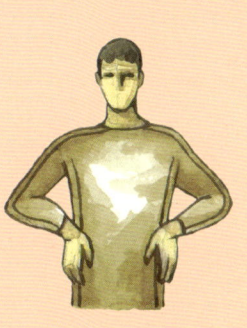
4 按摩肾俞

5 手浴肢体

坐功-1

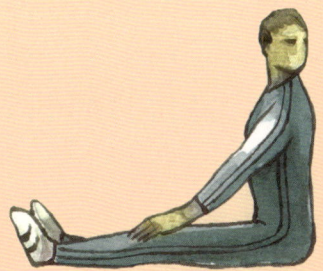
坐功-2

坐功-3

坐功-4

坐功-5

坐功-6

坐功-7

坐功-8

坐功-9

坐功-10

坐功

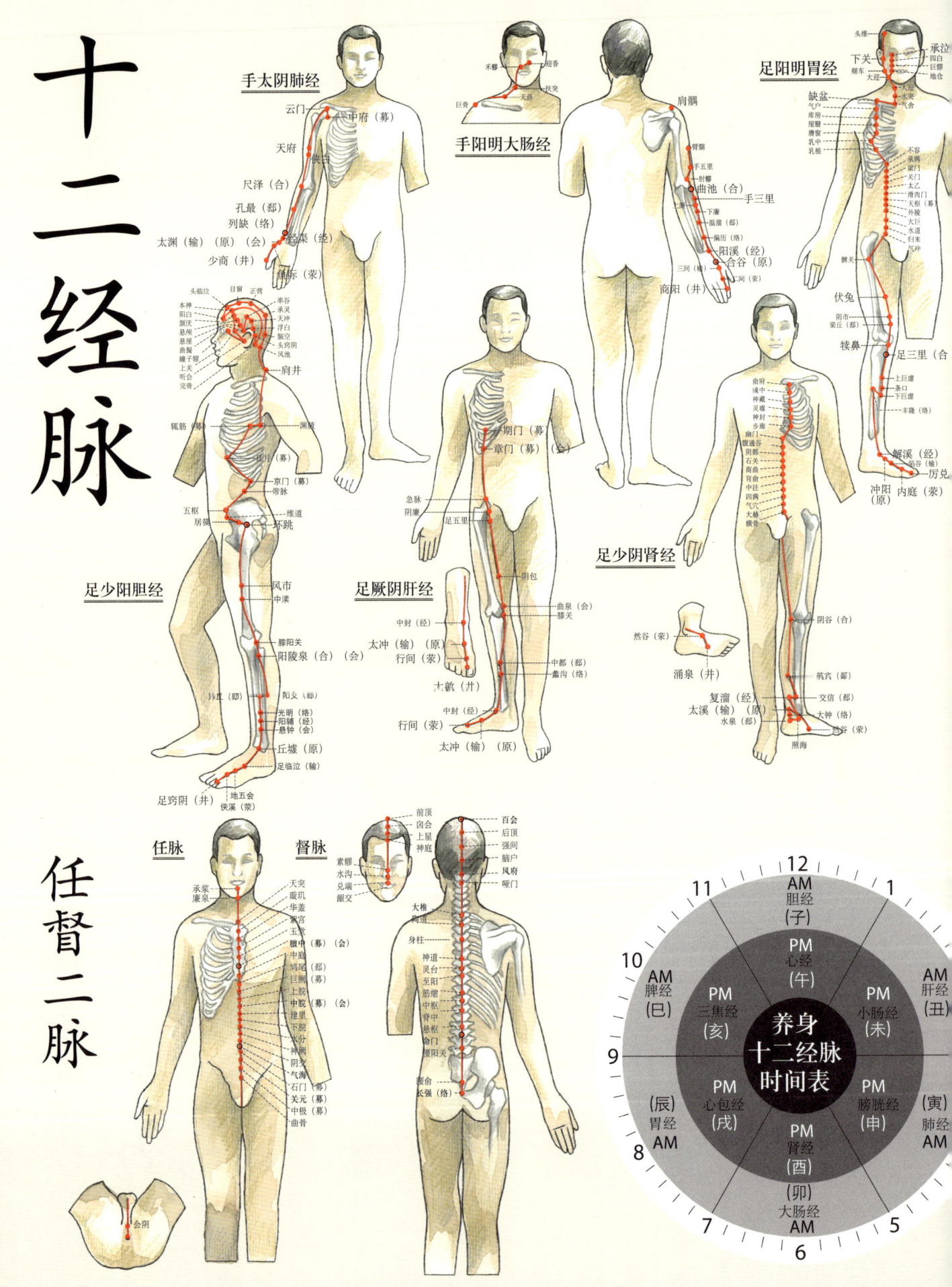

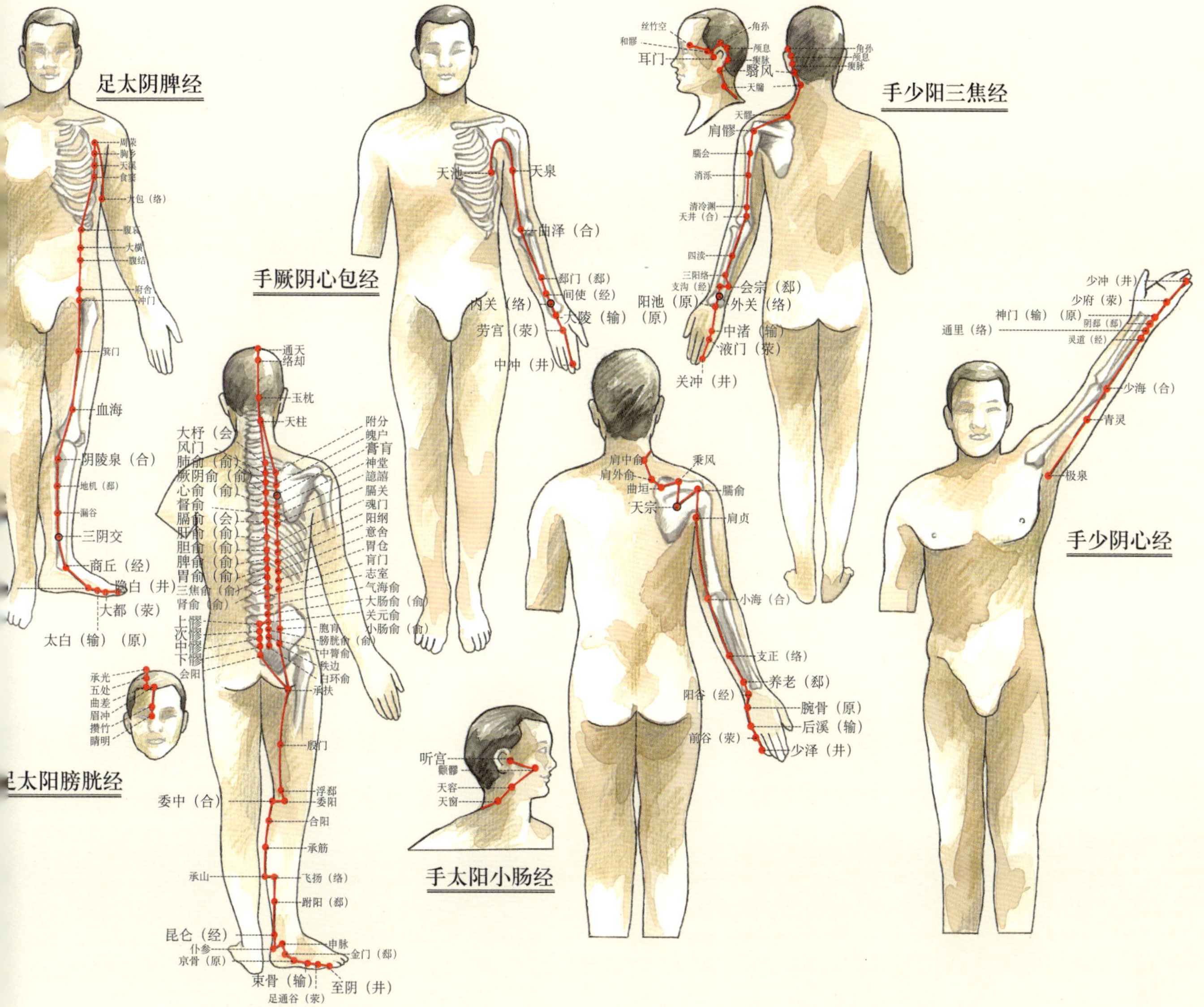

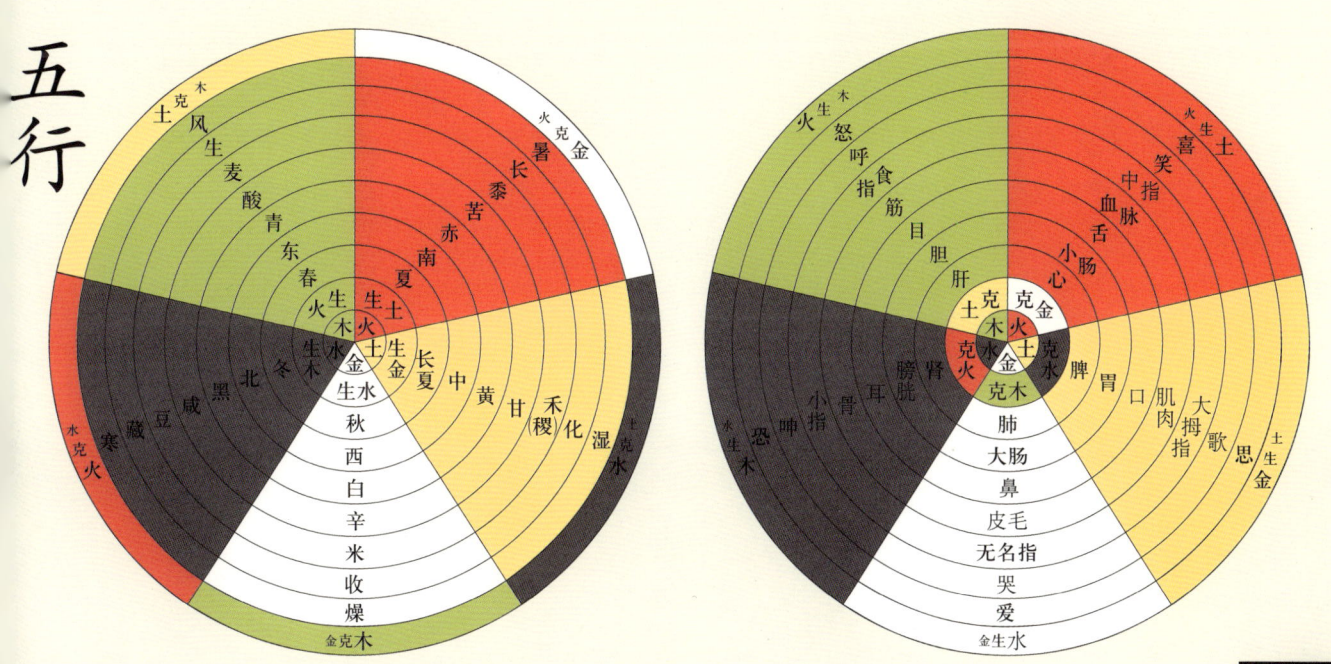

3 左单鞭　　　　　　　　　4 提手

10 如封似闭　　　　　　　11 开合手

17 掩手肱捶　　　　　　　18 野马分鬃

25 进步栽捶　　　　　　　26 斜飞势

35 穿掌下势　　　36 上步七星　　　37 退步跨虎　　　38 转身摆莲

1 起势   2 右揽雀尾

8 捋挤势   9 进步搬拦捶

16 右左蹬脚

四十二式太极拳

23 左分脚   24 转身拍脚

33 转身大捋   34 歇步擒打

7 撇身捶

15 玉女穿梭

21 右分脚

22 双峰贯耳

30 虚步压掌

31 独立托掌

32 马步靠

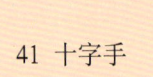

41 十字手

42 收势

5 白鹤亮翅　　　　　　　　　　　　6 搂膝拗步

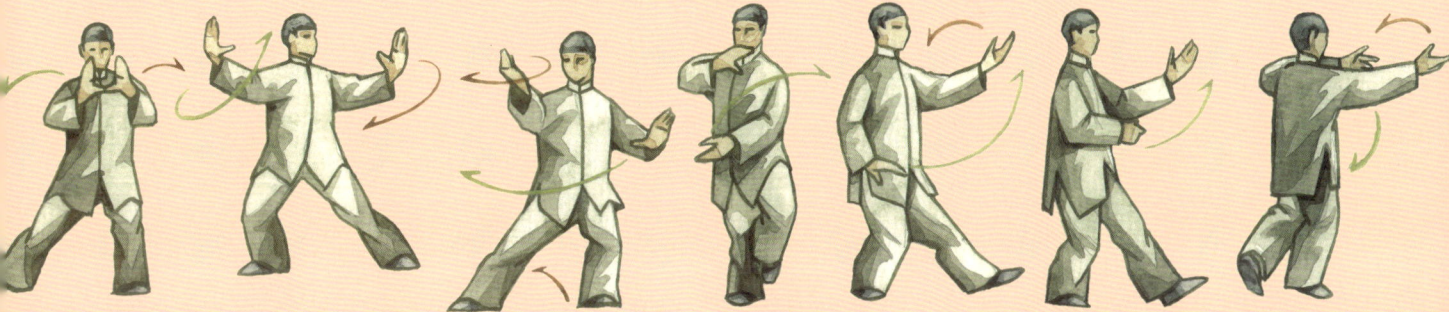

12 右单鞭　　　　　13 肘底捶　　　　　　　　　　14 转身推掌

19 云手　　　　　　　　　　　　　　　20 独立打虎

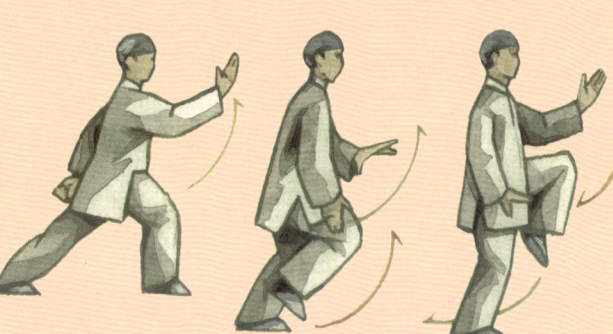

27 单鞭下势　　　28 金鸡独立　　　　　　　　29 退步穿掌

39 弯弓射虎　　　　　　40 左揽雀尾

家計

家庭教育与学校教育

现代社会形态分工多元，我认为教育也应如此。我们送孩子去学校，主要目的除了知识的学习，当然也包括学习为人处世应对进退的道理。孩子回到家之后，则应当接受家庭教育。学校教育与家庭教育，内容应该有所不同，才能造就气质不一样的孩子。然而我们的教育制度，长期以升学考试为重，让教育只停留在应付考试的关卡上，以致家庭与学校的教育未能清楚分工，学校要管到孩子的家庭，家庭要管到学校的教学，终极的关注目标都只有升学竞争。结果是，很多孩子可能学会解答考题，但解不了心绪的浮躁与空虚，回到家里，又因忙着赶作业或准备考试，与家人之间的对话也越来越少。我们的孩子与家长，受到的压力确实高于其他国家。而且不但中国大陆的学校如此，台湾的国际学校也一样，我的孩子下课后打来第一通电话，我总会习惯地先问一句："今天有没有发考卷？"

这些压力，除了来自升学制度，当然也来自父母对子女的期望。对子女有高远的期望并没什么不对，但作为父母也要记住一个原则：不要忽视学识以外的教育。孩子回到家以后，最好让他们学习生活的技巧，情绪的管理，好习惯的建置，姿势的纠正，急救的原则，灾害的应对，生理作息的教育，还有要教会孩子怎么种菜，更有对美的欣赏与领悟，培养个人的兴趣和打坐专注的习惯，当然也要适时地让他们玩耍，放松一下情绪。如果能够这样，既可纾解孩子的压力，也能弥补现代教育的缺失，达到与学校分工合作的效果。

现代社会流行人本主义，提倡不要体罚孩子，在我看来，那是一个少见的理想境界，不太容易完全做到。孩子还小，过分的体罚当然不应该，但也因孩子还小，很多规矩你一说再说他还是不懂，需要用另外的方法点醒或阻止。我的朋友安妮脾气好又有爱心，有一次无奈地对我说："没办法！教孩子，好说歹说，时间耗尽，最后打一下就见效了。"我的孩子幼小时，遇到有些状况说也不听，可能妨碍他人或我的耐心快崩溃时，我也会用体罚的方式教育孩子。后来他们大一点时，我则是打他一下，也打我自己一下，让他明白我的心有多痛。有时在公共场合见到别人的孩子不停哭闹，根本不知那样会妨碍别人，他们的父母也无法控制场面，显然平时没教导孩子在外哭闹会干扰别人。遇到那种情况，我总是替那些父母着急与尴尬。更令人难过的是，有些父母觉得孩子小，不懂事没关系，那种心态更是让人扼腕。《三字经》云："养不教，父之过；教不严，师之惰。"教导孩子，确实需要软硬兼施，随时看状况调整。既是你的孩子，你就得负起教导的责任。

最近几年，新闻报道常有家长因为子女在学校受到体罚，拿着"人本"的白布条去向学校抗告，甚至告到"立法委员"那里召开记者会，不但新闻记者大肆报道，学者专家也出来发表高见。有一次一个家长打电话邀我去"围堵"校长，硬要校长针对某位老师做出处罚的承诺。我总是很想劝告这类型家长：你可能不是在保护你的孩子，你也可能在做一个不良示范。一个学校有那么多学生，为什么只有你的孩子被体罚？是否要先检讨自己？即使现在学校换掉你不满意的老师，孩子以后可能还会遇到你所不满意的老师，若要常常依你的愿望换老师，你的孩子将来怎么去适应这个大千世界呢？

姚姚的成绩一直在中上程度，十一年级上学期有天下课后打电话给我，竟然哭了。她说，老师发考卷，她和班上很多人都得了零分！我问她怎么回事，她才解释说，前几天考试时，他们忘了老师曾经提醒的抄袭问题，在文章中引用了别人的一大段话，"老师认为那是抄袭，就给我们零分了！"

那次的考试，是申学中极为重要的一次，零分当然也让学生的学期总平均拉低分数，听说有些家长要去找那位老师理论。我与仁喜虽知道事态严重，但也只有尽力安慰姚姚，并且告诉她，我们是不会去跟老师理论的。由此也可见，不可抄袭的观念，是极需加强教育的，通过一次失血的学习经验，相信她一辈子都不会忘记的。至于那些去找老师理论的家长，当然也要不回什么分数，但却让那个涟漪激荡了好久，才让孩子与家长平静下来。

家长对孩子的教育当有"不要护短"的态度。有位家长在闲谈间说"我家志杰呀！什么都好，就是不爱做功课"，或者该礼貌地应对却没有表达时，父母就先说在前面："他就是害羞啦！"这种护短的做法，仔细分析的话，其实是做父母的在替自己解围，这样非但没有帮上孩子，还让孩子以为有个靠山，长期以来当然没有抵挡压力的能量。就因父母大多疼爱自己的孩子，中国古代教育有一种"易子而教"的方法，更能针对孩子的缺点予以纠正。可惜这种方法现在行不通了。

要让孩子接受生命中一定会有各类的崎岖与不公平，才能让他们学习、锻炼应对的本能。我家小元考最重要的SAT考试时，主考官的手表坏了，提前七分钟要全班交卷。我们对那关键的七分钟当然很惋惜，但也只能告诉小元：是你们的运气不好。想必他和同班同学也因此学到天下没有完全的"公平"之事。家长实在不必动不动要找老师理论或要别人来评公道。我母亲说过一句话："有些事情没有对与不对，就算听了觉得委屈，但儿子与媳妇吵架，就骂儿子；女儿与女婿吵架，就骂女儿就对了！"我觉得这个道理用在老师与学生之间也是一样的：老师说你的孩子不对，自己就要先检讨，绝不能护短，因为你护得了一时，护不了一世。孩子在一个多数人共处的体制与体系里成长与学习，让他们越小接受越多磨炼越好。尤其不要替孩子敲边鼓，以免养成他有后台撑腰的懦弱心态。

此外，在家庭教育里，我建议少让孩子看电视，因为电视的负面效果太大。最好是把看电视的时间省下来，换成安静看书的习惯。设法让家里有个不受外界干扰的空间，有纪律地持续培养孩子看书的习惯。孩子小的时候，从报纸或杂志上随手剪下来的讯息，都可以帮他们分类储存。也可以设计一个放吊夹的架子，任何生活上的讯息都分类丢进去，并在各层袋注明类别。家人之间聊天聊到什么议题，或是学校刚好教到，就可以取出来参考或讨论，无形中建立了一套知识脉络，让学科与生活联结，孩子也能活用他们所学。大人与小孩看的书不同，家长也可以花些心力分类摆放，孩子们才知道要到哪里找资料。持续的分门别类，是整理教具很有效的办法，我将分类的类别介绍于后。

最后我也整理了台湾与美国加州的小学一年级到高中三年级学科的课程内容，不由得对台湾的学生们更加同情：他们过的是早出晚归的生活，"家"只是一个洗澡、睡觉的地方罢了。我们的教育，怎么会走向这样的一条路？甚至有人拼命宣传"不要输在起跑点"。补习班的文宣则更夸张："保证一个暑假内一口气学完中学三年的英文！"——如果一口气都学完了，那在学校正式上课的三年要学什么呢？大多数被吓坏了的家长不会去深思这个问题，而是不假思索即让可怜的孩子加入一个战局，从小在紧张中应付考试和分数。

因此，我用了二十二页的巨大篇幅，详细列出教育当局要让学生们"出人头地"的课程内容。我认为，这十二年的基础教育，应该是在一个心平气和的环境中学习；应是点点滴滴地累积，而不是填鸭式填进去的。家长该怎样参与孩子们学习的过程？怎样协助他们？怎样自力救济？怎样保持理性与纪律，耐心陪着孩子走完基本教育之余，还能同时保有可贵的家庭教育？

希望这些课程内容的呈现与比较，有助于家长们把镜头拉远一点，从一个比较客观的角度，理性地分析与思考这个教育议题。

中文课程内容采用的资料为翰林出版事业公司、康轩文教事业公司、南一书局、远东图书公司、全华图书公司、龙腾文化事业公司、康熹文化事业公司、三民书局等出版的教科书，详细的年份，请看网站上的列表。此外还有www.edu.tw/eje/index.aspx与www.worldone.com.tw网站。

美国加州基础课程，则采用http://www.cde.ca.gov/ci/所刊载的部分资料。

随手资料整理分类：

中文：成语、中文部首、描红听写、文字的由来、书法。**逻辑**：Mind Puzzles。

情绪、**礼仪**、**生活起居**、**节庆**、**旅行**。**健康**：食品、健康安全、人体。**数学**、**货币**、**仪表板**、**度量衡**。**物质与能量**。**化学与实验**。**矿物**。**天气**。**收藏**、**邮票**。

海洋、**太空**、**Map of the sky**。**植物**。**动物**、**恐龙**、**会飞的动物**。**机械**、**汽车重机具**、**工具**。**交通**。**地理**。**汽车logo**、**世界娃娃**、**国旗**。**历史**、**欧洲文明**、**中国文明**、**世界文明**、**美国文明**。**电脑**。**音乐**。**美术**、**Pattern**、**绘画技巧**、**劳作**、**博物馆**。**体育**。**建筑**。**生态**。**神话**。**宗教**。**游戏**、**宾果**、**大富翁**、**乐高**、**棋类**。**海报收藏**。

基础教育对照

		美国加州基础教育
幼稚园	阅读	认识字母、文字、发音。有能力阅读简单的句子。
	阅读理解能力	从读、看、听当中,识别基本事实和想法。以知名人物、熟悉的主题、情节、环境所写成的故事,展现出倾听和回应的能力。
	写作	有能力写出清晰可读的文字和简短的句子。
	听和说	有能力倾听并能以清楚、连贯的句子做口头回应。有能力做简短的朗读背诵,能以口语描述自己所熟悉的经验或兴趣,展现出语言的组织能力和表达技巧。
	数学	了解日常环境中所用的数字、数量、简单的图形。有能力计算、描述、分类物体,对物体的特性和样式发展出感觉。简单的加减和估算,牵涉个位数和十位数数字问题之解决,了解评量此类问题应使用什么样的时间和单位。知道如何设立问题,以合理的方法解决问题并为自己的推理做辩护。
	科学	了解自然科学、生命科学、地球科学的基本观念。
	社会科学历史	知道当个好国民行为举止必须符合某些规矩。认识一些国家和州的标志和象征,譬如国旗和州旗、秃鹰、自由女神像。能将学校工作、社区工作、历史记载的工作之名称和其简单的描述连线配合起来。能比较和对比人们所处的地点、地方、环境,并描述它们的特征。将事件发生的顺序按时间先后排列。知道历史所描述的过去的人、事、地。
一年级	阅读	了解阅读的基本特征。可流利地朗读和默读。
	阅读理解能力	有能力阅读和了解适合本年级的教材。有能力阅读文学作品并做出回应,包括主题、情节、布景、人物特征之区分。
	写作	能沿着某一中心思想,写出清楚且连贯的句子和段落,包括考虑到听众的立场和自己的写作目的。了解写作程序的各阶段(写作前构思、打草稿、修订、编辑)。能描述和解说自己所熟悉的物体、事件、经验。
	听和说	能分辨语意并以口语回应。有能力做简短的朗读背诵。能以环绕特定主题论点的方式,口头报告自己所熟悉的经验或兴趣,而且思想连贯一致。
	数学	了解数值系统里的个位数和十位数之观念,并能使用之。能轻易地加减一些小数目。能以简单的单位来评量物体,并能找出物体在空间里的位置。能描述资料,分析和解决简单问题。了解并能使用100以内的数字。能使用加、减来解决问题。在计算数值时和在解决涉及个位数、十位数、百位数问题时,会使用"估计"技巧。能以简单的分类图表来组织、描绘、比较资料。能分类物体,能以数字、外形、体积、节奏律动、颜色来设计和描述物体所呈现的样式。能决定如何设立问题,以推理方式来解决问题,能注意到某一问题和另一问题之间的关系。
	科学	了解物质的特性、动植物和天气的基本理论。以问问题和进行调查的方式来做实验。学生会以图画、数字或书面报告等方式来记录资料和自己的观察,而且会将观察结果记录在长条图上。
	社会科学历史	描述国民的权利和责任。能比较和对比出地方和人们所处的绝对和相对位置,能描述地方的自然特征或人文特征。认识也了解代表美国并延续社区感觉的那些跨时空的标志、象征、雕像和传统。比较和对比出世界各地不同时区的日常生活情形,知道某些人、事、地会随着时间改变,而其他保持不变。能描述自己所熟悉的地方之人文特征和这些地方美国国民和居民之多样化的背景。认识一些基本的经济学观念,知道在自由市场经济下,个人选择所扮演的角色。

中国台湾基础教育		
幼稚园	阅读	认识注音符号、简单汉字。
	阅读理解能力	能阅读彩绘本，藉由图画书了解简单文字及故事含义。
	写作	可以写自己名字。
	听和说	可以倾听故事，可以用简单句子回答问题。
	数学	认识0-9数字，可以数数，了解生活中简单的图形。
	科学	多元化的教学及操作、观察、实验的机会，培养幼儿基本能力与思考创造力的发展。激发幼儿主动探究和实验的精神及解决问题的能力。
	历史社会科学	养成幼儿良好习惯、充实幼儿生活经验、增进幼儿伦理观念、培养幼儿合群习性。
一年级	语文 阅读	能熟悉常用生字语词的形音义。能分辨基本的文体。课文：大树、鸽子、松鼠、乘凉、花园里、小河边、山坡上、过生日、送礼物、庆生会、课程架构图、木头人、云和花、大风吹、折纸、回家、我的家、分水果、我爱爸爸妈妈、春雨、找春天、小草、小山羊、两个名字、过桥、大树喜欢交朋友、家、爷爷的摇椅、母亲节、谁的本领大、小猴子种树、小松树和大松树、怎么一回事。
	语文 阅读理解能力	能欣赏并朗读标注注音的优美文学作品。
	语文 写作	能学习观察简单的图画和事物，并练习写成一段文字。
	语文 听和说	能熟习并认念注音符号。能笔顺正确地书写注音符号。能熟习拼音的方法。能注意听。能清楚明白地口述一件事情。能自然安静地聆听。能正确地使用标准"国语"说话。
	数学	10以内的数、在哪里、数的顺序和大小、分与合、物件的长短、10以内的加法、认识形状、10以内的减法、20以内的数和加法、几点和几点半、100以内的数、钱币、20以内的加减、时间和日期、二位数的加法、长度、认识立体形体、二位数的减法、加减应用。
	生活	我和新朋友、我们的教室、我们的学校、一起去上学、上课和下课、放学了、亲近植物、我的树朋友、校园里的小动物、泥土的秘密、奇妙的泥土、聆听声音、声音的模仿和表演、好听的节奏、我的宝贝、玩偶说故事、好玩的童玩、生活的礼仪、交通的礼仪、礼仪小天使、春天来了、彩绘春天、舞动春天、我的家、亲爱的家人、母亲节、方便好用的电话、传声游戏、电话的声音、太阳出来了、美丽的夜晚、我的图画小书、水和冰、水的游戏、爱惜水资源。

美国加州基础教育

二年级	阅读	了解阅读的基本特性。能流利地朗读和默读。
	阅读理解能力	能阅读和了解适合本年级的教材。能混合应用各种理解技巧。能区别主题、情节、布景、人物之间的差异。
	写作	能沿着某一中心思想的发展,写出清楚而且连贯的句子和段落,并且会考虑读者的需要和自己的写作目的。在写作程序的各阶段(写作前构思、打草稿、修订、编辑)持续练习而且产生进步。能作文描述和解释熟悉的物体、事件和经验。能写出标准信函(有日期、问候语、本文、结尾词和签名)。
	听和说	能分辨语意并以口语回应。有能力做简短的朗读背诵。能以环绕特定主题论点的方式,口头报告自己所熟悉的经验或兴趣,而且思想连贯一致。
	数学	了解数字所处位置和数目大小的关系。会使用乘法观念。会使用合适单位来评估数量。会以几何属性来分类图形并看出其中的关系。会使用也了解1000以下的数字。会两位数和三位数计算题的加减。在有范例可循的情况下,能解决简单的乘法和除法问题。在有范例可循的情况下,能描述和加减金额。了解处于平面和处于空间的物体。能下决定应如何解决问题并为自己的解决方法做辩护,能注意到问题与问题之间的关系。
	科学	学生观察到物体的运动和运动的原因,了解动植物的生命周期,学习到自然界不同元素的物理特性。使用适当的评量方法来进行实验,进而了解长度、重量、温度和液体容量等观念。学生以文字或图画来描绘所观察事物发生的步骤,画出长条图或表格来记录资料,使用放大镜或显微镜来观察小物体。
	社会科学历史	能区分很久以前发生的事情和昨天刚发生的事情之间的差别。展现出使用地图的技能,能描述人、地和环境所处的绝对位置和相对位置。能解说出美国和其他国家之政府机构和其功能。了解基本的经济学观念和这些观念在经济学里的角色,并且展现出基本的经济学推理技能。了解个人行为和品德的重要性,能解释英雄(历史久远的和最近冒出头的)如何影响其他人的生命【譬如亚伯拉罕·林肯(Abraham Lincoln)、路易斯·巴斯德(Louis Pasteur)、西廷·比尔(Sitting Bull)、乔治·华盛顿(George Washington)、居里夫人(Marie Curie)、爱因斯坦(Albert Einstein)、梅尔夫人(Golda Meir)、杰基·罗宾逊(Jackie Robinson)、萨莉·赖德(Sally Ride)等人的传记】。
三年级	阅读	能流利地朗读和默读。发展出字汇底子。
	阅读理解能力	能阅读和了解适合本年级水准的教材。能运用多项理解技巧。能使用标题、内容目录、章节标题、词汇表和索引来找到资讯。
	写作	能沿着中心思想的发展来写作,并能同时考虑读者的立场和自己的写作目的。能写出叙述文,描述情节的发展和具体的感觉,能写出人、事、地或经验等的印象和其支持证据。能写出私人信函和正式信函。
	数学	能做整数之加、减、乘、除。能估算、评量、描述空间中的物体。使用形态样式来帮助自己解决问题。可运用10000以内的数字。了解整数、简单的分数和小数之间的关系。进行简单的几率实验,判断结果可能出现的次数并能做简单的预测。能进行问题之设定、解决(使用一些寻找解答的策略、技能和观念)、辩护、归纳。
	科学	了解阳光光能源和其他形式的能源。了解物质的三种形式:固体、液体、气体。对周期表里的原子和不同元素有基本的了解。对光的特性有基本的了解。了解动植物之成长、生存、繁殖之间的不同;了解不同环境里有许多不同的生命形式;了解生物所处的环境有一些不利改变的因素。对外太空有基本的观念。学生透过重复实验和观察来提高理解的精确度,能区分证据与意见,能使用数据资料来描述和比较物体、事件和其评量值;能预测简单调查的可能结果,并比较预测值与真实结果之间的差异。会收集和分析资料,并做出合乎逻辑的结论。
	社会科学历史	能了解地理学所描述的自然景观和人文景观,并能使用地图、表格、曲线图、图片、图表等,来组织处于同一空间范围内的人、地和环境等资讯。能描述美国印第安民族居住地区的历史演变情形。能运用历史资料和社区资源来组织本地历史事件发生的顺序,并能描述各个时期的历史如何在土地上留下其痕迹。了解法律规章在日常生活中和在美国政府的基本结构中所扮演的角色。展现对本地区的经济有一些了解也有一些基本的经济推理技能。

中国台湾基础教育

二年级	语文	阅读	能读懂课文内容，了解文章的大意。课文：种子找新家、小青蛙、我长大了、小星星、一阵秋风、动物过冬、大自然的语言、小老鼠救狮子、谁是勇士、知了学飞、猎人和枪、走走听听、快乐的圣诞节、猜谜语、如果可以、清清的河水、喜欢小动物的达尔文、大地是万物的家、爬山、我会画风了、看油桐花、谁说的话对、熊妈妈的菜园、小壁虎借尾巴、看不懂的字、锯子的发明、给李奶奶的信、谢谢老师。
		阅读理解能力	能和别人分享阅读的心得。
		写作	能运用学过的字词，造出通顺的句子。能仿写简单句型。
		听和说	能利用注音符号，提升说话及阅读能力。能听得正确。能简单介绍自己。喜欢聆听别人发表。能用完整的语句回答问题。
	数学		200以内的数、二位数的直式加法、二位数的直式减法、量量看、时间和日期、平面、直线和角、两步骤的问题、乘法、1000以内的数、用钱、1000以内的加减、公尺和公分、认识立体形体、容量与重量、两步骤问题、认识分数。
	生活		阳光与影子、影子的形状、影子戏表演、泡泡真好玩、美丽的泡泡、镜子真好玩、美丽的国旗、色彩变变变、面具嘉年华、我家在哪里、社区环境、爱护我们的社区、我长大了、喜欢自己、感谢帮助我的人、拜访冬天、冬天的保暖、迎春送冬、整理教室环境、布置教室、选出为班上服务的人、美丽的花、发芽了、植物的妙用、常见的民俗活动、热闹的庆典、祈福活动真精彩、多变的云、下雨了、雨后的景象、风来了、风的游戏、风对生活的影响、过端午、凉快的方法、暑假计划。
三年级	语文	阅读	能培养阅读的兴趣，并培养良好的阅读习惯及态度。课文：如果我当了爸爸、给你一个惊喜、两只手套、动手做做看、小小发明真方便、曹冲称大象、鸭田稻、树林里、赏鸟去、小露珠、年兽来了、三张贺年卡、快乐过新年、华人贺春节、桃花开了、公园里的对话、大自然的雕刻家、鹿港风光、小宝宝的胆石、清明扫墓、有趣的谜语、给小主人的信、小强减重记、爸爸戒烟了、竹头木屑、勇敢的肯尼、老榕树、笨鹅阿皮。
		阅读理解能力	能喜爱阅读课外（注音）读物，进而主动扩展阅读视野。能了解图书室的设施、使用途径和功能，并能充分利用，以激发阅读兴趣。能流畅地朗读出文章表达的情感。
		写作	能指出作品中有明显错误的句子。能认识并练习使用标点符号。能应用注音符号，辅助表达自己的经验和想法（如：写日记、便条等）。
		听和说	能发音正确，口齿清晰。能概略听出朗读时优美的节奏。能用自然的态度说话。能依照文意，概略读出声音的节奏。
	英文		能听、说二十六个字母、书写印刷体大小写字母。听辨、念出英语的语音。听辨、说出、临摹抄写课堂中所习得的词汇。书写自己的姓名。
	数学		数线、10000以内的数、角和圆、10000以内的加减、毫米、乘法的直式计算、公升和毫升、除法、周长与面积、重量、分数、时间、小数、乘法、数的运算、统计图表。
	自然		植物的根、茎和叶、植物的花、果实和种子、植物与生活、磁铁的秘密、磁铁的应用、好玩的磁铁、多变的空气、风来了、空气的游戏、种菜前的准备、开始种菜了、小园丁日记、水凝固了、水不见了、水的应用、动物的身体、动物的活动方式、观测天气、气象报告、天气对生活的影响。
	社会		家庭与我、家庭活动、我和我的同学、和乐相处、班级自治活动、我会开班会、学校自治活动、善用学习资源、我会利用时间、参与学习活动、进行户外学习、校园安全生活、我会保护自己、认识居住的地方、地方的公共资源、居住地方的特色、多元的生活方式、居民的互信与互助、解决地方的问题、商店与买卖、购物有学问、购物与环保、自治组织、参与自治活动、面对地方发展的问题、打造新家园。

美国加州基础教育

四年级	阅读	能流利地朗读和默读。
	阅读理解能力	能使用一些技能（例如，比较和对比、因果关系、按先后顺序或时间顺序、主题和支持意见）来辨识资讯内容的结构形态，并加强自己的理解能力。
	写作	通过写作过程的各阶段来提升写作能力。能够使用各种参考材料（譬如字典、辞典、卡片目录、百科全书、网路资讯）作为辅助写作的手段。展示基本的键盘输入技能和熟悉电脑术语。能写作描述和解释自己所熟悉的事物、事件和经验。
	听和说	能评价媒体的角色，譬如它在事件聚焦和对问题形成意见时的作用。
	数学	了解巨大数字，和整数的加、减、乘、除。能描述和比较简单的分数和小数。了解平面几何图形的性能和图形之间的彼此关系。能使用负数概念。简单的分数和小数之加、减。会分解小整数，求出其因子。会使用和解释变数、数学符号，并使用它们来写方程式，以简化自己的表达方式。知道如何操作方程式。认识周长和面积，会使用两维坐标图来表示图形的点、线和简单的数字。
	科学	理解并能使用电线、电池和灯泡来建立简单的电路串联和并联，理解基本的电力和磁力概念。了解生物体需要藉由能源和物质来存活和成长（如食物链、腐化分解菌）。了解岩石和矿物的性质，了解海浪、风、水、冰如何塑造和改变地球的外壳。进行实验、测量和估计物体的性能，根据因果关系来制定预测方程式和论证预测结果，进行多种试验来检验预测并得出结论，从测量结果来建构和解释各种图型。
	历史社会科学	展现对地理特征（自然形成和人文形成）的了解，能使用它们来定义加州的城镇和地区。能描述加州的历史演进，包括从哥伦布之前的社会型态到西班牙传教士和墨西哥牧场时期的社会、政治、文化、经济活动和人与人之间的互动关系。能解释加州从熊旗共和国到美墨战争、淘金热潮到成立州政府各时期的经济、社会、政治情况。能解释加州如何变成农业和工业强权（可追查一九八〇年代以来加州所经历的经济、政治、文化演进情形来说明）。理解美国宪法所规定的地方政府、州政府、联邦政府之结构、功能和权力。
五年级	阅读	能运用字源和文字关系的知识、历史、文学线索，来判断专业词汇的含义。了解同义词、反义词、同形词，能理解和解释形象文字和隐喻文词在上下文中的使用。
	阅读理解能力	朝八年级时能每年自行阅读一百万字的目标前进。透过文本的结构、组织、目的，能够了解文章所要陈述的基本观点和证据。能分析文章是以事件发生顺序或时间顺序来陈述。能从文章内容做出推论、结论、归纳，并以文章里的证据和自己拥有的知识来支持自己的立论。
	写作	能写出清晰、连贯、有重点的论文，其内容包含前言介绍、支持证据和结论。能以标准的美式英语写作至少五到七百字的叙事、说明、说服和描述性文章（每一类文体均应涉及），而且写作技能可达到研究、组织、起草策略等标准。
	听和说	能发表观念清楚、思想集中、内容连贯的报告，并且考虑到听众的背景和兴趣。能识别、分析、批判各项说服技术，能用它们来鉴识口头简报和媒体信息之逻辑谬误。能分析出媒体是重要消息来源，可提供资讯、娱乐、说服、事件解释和文化传播等功能。

中国台湾基础教育

四年级	语文	阅读	熟悉活用生字语词的形音义，并能分辨语体文及文言文中词语的差别。课文：瀑布、游福山植物园、阿里山上看日出、山和海的书信、发现微生物的人、读书报告——小恩的秘密花园、老榕树下读报纸、慰问卡、珍重再见、谁买了米勒的画、泰雅族的纹面文化、不可思议的金字塔、日本古川社区、岁末迎新话春联、黑面琵鹭之歌、勇敢的小巨人、永远的谭爸爸、谁的功劳最大、"旧爱变新欢"义卖活动、谈合作、一起做专题报告、风雨交加的夜晚、乌桕巷的故事、山中传奇——达娜伊谷、如何安排休闲活动、参观宜兰传统艺术中心、收藏秋天、踩着月光上山。
		阅读理解能力	能了解文章的主旨及取材结构。能利用不同的阅读策略，增进阅读能力。能讨论阅读的内容，分享阅读心得。
		写作	能养成观察周围事物，并写下重点的习惯。能流畅写出美观的基本笔画。能理解简单的修辞技巧，并练习应用在实际写作。能收集自己喜好的作品，并加以分类。能掌握记叙文、说明文和议论文的特性，练习写作。能写作慰问书信、简单的道歉启事，表达对他人的关怀和诚意。
		听和说	讨论问题或交换意见时，能清楚说出自己的意思。能养成喜欢聆听不同媒材的习惯。能运用合适的语言，与人理性沟通。
	英文		能听辨问句和直述句的语调、听辨基本的单字、片语及句子的重音、听辨句子的节奏。能以正确的语调说出问句和直述句、能以正确的重音及适当的语调说出简单的句子。能使用简单的教室用语。能看懂简易的英文标示。能辨识故事、韵文、歌谣中的常用字词。能看懂简单的句子。能临摹抄写课堂中习得的句子。
	数学		单元：亿以内的数、公里、角度、整数四则运算、乘法、除法、分数、体积、小数、认识大数、面积、平面图形、时间、统计图表、未知数。
	自然		大家来赏月、月亮位置的移动、月形的变化、认识水域、水生植物的秘密、水生动物的奥妙、认识能源、运输工具、珍惜能源、让灯泡亮起来、会动的玩具、电池的妙用、力的作用、力的大小与方向、浮力、认识昆虫、昆虫的生活史、昆虫与环境、毛细现象、连通管、虹吸现象、黑暗中怎样才能看到物体、光的行进方向、光的美丽世界。
	社会		家乡的名字、地图上的家乡、地形与生活、气候与生活、水资源与生活、家乡开发的故事、居民生活的转变、传统节庆、民俗活动、名胜古迹、家乡特产、家乡的交通、家乡一日游、家乡人口分布、家乡人口组成、家乡人口变化、行业与生活、行行出状元、生活大不同、外来文化与生活、为民服务的机构、善用家乡的机构、家乡新建设、家乡建设与问题、乡民的觉醒、家乡的永续发展。
五年级	语文	阅读	养成主动阅读课外读物的习惯。课文：上湖边散步、带箭的花鬼、放生的故事、迈向低碳生活、阿嬷与歌仔戏、中国结、请到我的家乡来——丹麦、日本、读书报告——伊索寓言、黑白间的光彩、诗两首、聆听天籁、创世基金会访问记、爱心伞、爱的分享、玉山之美、台湾地名寻根、爸爸的宝贝、台湾的骄傲——台北101大楼、新西兰的毛利文化、与樱花有约、美丽的温哥华、给女儿的一封信（刘墉）、我们可以说得更好、良言一句三冬暖、听！流星的故事（刘丁财）、诗人的心情（李白、赵师秀）、走过了就知道（魏金财）、生活处处美。
		阅读理解能力	能概略理解文法及修辞的技巧。认识基本文体的特色。能利用图书馆检索资料，增进自学的能力。能理解作品中对周遭人、事、物的尊重关怀。
		写作	能掌握词语的相关知识，写出语意完整的句子。能应用各种句型，安排段落、组织成篇。能应用笔画、偏旁变化和间架结构原理写字。能在写作中，发挥丰富的想象力。能应用改写、续写、扩写、缩写等方式写作。能配合学校活动，练习写作应用文（如通知、公告、读书心得、参观报告、会议记录、生活公约、短篇演讲稿等）。
		听和说	能和他人交换意见，口述见闻，或当众做简要演说。能针对问题，提出自己的意见或看法。说话时能保持适当的速度与音量。能说出一段话或一篇短文的要点。

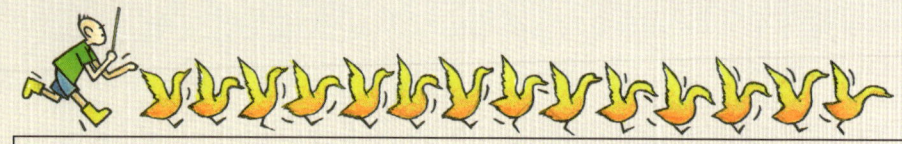

美国加州基础教育

五年级	数 学	提升数学能力到可以使用基本的算术运算四则于分数、小数、正数和负数。了解并能使用共同的计量单位来测量长度和面积，也了解并能使用公式来判定简单几何图形的数量值。知道角度测量的概念，能使用量角器和指南针来解决问题。使用网格、表格、曲线图、图表，来记录和分析数据。
	科 学	了解元素的基本概念和元素之组合可形成多种类别的物质。了解植物和动物如何呼吸、消化、处理废物和运送矿物的基本结构。了解水如何透过蒸发和冷凝过程在海洋和陆地之间移动。了解太阳能如何使地球加温、造成空气运动、导致不同的天气形态之出现。了解太阳系的基本观念。能分类物体，能建立可供测试的问题，能计划和进行简单的调查，能使用适当的工具来进行定量观测，能使用适当的图形来记录数据，并根据数据作出推论，从科学证据中得出结论。
	社会科学 历史	能描述哥伦布之前人类的主要定居点，包括悬崖居民和西南沙漠区的普韦布洛人、太平洋西北区的美国印第安人、大平原区的游牧国家、密西西比河东岸的森林地居民。跟踪早期探险家的路线，描述早期的美洲探索经过。描述美洲印第安人、印第安国家之间和新移民之间的合作与冲突。了解殖民地时代之政治、宗教、社会、经济发展历程。解释美国革命的原因。认识美国革命的过程和后果。能描述与美国宪法之发展有关的人物与事件，并能分析宪法作为美国立国基础的意义。能跟踪美国人从1789年到十九世纪中叶的殖民、移民、垦殖定居之形态，尤其侧重于经济诱因、自然地理和政治地理学的作用和对运输系统的影响。了解目前五十州的位置和其首府的名称。
六年级	阅 读	能透过字源、字词的关系、历史和文学的线索，来判断专业词汇的含义。理解和解释相似词汇（如"轻轻地"和"安静地"）之间所呈现的"细微意义差异"。
	阅读理解能力	能使用文体结构、组织、目的等知识来描述和连接文章内容所要呈现的基本思想、论证和观点。努力朝八年级时能每年自行阅读一百万字的目标迈进。能鉴定识别大众媒体的结构特征，并利用它们来获取资讯。能透过准确引述文章内的支持论点来合理证明自己对该文章的理解。能注意文章内容是否有不支持推理、推理谬误、说服和宣传的实例。
	写 作	能写出清楚、连贯、抓住重点的文章，也注意到读者的存在和自己的写作目的。文章内容包含前言介绍、支持证据和结论。学生沿着写作过程必要的各阶段在进步中。能选择最符合预期目的之写作形式（信函、评论、诗歌、报告、叙述）。能写出多段落的解说文章。使用各种有效的和协调一致的组织形式。使用电子文本的组织功能来找出资讯以供研究。运用文字处理能力和设计原则，使撰写的文件具适当的格式。修改写作内容，来提高各段落间的组织力和想法的一致性。能写至少五百到七百字的叙述、说明、描述、说服等文体，每一种文体均要练习。
	听和说	能在注意到听众背景和兴趣的情况下，发表抓住重点、思想连贯的简报，选择的内容重点、组织结构和角度要能配合目的、信息、场合，并能调整语调，适合听众聆听。分析修辞的使用，使配合目的和效果。识别电视所使用的说服和宣传技术，鉴别其中虚假的信息和会产生误导的资讯。
	数 学	精通整数、正分数、正小数、正整数、负整数的四则运算。能准确地计算和解决问题。能应用统计学和概率知识。理解平均数、中位数、数据集模式等概念，并知道如何计算全距。分析数据和抽样过程，以发现可能的偏差和可能产生误导的结论。使用分数之加法和乘法，来计算复合事件的机率。从概念上理解和使用比率与比例，计算百分比，知道圆周率以及圆周和圆面积的计算公式。使用英文字母植入公式中，代表几何图形和比例中的未知数。能解决一次元线性方程式。

中国台湾基础教育

年级	科目	内容
五年级	英文	能听懂常用的教室用语及日常生活用语、听懂简单的句子、听懂简易的日常生活对话。能以简易英语介绍自己。以简易英语介绍家人和朋友。能使用基本的社交礼仪用语。能做简单的提问、回答和叙述。能了解英文书写格式，如字间空格、句首大写、由左到右、上而下及句尾适当标点符号。能跟着老师或录音带正确地朗读课本中的对话和故事。能拼写一些基本常用字词（至少一百八十个）。
五年级	数学	整数与计算规则、简记式、倍数与因数、立体形体、体积、容积与容量、多步骤问题、线对称图形、三角形、时间、分数、面积、小数、未知数、单位换算、比率与百分率、统计图表。
五年级	自然	太阳的光和热、太阳在天空中的位置、太阳与生活的关系、植物的构造和功能、植物的繁殖、植物的特征和分类、热对物质的影响、热的传播、物质的溶解性、水溶液的酸碱性、水溶液的导电性、看星星、观测星星、寻找北极星、氧和二氧化碳、燃烧与灭火、防锈、食品保存、多变的地貌、岩石、土壤与矿物、地震与防灾。
五年级	社会	台湾在这里，台湾岛的形成，山海之歌，气候变奏曲，生活的泉源，土地开发与生态保育，丰富的物产，人口知多少，聚落类型与生活差异，区域的形成，北中南东看台湾，宝岛行透透，台湾的环境灾害，行动爱台湾，认识台湾的过去，台湾的史前文化，丰富多元的原住民文化，荷西时期的统治，郑氏时期的开发，唐山过台湾，移民的社会，大船入港，清末的建设，英勇的抗日事迹、日本的殖民统治、经济、社会与文化发展，光复后的政治发展，我们的"政府"与人民。
六年级	语文 阅读	能调整读书方法，提升阅读的速度和效能。课文：台湾的孩子、戏剧之王——莎士比亚、"纳米"的世界、父亲的脚步声、开公车玩台北——公车司机采访记、大爱精神不死、守望相助、古诗文选读、草船借箭、棉花上的沉睡者、书信、幸福的味道、用心生活、雨，落在高雄的港上（余光中）、最后一片叶子（欧·亨利）、狐假虎威（战国策）、读书报告——爱的教育、三峡祖师庙（徐世丰）、文学与生活——从唐诗谈起、与压花邂逅、水牛群像（陈长华）、我的少年礼、礼物、许愿瓶、毕业生致答词（林良）。
六年级	语文 阅读理解能力	能掌握不同文体阅读的方法。能读出文章的抑扬顿挫与文章中感情。能熟练利用工具书，养成自我解决问题的能力。学习资料的剪辑、摘要和整理的能力。能在阅读过程中，培养参与团体的精神，增进人际互动。
六年级	语文 写作	能从内容、词句、标点等方面，修改自己的作品。能了解标点符号的功能，并能恰当地使用。能用正确、美观的硬笔字写各科作业。能尝试创作（如童诗、童话等），并欣赏自己的作品。能配合阅读教学，练习撰写摘要、札记及读书卡片等。能写作游记，记录旅游的所见所闻，增进认识各地风土民情的情趣。
六年级	语文 听和说	能在聆听过程中，系统归纳他人发表之内容，在看图或观察事物后，能以完整语句简要说明其内容。能转述问题的内容，并对不理解的问题提出询问。他人与自己意见不同时，仍乐意与之沟通。
六年级	英文	听懂简易歌谣和韵文的主要内容，藉图画、布偶及肢体动作等视觉辅助，听懂简易儿童故事及儿童短剧的大致内容。能藉图画、图示等视觉辅助，阅读并了解简易故事及儿童短剧中的大致内容。能藉图画、书名或上下文做简易的预测或推论。能吟唱和朗读歌谣韵文。能以简易英语看图说话。能根据图片或提示以角色扮演作简单的对话。能参与简易的儿童短剧表演。能依图示填写重要字词。能掌握英文书写格式写出简单的句子。
六年级	数学	一亿以上的数、平面图形的性质、最大公因数与最小公倍数、图形的面积公式、分数的乘法、小数的乘法、分数的除法、小数的除法、列式与解题、比、比值与正比例、圆周率与圆周长、百分率、统计量与圆形百分图、圆面积、立体图形、速率、比例尺、平面坐标、几何公式与代数律。

美国加州基础教育

六年级	科学	聚焦于板块构造和地球结构。了解岩石和土壤的风化和沉积泥沙之运输如何塑造地球的地形。了解热和热能。理解生物体如何在生态系统中彼此交换能量及营养素以及如何与环境互动。问有意义的问题，并进行后续调查。
	社会科学历史	能描述早期人类的物质和文化发展（已得到考古研究证明确实存在于旧石器时代到农业革命之间的古文明）。分析美索不达米亚、埃及、库什等早期文明的地理、政治、经济、宗教、社会结构。分析古代希伯来人的地理、政治、经济、宗教、社会结构。分析古希腊早期文明的地理、政治、经济、宗教、社会结构。分析印度早期文明的地理、政治、经济、宗教、社会结构。分析中国早期文明的地理、政治、经济、宗教和社会结构。分析罗马在早期发展过程中的地理、政治、经济、宗教和社会结构。
七年级	阅读	能鉴定成语、类比、散文和诗歌中的隐喻和明喻。透过定义、范例、重述或对比等之使用，来澄清文词的含义。
	阅读理解能力	聚焦于资讯材料。了解和分析不同写作体裁所使用的不同结构和用途。
	写作	能写出清楚、连贯、有重点的文章，并且注意到读者的需要和自己的写作目的。文章内容包含前言介绍、支持证据和结论。学生随着需要在写作过程的各阶段磨炼强化自己的作文功力。能创建一种文章结构，让句子做有效的移转过渡，并统合重要的思想。提出有关的故事、描述、事实、统计数据和实例来支持自己的报告和主张。能使用笔记、概述、总结等策略打草稿。
	听和说	做简报和提问题来征求资讯，判断说话人对某一主题的态度，以问题、挑战或肯定来回复有说服力的资讯。使用传统的修辞策略来做简报。进行叙事性简报、做文章和书籍的口头总结、做研究报告和进行有说服力的简报。
	数学	操作数字和公式，了解正在运用中的一般数学原则。能理解和使用分子和分母的分解和指数的特性。知道勾股定理，用它来解决问题和计算未知边的长度。知道如何计算基本的立体形之面积和体积，了解比例改变如何影响面积和体积的变化。能进行不同测量单位之间的换算，了解并能使用分数的不同表达方式，而且精通如何从一种方式改变到另一种方式。对比率和比例有更多认识，能计算百分比的增加和减少，能计算单利和复利。了解图形的线性函数，了解斜坡的观念和它与比例的关系。
	科学	关注生命科学、细胞生物学和遗传学的基本概念。了解演化、地球和生命历史。对生物系统的结构和功能有一般概念，包括植物和动物的解剖学和生理学。了解光和波长的物理原理。利用适当的技术来进行测试、收集数据、显示数据。使用平面媒体和网络资源来搜集研究项目的资料和证据。建构比例模型、地图和图表来传达科学知识。

中国台湾基础教育

六年级	自然	大气中的水、认识天气图、认识台风、植物的繁殖、动物的繁殖和行为、代代相传、指北针与地磁、电磁铁、电磁铁的应用、声音的产生与传播、制作简易乐器、乐音与噪音、力对物体的作用、力的测量、摩擦力、认识杠杆、轮轴的应用、滑轮的应用、简单机械的组合、生物与栖息环境、环境改变与生物生活、自然资源。
	社会	消费与生活、产业的分工合作、投资与理财、经济活动面面观、人口问题面面观、家庭两性新关系、舞出城乡新活力、从道德到法律、只要我喜欢、法律就在你身边、多元的文化、互动与调适、台湾的传统文化、承先启后的年代、宗教与人类生活、穿越时空看文化、今日世界文化面面观、文化交流看世界、国际社会变化多、漫游国际组织、世界e起来、永续节能"绿建筑"、科技危机与立法、世界地球村、全球问题大追击、让地球生生不息。
初一	语文 阅读	能了解并诠释作者所欲传达的讯息,进行对话。能活用不同阅读策略,提升学习效果。课文:律诗选——过故人庄(孟浩然)、律诗选——闻官军收河南河北(杜甫)、小说选——眉(商禽)、小说选——风筝(百灵)、卖油翁(欧阳修)、借口(亮轩)、背影(朱自清)、谢天(陈之藩)、爱莲说(周敦颐)、蚂蚁雄兵(曾志朗)、五柳先生传(陶渊明)、王冕的少年时代 (吴敬梓)、假如给我三天光明(海伦·凯勒)、心囚(杏林子)、雅量(宋晶宜)、做砚与做人(刘墉)、夏夜(杨唤)、绝句选——登鹳雀楼(王之涣)、绝句选——黄鹤楼送孟浩然之广陵(李白)、绝句选——枫桥夜泊(张继)、目前的教诲(胡适)、憨孙吔,好去困(眠)啊!(萧萧)、论语选(论语)、音乐家与职业巨星(王溢嘉)、儿时记趣(沈复)、纸船印象(洪醒夫)、地瓜的联想(蔡昭明)、扑满人生(艾雯)。
	语文常识	工具书使用与资料检索、标点符号使用法、汉字的结构、汉字形体的演变。
	写作	能应用观察的方法,并精确表达自己的见闻。能配合各项学习活动,撰写演说稿、辩论稿或剧本。能培养写日记的习惯。从生活中取材,夹叙夹议,借事例以说理、先叙事后议论、以拟人手法抒写夏夜的富丽、以绝句形式写景抒情、借由生活琐事刻画母爱、以映衬法抒写童年时祖母伴读的温馨、以追忆方式叙写童年趣事、以抒情的笔调叙写童年往事、以映衬法写出两极化的联想、以生活中的事物及引用名言来说理。
	听和说	能听出不同语气所表达的意思。能口齿清楚,声音响亮,当众发表意见,并注语言礼貌。能将所听到的内容,用完整而优美的语言说出来。能主动聆听各项发表活动。能依理解的内容,选择不同的沟通方式,适当地表达。
	英文	能辨识简易诗歌的节奏与音韵、辨识不同句子语调所表达的情绪和态度。能使用主要的教室用语。以简易英语参与课堂上老师引导的讨论。以简易的英语表达个人的需求、意愿和感受。能辨识英文字母的连续书写体(cursive writing)。能用字典查阅字词的读音及意义。能看懂常用的英文标示和图表。能填写简单的表格及资料等。打招呼、介绍自己和他人姓名、be动词Yes/No问句与答句、here...form?问句与答句、a、an、this、that、these、those、形容词、祈使句、现在进行式、Where is/are...?场所介系词、There is/are...的问句与答句、助动词can的直述句与疑问句、连接词but、第一、第二人称现在式之直述句与疑问句、第三人称现在式之直述句与疑问句、不可数名词、用how much询问价钱、cost的用法、用how much询问不可数名词的数量、用how many搭配单位量词询问可数名词的数量、频率副词、how often...的问句与表示次数的副词片语、序数;日期、不定词当受词的用法、代名词受格、动名词当受词的用法、like/love/hate的受词形式、be动词过去式的直述句与疑问句。
	数学	因数和倍数——以符号代表数、因数、倍数与质数、公因数与公倍数、分数、负数——认识负数、加法和减法、乘法和除法、数线、科学记号、一元一次方程式——以符号列式、一次式的运算、一元一次方程式的解法、一元一次方程式的应用、二元一次联立方程式——二元一次方程式的列式、代入消去法、加减消去法、二元一次联立方程式的应用、比——比与比值、比例式与连比、正比与反比、函数与直角坐标——函数、直角坐标、函数与图形、二元一次方程式的图形、不等式——认识不等式、不等式的性质、不等式和数线、一元一次不等式。
	生活与自然与科技	形形色色的生物:生物的分类、原核、原生生物及菌物界、植物界、动物界、生殖:有性生殖、无性生殖、细胞分裂、遗传:遗传与基因、人类的遗传、突变与遗传咨询、生物技术、演化:化石、演化的学说、生物的演化、生物与环境:生物与环境的关系、能量流动与物质循环、族群与群集、生态系;环境保护与生态平衡:人类与环境、生物多样性、保育与生态平衡;传播科技概说:传播科技的定义与演进、传播科技的重要基础、传播科技相关的职业;传播科技的内涵:图文传播、电子视听传播、资讯传播与网际网络。

美国加州基础教育

年级	科目	内容
七年级	社会科学 历史	分析罗马帝国巨幅扩张和最终解体的原因和影响。分析中世纪时伊斯兰文明的地理、政治、经济、宗教和社会结构。分析中世纪时中国文明的地理、政治、经济、宗教和社会结构。分析中世纪非洲之撒哈拉以南的加纳和马里文明之地理、政治、经济、宗教和社会结构。分析中世纪日本文明的地理、政治、经济、宗教和社会结构。分析中世纪欧洲文明的地理、政治、经济、宗教和社会结构。比较和对比中美洲和安第斯文明的地理、政治、经济、宗教和社会结构。分析文艺复兴的起源、成就和地理扩散。分析宗教改革的历史发展。分析科学革命的历史发展和它对宗教、政治、文化的持久影响。分析十六、十七、十八世纪的政治和经济变革【探索的时代（Age of Exploration）、启蒙运动（Enlightenment）、理性的时代（Age of Reason）】。
八年级	阅读	分析成语、模拟、隐喻、明喻，以推断片语的字面和形象意义。了解英语文发展史上的重要里程碑，使用共同的字源来判断历史对英文字词含义的影响。能根据上下文的意思，填用适当的字词。借由定义、重述、举例、比较或对比，展现验证语义的能力。
	阅读理解能力	比较和对比消费者材料之功能和组成元素，以明了文件的意义。能在处理文章所呈现的观念范围或组织时，找出文章内容的相似性和差异性。对一些能强化历史和社会科学研究、具有历史或文化意义的文学作品，不但能阅读之并能做出回应。对不同形式的诗文，能判断和阐释其写作宗旨和特点。分析文学作品，说明它如何反映出作者的传统、态度和信念，以及它如何影响后代子孙。
	写作	能写至少五百到七百字具有叙述力、说明力、说服力、描述力的短文，包括传记、短篇故事、叙述文、文献回应、研究报告、论说文、与职业发展相关的文稿（简单的商业信函、求职函）和技术文件。
	听和说	能以准确的语言、动作动词、感官细节、修饰语和生动的语调，发表有系统有组织的演讲。能使用传统的修辞策略于各类演讲中，包括叙述性简报、对文学作品的口头答复、论说简报、诗歌朗诵、部分演讲词或戏剧独白。口语和媒体沟通的分析。
	数学	达到代数I、几何学、代数II、概率学和统计学等标准。

中国台湾基础教育

初一	社会	地理：台湾的环境：地理位置与范围、地形、海岸与岛屿、天气与气候、水文、自然生态与环境保护、人口、第一级产业、第二、三级产业、聚落与交通、台湾的区域特色、台湾区域发展的差异。 历史：台湾的历史：史前台湾与台湾当地少数民族文化、国际竞争下的台湾、郑氏时期的经营、清领前期的政治与经济、清领前期的社会与文化、清领后期的积极建设、日据时期的殖民统治、日据时期经济与教育的推展、日据时期的社会变迁、战后台湾的政治变迁、战后台湾的"外交"与两岸关系、战后台湾的经济与社会。 公民：个人与社会生活：自我的成长、人际的互动、家庭生活、家庭协奏曲、学习新天地、社区发展、社会互动、社会中的团体、社会规范、社会中的文化、变迁中的社会、社会福利。
初二	语文	阅读：能广泛阅读课外读物及报刊，并养成比较阅读的习惯。以排比、摹写、回文及对偶修辞等方式，提升文学作品的鉴赏程度，加强文化素质的培养，以开阔学生的胸襟。课文：田园之秋选（陈冠学）、欣赏就是快乐（罗兰）、张释之执法（司马迁）、运动家的风度（罗家伦）、母难日（余光中）、古诗选——迢迢牵牛星（佚名）、古诗选——归园田居（陶渊明）、鸟（梁实秋）、蜜蜂的赞美（秦牧）、记承天寺夜游（苏轼）、大明湖（刘鹗）、世说新语选——钟家兄弟巧应答（刘义庆）、世说新语选——王蓝田食鸡子（刘义庆）、虎克——爱上跳蚤的男人（张文亮）、黔之驴（柳宗元）、青蛙（芥川龙之介）、陋室铭（刘禹锡）、走进春天的怀里（司马中原）、木兰诗（佚名）、新诗选——伞（蓉子）、新诗选——一棵开花的树（席慕蓉）、空城计（罗贯中）、生命中的碎珠（陈幸蕙）、为学一首示子侄（彭端淑）、幽梦影选（张潮）、声音钟（陈黎）、下雨天，真好（琦君）、春（朱自清）。
		语文常识：词类及句子语法、了解譬喻、转化、夸饰、感叹、设问、引用、借代、映衬、双关、类叠等修辞法的定义及功能，并加以活用。书信、便条及电子邮件之缮写方式。
		写作：精确的遣词用字，恰当的表情达意。能灵活应用各种句型，充分表达自己的见解。能养成反复推敲的习惯，使自己的作品更加完美，更具特色。能配合各学习领域，练习写作格式完整的读书报告。能通过电子网络，与他人分享写作的乐趣。以譬喻、摹写、类比方式描绘西北雨，以铭文形式抒发怀抱并自我诫勉，以夹叙夹议说明"乐享"的精神，以咏物说理的方式写出艺术家创作的艰辛、引用事例与名言以说理，以简洁的文字、整齐的句子，论述对读书的体悟，以对比、譬喻方式抒怀，以写景抒怀的方式表达随遇而安的心态。
		听和说：能针对他人之演说内容发表自己的意见。能将聆听所得充分应用。能明确表达意见，清楚表达情意。能明白说出一篇作品的优缺点。
	英文	能听懂日常生活对话和简易故事、辨识对话或讯息的主旨或目的。能以简单的英语描述日常生活中相关的人、事、物。依人、事、时、地、物作提问和回答。依情境及场合，适切地表达自我并与他人沟通。能用适切的语调、节奏朗读短文、故事等。能了解课文的主旨大意。能了解对话、短文、书信、故事及短剧等的重要内容与情节。能依提示合并、改写及造句。过去简单式（不规则动词）、肯定说法、过去简单式（规则动词）、助动词did的问句与答句、复习过去式；用连接词before、after、when比较事情发生的时间、过去进行式；用连接词when连接两件同时发生的动作或活动、以不定词当受词或主词；it当虚主词以代替不定词、动名词当受词或主词、频率副词、How often...的用法、未来式（will, be going to）、What's the weather like的用法；rain与snow当动词的用法、形容词比较级、不定代名词one/ones、形容词最高级、所有格代名词、情状副词、have to、连缀动词、连缀动词＋like、使役动词、可分的双字动词、数量代名词、must和should、感官动词、副词比较级、从属连接词：when、before、after、副词最高级、if子句、although的用法。
	数学	能理解二次方根的意义。求二次方根的近似值。二次方根最简式的意义，并做化简。二次方根的加、减、乘、除规则。在日常生活中，观察有次序的数列，并理解其规则性。观察出等差数列的规则性。利用首项、单元；乘法公式与多项式——乘法公式、多项式与其加减、多项式的乘除、勾股定理与平方根——勾股定理、平方根与近似值、根式的运算、勾股定理的应用，多项式的因式分解——乘法公式与提公因式法、十字交乘法、一元二次方程式——用因式分解法求解、配方法与公式解、一元二次方程式的应用，数列与级数——等差数列、等差级数，几何图形的角——三角形的角、多边形的内角与外角、平行与垂直，三角形的基本性质——全等的概念、SSS全等与尺规作图、三角形的边角关系，几何图形——平行四边形、线对称与几何图形、周长与面积、表面积与体积。

美国加州基础教育

年级	科目	内容
八年级	科　学	通过运动和力量的研究，了解基本物理学。通过原子结构和周期表里不同的元素，来了解物质结构。通过星星和银河系以及其演变的研究，来认识宇宙的结构和组成。通过原子重新排列成不同化合物的化学反应之学习，来了解各类反应。了解以生物学为基础的化学基本原则。研究周期表，了解金属、非金属和惰性气体的归类，每个元素之原子核里都有特定数量的质子，而每个同位素之原子核里则有不同但特定数量的中子。了解元素如何按其特性来分类。计划和进行科学调查，以测试一项假设，评估其数据的准确性和可重复性，区分测试里的变量和控制参数，建构图形；运用数学关系来解方程式（包括速度=距离/时间；密度=质量/体积；力=压力×领域，体积=面积×高），找出未知数的答案。在数据图上，区分线性和非线性关系。
八年级	社会科学历史	了解美国立国之前所发生的重大事件，和它们对美国走向民主宪政的意义。分析建构美国宪法基本政治原则，比较联邦政府拥有哪些明文列举和隐含在内的权力。理解美国政治制度的基础和公民参与政治的途径。分析刚立国时美国人民的愿望和理想。分析美国建国初期的外交政策。分析从1800年到十九世纪中叶，美国人民所经历的不同途径和他们所面临的挑战，将重点着眼于东北地区。分析从1800年到十九世纪中叶，美国南方人民所经历的不同途径和他们所面临的挑战。分析从1800年到十九世纪中叶，美国西部人民所经历的不同途径和他们所面临的挑战。分析早期人民如何持续努力于废除奴隶制度，以求实现《独立宣言》的理想。分析造成南北战争的原因、关键事件、复杂的后果。分析重建的性质和其持久的影响。分析美国为因应工业革命而引发的经济转型和社会政治条件的变化。
九年级	阅　读	应用字源知识来判断新字的含义，并能准确使用它们。阅读并理解适合本年级水平的教材，能分析文章的组织模式、论点和立场。学生朝"十二年级时，能每年自行研读两百万字"的目标前进，包括古典文学、现代文学、杂志、报纸和网上信息。阅读具有历史或文化意义的文学作品（回应和增强历史和社会科学研究之类的作品），并做出适当回应；对其中经常出现的文章模式和主题做深入分析。能使用复杂的文学技巧（例如埋下伏笔、形象化的文字、意象、寓意、象征）来分析文学作品。
九年级	写　作	能写连贯、突出重点的文章来表达明确的观点，并且论据严密合理，也顾及观众的立场和自己的写作目的。能使用清楚的研究问题和研究方法。能综合多种来源的信息，并从中鉴识信息的复杂性和矛盾处，并发现不同媒体采取不同的报道角度。能综合运用各种修辞策略，写出至少一千五百字的叙事、论述、说服、描述等文章（传记或自传/短篇小说、文学回应、说明文、分析文、研究报告、游说文、商业信函、技术文件）。
九年级	听和说	能灵巧地进行口语沟通；能发表有重点、思想连贯的报告来传达自己明确独特的观点和坚实的推理。针对特定观众和目的，使用"客制化"的手势、语调和词汇。能结合传统的修辞策略（叙述、论述、说服、说明）来发表正式而得体的即兴演讲。能做叙事性的简报、解说介绍，能运用适当的面试技巧，能口头答复文学、具说服力的论据和描述。
九年级	数　学	达到代数I、几何学、代数II，概率学和统计学的标准。

中国台湾基础教育

初二	自然与生活科技	实验与测量、长度、体积的测量、质量测量、密度与科学概念、水的性质与三态变化、水溶液、空气的成分与性质、氧气和二氧化碳、波的传播与性质、声音的形成、音量、音调与音色、回声、超声波及噪音、光的传播与性质、光的反射与面镜、光的折射、透镜的成像、冷热程度——温度、热是什么、物体受热后温度变化的难易、热量的传送、热对物质的影响、纯物质与混合物、元素与化合物、物质结构与原子、周期表与规律性、分子与化学式、制造科技的定义与发展、常用的材料、材料加工与工作安全、产品的设计、制作、行销。原子与化学反应：化学变化与质量守恒、原子量、分子量与摩尔、化学反应式、氧化与还原：元素的活性、氧化与还原、金属的提炼、电解质与酸碱盐：电解质与酸和碱、酸和碱的浓度、酸碱反应与盐类、反应的快慢与平衡：接触面积、浓度与反应速率的影响、温度与反应的快慢、催化剂、化学平衡，生活中的有机物：有机物与无机物、有机物的来源、常见的有机物：醇、酸、酯、聚合物、食物、衣料与清洁剂，力、压力与浮力：力与力的形式、力的测量与合成、摩擦力、压力：水压与大气压力、浮力，营建科技概论：营建科技的定义与发展、力与结构、建筑的构造、居家环境及设备：室内配置规划、维生系统与居家设备、永续与美化的居家环境。
	社会	地理：中国大地：疆域与区域划分、地形、气候与水文、人口分布与人口问题、产业与经济、资源问题与环境保育、南部地区、北部地区、西部地区，世界风情：世界概说、东北亚、东南亚和南亚。 历史：中国的历史：从史前到春秋战国、秦汉大一统帝国的建立、魏晋南北朝的分与合、胡汉融合的隋唐帝国、多民族并立的宋元时期、明清帝国的盛世、晚清的变局、清末的改革、清朝的覆亡、民初政局与社会变迁、国民政府的统治、中华人民共和国的建立与发展。 公民：现代国家与民主政治、中央政府、地方政府、政府的经济功能、政党与利益团体、选举与政治参与，法律与生活：法律的基本概念、人民的权利与义务、民法与生活、刑法与行政法规、权利救济、少年的法律常识。
初三	语文 / 阅读	能依不同的语言情境，把阅读获得的信息，转化为沟通分享的材料，正确地表情达意。能使用各类工具书，广泛地阅读各种书籍。课文：勤训（李文照）、习惯说（刘蓉）、山中避雨（丰子恺）、第一幅画（张晓风）、生于忧患死于安乐（孟子）、磨（黄永武）、四时读书乐（翁森）、与荒野相遇（凌拂）、词选——虞美人（李煜）、词选——南乡子（辛弃疾）、土（吴晟）、定伯卖鬼（曹丕）、压不扁的玫瑰（杨逵）、与宋元思书（吴均）、我所知道的康桥（徐志摩）、座右铭（崔瑗）、大鼠（蒲松龄）、元曲选——天净沙（马致远）、元曲选——沉醉东风（白朴）、麦当劳午餐时间（罗门）、邹忌讽齐王纳谏（战国策）、生活的艺术（夏丏尊）、青岛就在身边（陈火泉）。
	语文常识	传统书信用语、对联、题词、柬帖的意义、种类及作法。文评摘要与读后感的意义与做法。
	写作	能配合写作需要，恰当选用标点符号和标点方式，达到写作效果。能灵活地运用修辞技巧，让作品更加精致优美。能主动创作，并发表自己的作品。采取"正、反、合"的讲说方式，并大量应用排比句法、藉生活中的实例的说理、先举例后说理，列举典故，确立论典、举用典故事例，俗谚成语来加强文章论点，以质朴真挚的笔调描写农人耕耘的辛勤，与对土地的挚爱、采用顺叙手法，细腻地描摹康桥明媚的风光，以层递的方式抒怀，以层递的手法说明事理，达委婉劝谏的功效。
	听和说	能了解听的内容。能因应不同说话的目的与情境，适度表现自己。能用不同沟通方式，表达自己的意见。能选择良好的沟通方式，建立正面的人际关系。
	英文	能通过视觉上的辅助，听懂简易影片和短剧的大致内容。能参与简易的短剧表演。能以简单的英语介绍国内外风土民情。能辨识故事的要素，如背景、人物、事件和结局。能从上下文或图示，猜字意或推论文意。能阅读不同体裁、不同主题的简易文章。能了解并欣赏简易的诗歌及短剧。能写简单的贺卡、书信（含电子邮件）等。能依提示书写简短的段落。形容词比较级与最高级、感官动词与连缀动词、使役动词与受词后接不定词、不定词与动名词、被动语态、现在分词当形容词、过去分词当形容词、现在完成式、附加问句、介词片语something + adj.关系子句、附和句、it当虚主词以代替子句或不定词、间接引述句（依疑问词当主词、副词、受词而分）、whether/if所引导的间接引述句。
	数学	相似三角形：缩放、相似三角形、相似形的应用，圆：圆、圆与角、圆与多边形、数学证明，二次函数：二次函数与图形、配方法与抛物线，几率与统计：数据的统计与分析、资料的分布、几率，回顾与前瞻：数与量、代数、几何。

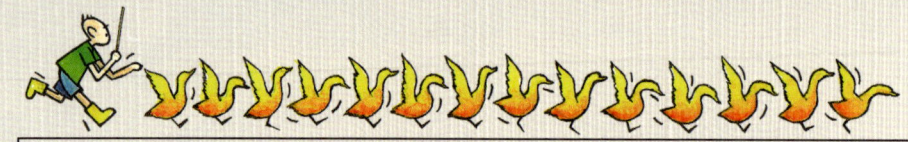

美国加州基础教育

年级	科目	内容
九年级	科学	物理——运动和力量、能量守恒和动量、热量和热力学、波、电、磁。 化学——原子和分子结构、化学键、质量守恒和化学计量、气体及其性质、酸和碱、溶剂、化学热力学、反应速率、化学平衡、有机化学和生物化学、核进程。 生物学——细胞生物学、遗传学、生态学、进化、生理学。 地球科学——地球在宇宙中的位置、地球的演变过程、地球系统里的能量、生物地球化学循环、结构和大气组成、加州地质学。 调查和实验——科学的进步源于提出有意义的问题和进行认真的调查。
	历史社会科学	九至十二年级的学生应表现出以下的智力、推理、思考和研究技能:按时间顺序和空间思维、历史研究、证据和观点、历史解释。
十年级	阅读	应用字源知识来判断新字的含义,并能准确使用它们。阅读并理解适合本年级水平的教材,能分析文章的组织模式、论点和立场。学生朝"十二年级时,能每年自行研读两百万字"的目标前进,包括古典文学、现代文学、杂志、报纸和网上信息。阅读具有历史或文化意义的文学作品(回应和增强历史和社会科学研究之类的作品),并做出适当回应;对其中经常出现的文章模式和主题做深入分析。能使用复杂的文学技巧(如埋下伏笔、形象化的文字、意象、寓意、象征)来分析文学作品。
	写作	能写连贯、突出重点的文章来表达明确的观点,并且论据严密合理,也顾及读者的立场和自己的写作目的。能使用清楚的研究问题和研究方法。能综合多种来源的信息,并从中鉴识出信息的复杂性和矛盾处,并发现不同媒体采取不同的报道角度。能综合运用各种修辞策略,写出至少一千五百字的叙事、论述、说服、描述等文章(传记或自传/短篇小说、文学回应、说明文、分析文、研究报告、游说文、商业信函、技术文件)。
	听和说	能灵巧地进行口语沟通;能发表有重点、思想连贯的报告来传达自己明确独特的观点和坚实的推理。针对特定观众和目的,使用"克制化"的手势、语调和词汇。能结合传统的修辞策略(叙述、论述、说服、说明)来发表正式而得体的即兴演讲。能做叙事性的简报、解说介绍,能运用适当的面试技巧,能口头答复文学、具说服力的论据和描述。
	数学	达到代数I、几何学、代数II、概率学和统计学的标准。可选修三角学、线性代数和数学分析。
	物理	运动和力量、能量守恒和动量、热量和热力学、波、电、磁。
	化学	原子和分子结构、化学键、质量守恒和化学计量、气体及其性质、酸和碱、溶剂、化学热力学、反应速率、化学平衡、有机化学和生物化学、核进程。

		中国台湾基础教育
初三 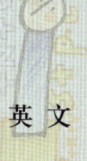	生活与自然科技	路径长、位移与时间、速率与速度、速度的变化与加速度等加速度运动——斜面与落体运动、运动状态与惯性定律、运动定律、反作用力、圆周运动与万有引力、力的转动效应——力矩、功、动能与功、位能与力学能守恒定律、能量守恒定律、简单机械、静电、电流、电压、欧姆定律与电阻、基本电路——电阻的串联与并联、浩瀚的宇宙、太阳系、昼夜与四季、月相与潮汐、火山与地震、板块构造运动、板块边界的地质作用、台湾附近的板块构造、地表作用与沉积岩、台湾的地形、自然资源、运输科技的演进与内涵、运输系统的形式、运输载具的介绍、运输科技的原理、运输科技的应用、运输科技的商业应用——物流系统。电流的热效应与化学效应：电功率——电流的热效应、发电方式与电力输送、用电安全、电池、电解——电流的化学效应、电与磁：磁铁、磁力线与磁场、电生磁——电流的磁效应、带有电流的导线所受的磁力、磁生电——电磁感应、变化多端的天气：大气与水、云与风、气团与锋面、台湾的特殊天气现象、天气的预报，人与自然界的互动：天然灾害、温室效应、臭氧层与臭氧洞、洋流与圣婴现象，能源与动力科技概论：能源的演进与种类、日常生活中的发电方式、动力与机械、科技的冲击与未来：科技对生活的影响、未来科技的发展。
	社会	地理：世界风情：西亚与中亚、欧洲概说与南欧、西欧与北欧、东欧与俄罗斯、北美洲、中南美洲、非洲、大洋洲与两极地区、全球经济议题、全球环境议题。 历史：世界的历史：古文明的诞生、希腊与罗马文化、中古时期、近代欧洲的兴起、思想与物质的革命、近代民主政治的发展、十九世纪的民族主义与文化发展、新帝国主义与第一次世界大战、战间期与第二次世界大战、第二次世界大战后的局势。 公民：全球关联：选择与消费、生产与投资、市场与货币、分工与贸易、个人与家庭经济、经济发展与现代社会、多元文化、科技发展、国际社会中的互动、建立和谐的世界。
高一 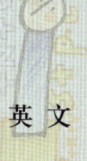	语文	田园之秋（刘冠学）、论语选、师说（韩愈）、再别康桥（徐志摩）、廉耻（顾炎武）、爱之泪珠（李黎）、乐府诗选——陌上桑（佚名）、乐府诗选——长干行（李白）、髻（琦君）、明湖居听书（刘鹗）、岳阳楼记（范仲淹）、谈友谊（梁实秋）、桃花源记（陶渊明）、孔乙己（鲁迅）、训俭示康（司马光）、伤仲永（王安石）、左忠毅公逸事（方苞）、鬼头刀（廖鸿基）、醉翁亭记（欧阳修）、郑愁予诗选——错误、天窗（郑愁予）、古诗选——行行重行行（佚名）、古诗选——咏史（左思）、怎能出卖天空——印第安酋长的心灵宣言（泰德·佩瑞）、孟子选——五十步笑百步（孟子）、深夜的嘉南平原（陈芳明）、刘姥姥（曹雪芹）、上枢密韩太尉书（苏辙）、一杆"称仔"（赖和）、出师表（诸葛亮）、夏之绝句（简媜）、世说新语选——咏絮之才、坦腹东床、绝妙好辞、雪夜访戴（刘义庆）、项脊轩志（归有光）。
	英文	as adj./adv.as、It is time (for sb.) to V、V-ing...+V、one/ones、S+V...,V-ing...、If S+V...,S+will/can/may+V...、with+N,S+V、let/make+N+V、N (P),who...、If+S+p.t./were...、S+would+V、Indirect question、while、It is/was...that....、Have you (ever) +p.p.、what it is/feels like+to V、how+adj.+it is/was+to V、watch/see/hear/feel+O+V/V-ing、so as (not) to+V、adv./adj.+enough+to V、enough+N+to V、one...the other、with+O+OC、S+V...,where....、S find+O+OC、whichever/whatever/whoever clauses、...as if...、...as if+S+p.t./were had+p.p.、...so that+S+can/could/would...、although vs. but、have+O+p.p.、so adj./adv. that...、the reason (why/that) S+V...is that...、wh- (NP) +to V、may have+p.p.、someone who (m)...、V-ing...,S+V...、Since/For...、NP+be+to V、To+V...,S+V...、...not...Instead, S+V...、Instead of+NP...,S+V...、Despite+N...、S+V、S1+suggest/recommend/order that S2+(should) +V...、not...until...、Some...Others...、some...,and others...、S+V...by the time S+V...、By the time S+V...,S+V...、...NP p.p./V-ing、too adj./adv. to V、S+V...unless S+V...、Unless S+V...,S+V...、V...,and/or you...、The more..., the more...、The -er..., the -er...
	数学	指数、指数函数、对数、对数函数及其图形、查表与内插法、锐角的三角函数、三角函数的基本关系、简易测量三角函数值表、广义角的三角函数、正弦定律与余弦定律、基本三角测量、三角函数的图形、和角公式、倍角与半角公式、正余弦函数的叠合、复数的极式、整数、有理数与实数、平面坐标系、复数与复数平面、等差级数与等比级数、无穷等比级数与循环小数、数学归纳法、多项式的四则运算、余式定理与因式定理、最高公因式与最低公倍式、多项式函数、多项式方程式、多项式不等式。
	物理	绪论与基本测量：物理学的重要性概述、物理量的测量与单位、运动与力：生活中常见的运动、日常生活中的力、力与运动、热：温度与热量、热与物态变化、热与家庭生活、声音：声音的发生与传播、声音的反射及其应用、乐音三要素：音调、响度和音品、乐音与乐器、噪音的影响与防治。光：人类对光的认识、光的传播、球面镜、折射、光与生活、电与磁：电的认识、直流电与交流电、电流的效应热、磁铁与地磁、电流磁效应、生活中的电与磁、家庭用电、能量与生活：能量的形式与转换、核能与核能发电、能量的有效利用与节约、现代科技：激光、半导体、超导体简介及其应用、液晶与等离子体简介、纳米科技简介、近代物理观简介：从古希腊时代到十七世纪的物理学、从十七世纪到十九世纪末的物理学、近代物理学的发展。
	化学	绪论：化学探究的范畴、化学发展史，自然界中的物质：大气、水、土壤，物质的形成及其变化：物质的组成、形成、质量、性质与变化，生活中的能源：能源简介、常见的化石能源、反应热、化学电池、发展中的能源，生活中的物质：食品与化学、衣料与化学、材料与化学、药物与化学。

美国加州基础教育

十年级	生物学	细胞生物学、遗传学、生态学、进化、生理学。
	地球科学	地球在宇宙中的位置、地球的演变过程、地球系统里的能量、生物地球化学循环、结构和大气组成、加州地质学。
	调查和实验	科学的进步源于提出有意义的问题和进行认真的调查。
	历史社会科学	九至十二年级的学生应表现出以下的智力、推理、思考和研究技能：按时间顺序和空间思维、历史研究、证据和观点、历史解释。十年级的学生着重世界历史、现代世界的文化和地理；研究希腊和罗马哲学里的道德和伦理原则，犹太教和基督教对西方政治思想发展的影响；比较和对比英国光荣革命、美国革命、法国大革命对全世界政治期望的持久影响，尤其在自治和个人自由方面；分析工业革命在英国、法国、德国、日本、美国所造成的影响；分析新帝国主义时代所发生的全球变化模式在底下各地区或国家的影响（至少选其中两个来做分析）：非洲、东南亚、中国、印度、拉丁美洲、菲律宾；分析第一次世界大战的发生原因、进行情况和影响；分析第一次世界大战后极权政府的崛起；分析第二次世界大战的起因和后果；分析第二次世界大战后的国际发展情况；分析当今世界的立国实例，至少从以下地区或国家中选出两个：中东、非洲、墨西哥、拉丁美洲其他地区、中国；分析世界各国融入世界经济的情形，以及接受信息、科技、通讯革命（如电视、卫星、计算机）的情况。
十一年级	阅读	应用字源知识来判断新字的含义，并能准确使用它们。阅读并理解适合本年级水平的教材，能分析文章的组织模式、论点和立场。学生朝"十二年级时，能每年自行研读两百万字"的目标前进。分析各种媒体因素，包括公众文件。阅读具有历史或文化意义的文学作品（回应和增强历史和社会科学研究之类的作品），并做出适当回应，对其中经常出现的主题做深入分析。能使用复杂的文学技巧来分析文学作品。就所选择的文学作品或文章，分析其政治假设的清晰度和一致性。分析文学作品中所呈现的哲学论据，以判断作者的立场是否促进其作品的质量和人物的信誉。
	写作	能写连贯、突出重点的文章来表达明确的观点，并且论据严密合理，也顾及读者的立场和自己的写作目的。在写作程序的各阶段继续进步。能使用修辞手段来强化写作技巧。能使用明确的研究问题和有创意、批判性的研究策略。能整合数据库、图形、电子表格到文字处理的文件中。能使用叙事、论述、说服、说明等修辞策略，写出每篇至少一千五百字的文章。写小说、自传或传记叙述、文学回应、反省类文章、历史调查报告、求职函和履历表，能做多媒体演示。
	听和说	能灵巧地进行口语沟通；能发表有重点、思想连贯的报告来传达自己明确独特的观点和坚实的推理。能针对特定观众和目的，使用"克制化"的手势、语调和词汇。能结合传统的修辞策略（叙述、论述、说服、说明）来发表正式而得体的即兴演讲，包括反应式演示、口头报告、历史调查，对文学作品做口头式答复、多媒体演示、朗诵诗歌、演讲选粹或戏剧独白，且能注意表演细节，使得演说变得清晰、有力、有美感，也展现自己对文章含义的理解。
	数学	达到代数I、几何学、代数II、概率统计学等的标准；可选修三角、线性代数、数学分析、进阶概率统计学（AP）和高级微积分（AP）。

中国台湾基础教育

高一	基础生物	生命的特性：生命现象、细胞的化学组成、细胞的构造、细胞分裂，生物多样性：生物多样性的意义、生物的归类、病毒、原核生物、原生生物、菌物、植物、动物，生物与环境：个体与族群、群集、生态系、陆域生态系、水域生态系，人类与环境：人口问题、资源的开发与利用、人类对环境的影响、自然保育与永续经营。
	地球科学	人与地球环境：地球的起源、探索地球历史、人与地球环境、人与环境唇齿相依，太空中的地球：从太空看地球、从地球看星空、宇宙，地球的结构：大气的结构、海洋的结构、固体地球的结构，大气和海洋的变动：大气的运动、海水的运动、大气与海洋的交互作用，固体地球的变动：活动的大地、板块构造活动、地震与火山、台湾的地貌与地壳变动，天然灾害：气象灾害、地质灾害、地球环境变迁：气候变化、海岸变迁、地球资源与永续发展：地球资源、减少环境破坏、永续发展。
	社会科学历史	地理：地图：认识地图、地图网格与投影、地形的展示与判读、地理资讯：地理资讯搜集与处理、地理资讯系统、地形：地形作用力、河流与海岸地形、石灰岩、冰河与风成地形、地形与人类活动、气候与水文：天气与气候、地表风系与气候分类、水文概述、自然景观带：土壤、生物的分布与组成、自然景观带、第一级产业：第一级产业概论、第一级产业的变迁及问题、第二级产业：第二级产业概论、第二级产业与国家经济发展、第三四级产业：服务业的区位特性、游憩活动与旅游业、信息化社会与知识经济、第四级产业、跨国企业、人口与都市：人口成长与人口转型、人口分布与人口问题、都市化历程与都市规模、都市结构与都市问题、地理实察。 历史：早期的台湾：台湾当地少数民族、荷西与郑氏、清代的长期统治：政治经济的发展、社会文化的变迁、外力冲击与近代化、日本殖民统治时期：殖民统治前期的特色、社会与文化的变迁、战争期的台湾社会、当代的台湾与世界：战后台湾的政治变迁、战后台湾的经济发展、社会变迁与多元文化、世界体系中的台湾。华夏世界的形成：远古、三代至秦汉、中古的变革：魏晋南北朝、隋唐、近世的发展：宋、元、明、清、近代的冲击：晚清、中华民国的建立与发展、两岸关系。 公民：自我与社会，性别差异与性别平等，婚姻与家庭，亲密关系到群己关系，公共性与社会生活，社会团体与结社，发现文化，多元文化，教育，公民素养与终身学习，伦理、道德与社会生活，法律与社会规范，宪法与人权，行政法与生活，民法与生活，刑法与生活，纠纷处理与权利救济。
高二	语文	烛之武退秦师（左丘明）、范进中举（吴敬梓）、始得西山宴游记（柳宗元）、玉山去来（陈列）、野兽派丈母娘（庄裕安）、虬髯客传（杜光庭）、万鸦飞过废田（洪素丽）、赤壁赋（苏轼）、现代诗选——雁（白萩）、现代诗选——狼之独步（纪弦）、墨子选——公输（墨子）、散戏（洪醒夫）、卖柑者言（刘基）、唐诗选——山行（杜牧）、唐诗选——黄鹤楼（崔颢）、唐诗选——石壕吏（杜甫）、晚游六桥待月记（袁宏道）、记水沙连（蓝鼎元）、台湾通史序（连横）、渐（丰子恺）、冯谖客孟尝君（佚名）、都江堰（余秋雨）、现代诗选——坤伶（痖弦）、现代诗选——因为风的缘故（洛夫）、崂山道士（蒲松龄）、国葬（白先勇）、指喻（方孝孺）、韩非子选——棘刺刻猴（韩非子）、韩非子选——猛狗社鼠（韩非子）、亭午之鹰（杨牧）、病梅馆记（龚自珍）、垂钓睡眠（钟怡雯）、宋诗选——寄黄几复（黄庭坚）、宋诗选——观书有感（朱熹）、宋诗选——书愤（陆游）、梦溪笔谈选——正午牡丹（沈括）、梦溪笔谈选——磁石指南（沈括）、梦溪笔谈选——石油（沈括）、典论·论文（曹丕）。
	英文	not... (,) but...、whose、Adverbial phrase＋V＋S、stop/remember/forget＋V-ing/to V、the way＋S＋V、...not so much...as...、for vs. so、...,which...、nothing/something/anything＋adj、three/four times, etc.＋comparative adj.＋than、Adverbs of frequency、How＋adj.＋（it is）＋to V...!、had＋p.p.、seem like/to/（to be）/（that）...、S1＋V...,S2＋V-ing...、Participial construction: A review、passive voice、不定词片语、when/while/if＋p.p.、S＋be likely to V...、It is likely that S＋V...、Because＋S＋V..., S＋V...、Because of ＋NP...,S＋V...、To one's N, S＋V...、How I wish...、either, neither, too, so、Noun clauses beginning with that、make/find/consider/-feel/think/believe＋it＋adj./NP to V...、not only...but (also) ...、Compound Adjectives、Fractions (one third, two fifths, etc.)、that's why/when/where/how、would rather＋V（＋than＋V）、If S＋had＋p.p...、S＋would/should/could/might＋have＋p.p.、Negative adv.＋aux./be＋S...、the superlative＋（N）＋of/among/in...、the superlative＋（N）＋ever＋to V...、Transitional words＋sth.＋adv.、as soon as＋S＋V、what＋（S）＋V、rather than、...not...until.../Not until...、define/regard/describe...as、as far as...is concerned、It's said/believed/reported/expected/rumored that...、If S1 were to V...,S2 would/could/should/might V...、Expressions of Quantity: Quantifiers、Subject-Verb agreement、should/shouldn't have＋p.p.；could/couldn't have＋p.p.、look forward to＋N/V-ing、become adapted to＋N/V-ing、be/get used to＋N/V-ing、be devoted to＋N/V-ing、lead to＋N/V-ing、object to＋N/V-ing、when it comes to＋N/V-ing。
	数学	有向线段与向量、向量的基本应用、平面向量的坐标表示法、平面向量的内积、空间的概念、空间坐标系、空间向量的坐标表示法、平面方程式、空间中的直线方程式、一次方程组、圆的方程式、圆与直线的关系、球面方程式、球面与平面的关系、圆锥曲线名词的由来、抛物线、椭圆、双曲线、圆锥曲线的光学性质、集合元素的计数、加法原理与乘法原理、排列、组合、二项式定理、递归关系、事件与集合、几率的性质、数学期望值、统计资料的来源、分析一维数据、信赖区间与信心水平的解读。

美国加州基础教育

十一年级	物 理	运动和力量、能量守恒和动量、热量和热力学、波、电、磁。
	化 学	原子和分子结构、化学键、质量守恒和化学计量、气体及其性质、酸和碱、溶剂、化学热力学、反应速率、化学平衡、有机化学和生物化学、核进程。
	生物学	细胞生物学、遗传学、生态学、进化、生理学。
	地球科学	地球在宇宙中的位置、地球的演变过程、地球系统里的能量、生物地球化学循环、结构和大气组成、加州地质学。
	调查和实验	科学的进步源于提出有意义的问题和进行认真的调查。
	社会科学历史	九至十二年级的学生应表现出以下的智力、推理、思考和研究技能：按时间顺序和空间思维、历史研究、证据和观点、历史解释。十一年级的学生着重于了解美国历史和地理：二十世纪的连续性和变化。学生分析美国创立国家时所发生的重大事件，和美国试图实现独立宣言所描述的政治理念；分析工业化兴起、农村人口大规模迁居城市、南欧和东欧大规模移民之间的关系；分析在美国立国阶段，宗教所发挥的作用，其在道德、社会、政治上所造成的持久影响，并分析宗教自由问题；追踪美国在二十世纪崛起成为世界强权的过程；分析二十世纪二十年代所发生的重大政治、社会、经济、科技、文化发展；分析大萧条发生的各种不同的解释，以及新政如何从根本上改变联邦政府的角色；分析美国参与第二次世界大战的前因后果；分析第二次世界大战后美国的经济繁荣和社会转型；分析第二次世界大战迄今的美国外交政策；分析联邦公民权利和投票权的发展；分析当代美国社会所出现的主要社会问题和内政政策问题。
十二年级	阅 读	应用字源知识来判断新字的含义，并能准确使用它们。阅读并理解适合本年级水平的教材，能分析文章的组织模式、论点和立场。学生朝"十二年级时，能每年自行研读两百万字"的目标前进。分析各种媒体因素，包括公众文件。阅读具有历史或文化意义的文学作品（回应和增强历史和社会科学研究之类的作品），并做出适当回应；对其中经常出现的主题做深入分析。能使用复杂的文学技巧来分析文学作品。就所选择的文学作品或文章，分析其政治假设的清晰度和一致性。分析文学作品中所呈现的哲学论据，以判断作者的立场是否促进其作品的质量和人物的信誉。

中国台湾基础教育

高二	物理	运动学直线运动：位置路径长与位移、平均速度与平均速率、瞬时速度、加速度、等加速度运动、自由落体运动、相对运动，运动学平面运动：平面运动的描述、向量的意义、分解与合成、平面运动的速度、水平抛射、斜向抛射，静力学：力与移动平衡、力矩与转动平衡、静力平衡、重心与质心、静力学应用实例，牛顿运动定律：牛顿第一运动定律、牛顿第二运动定律、牛顿第三运动定律、摩擦力、动量与牛顿运动定律的应用：动量与冲量、质心的运动、动量守恒定律、等速率圆周运动、简谐运动，万有引力定律：开普勒行星运动定律、万有引力定律、重力场与重力加速度、人造卫星，功与动能：定力所作的功、变力所作的功、功能定理与动能、功率、位能与力学能守恒定律：位能、保守力、重力位能的普遍形式、弹性位能、力学能守恒定律，碰撞：弹性碰撞、非弹性碰撞、物理量的因次，转动：角速度与角加速度、转动惯量、角动量及角动量守恒，流体的性质：静止液体的压力与浮力、帕斯卡原理、大气压力、液体的表面张力与毛细现象、白努利方程式及其应用，热学：热容量与比热、物质的三态变化与潜热、热功当量与内能、热膨胀、理想气体方程式、气体动力论。
	化学	物质的状态及其反应：物质的状态、原子与分子、化学式、化学反应式、化学反应的定量关系、化学反应的能量变化，气体的性质：气体的性质、气体体积和压力的关系、气体体积和温度的关系、理想气体、混合气体的压力、气体的扩散，溶液：溶液的种类、溶液的浓度表示法、溶解度、影响溶解度的因素、水溶液的导电、水溶液中离子的反应，原子结构与元素周期表：原子的基本结构、原子的轨域与电子组态、原子组态与元素周期表、物质的形成，烃类：碳化合物的结构、芳香烃、烃类的基本反应。化学反应速率、酸与碱、氧化还原反应、非金属元素及其化合物、金属元素及其化合物。
	生物	细胞和生物体：细胞、生物体的组织、器官和系统。植物的营养：植物营养器官的构造、水分和无机盐的吸收与运输、光合作用与呼吸作用、养分的运输。植物的生殖、生长及发育：植物的生殖、种子的萌发与幼苗的生长、调节植物生长与发育的物质、植物对环境刺激的反应，动物的代谢和恒定性：消化作用与营养、循环作用与养分的运输、呼吸作用与气体交换、排泄作用、体温的调节与恒定性，动物的协调作用：人类的免疫反应、神经与运动、激素与协调、动物的行为，动物的生殖和遗传：动物的生殖方式、人类的生殖和胚胎的发生、基因与遗传、人类的遗传，生命科学和人生：基因的表现、生物技术及其应用、生物技术的冲击。
	地球与环境	地球古今谈：地球的起源、形状与大小、时序的根源，测大地：壮丽的山河、固体地球的探测：探地层、空中遥测、地面上观测，观风云：气象与生活、多变的天气、大气观测、天气预报，探海洋：测海象、现代化的海洋观测、广阔的海洋，探索星空：观测星空、星光的奥秘。地球资源：美丽的石头、矿产资源、水资源，气象与地质：趋吉避凶：出门看天气、择良地而居，游憩体验自然：山中传奇、远古重现、水岸乐趣、气象万千、宇宙浩瀚，生物与地球演化：生物与环境、人类与环境，面对环境变迁：自然环境的变迁、人类引发的冲击、环境变迁的因应。
	社会科学历史	地理：世界的划分、美国、中南美洲、南亚、欧洲、非洲、日本、澳洲与新西兰、东南亚、西亚、台湾的位置与环境特色、台湾农业的发展与转型、台湾的工业化、台湾服务业的发展、台湾的区域特色与区域问题、中国的地理区域、中国的人口与都市、中国的农业、中国的工业、中国的环境问题与保育、乡土地理研究。 历史：古代文明的遗产：大河与文明、哲学的突破、西方古典文化的形成，普世宗教与中古文明：东亚的宗教与社会、基督教会与中古欧洲、伊斯兰文明的兴起，世界文明的蜕变与互动：欧洲社会的蜕变、世界文明的交汇、亚洲大帝国的发展，欧洲势力的崛起：近代欧洲的兴起、近代早期经济与社会变化、近代早期的思想与学术，遽变的时代——美国独立战争及其民主政治的成长、从法国大革命到二月革命、工业革命及其初期的影响，资本主义国家的挑战：西方国家的优势、西潮冲击下的满清帝国、非西方世界的危机或转机，历史的转折：西方世界的迷失、改革、激进和大战、俄国大革命和共产党的统治、亚洲的反殖民化运动、世界霸权的争夺——第二次世界大战、冷战的形成及东亚世界、六〇年代的政治与社会，我们的生长时代：日常生活和大众文化的变迁、海峡两岸与世界的新秩序。 公民：国家的组成与目的，民主政治与公民德行，政府的组织、功能与权识。政府运作的基本原则，政党政治与选举制度，民主宪政发展，两岸关系，外交政策，经济学基本概念，市场经济制度，生产与经济发展，经济与环境的永续发展，总体经济指标，总体经济政策，国际贸易与国际金融。
高三	语文	大同与小康（佚名）、鲁智深大闹桃花村（施耐庵）、先秦韵文选——蒹葭（佚名）、先秦韵文选——渔父（屈原）、发现事理的乐趣（理查德·费曼）、词选——浪淘沙（李煜）、词选——念奴娇（苏轼）、词选——破阵子（辛弃疾）、在迷宫中仰望星斗（龙应台）、谏逐客书（李斯）、战士，干杯！（黄春明）、北投硫穴记（郁永河）、白玉苦瓜（余光中）、老子选——天下皆知美之为美（李耳）、老子选——江海所以能为百谷王（李耳）、老子选——信言不美美言不信（李耳）、出门访古早（逯耀东）、原君（黄宗羲）、登楼赋（王粲）、孙子选——谋攻（孙武）、兰亭集序（王羲之）、给我一个解释（张晓风）、过秦论（贾谊）、竹薮中（芥川龙之介）、劝学（荀子）、现代诗选——蒙文课（席慕蓉）、现代诗选——山是一座学校（瓦历斯·诺干）、鸿门宴（司马迁）、读书的艺术（林语堂）、庄子选——庖丁解牛（庄子）、散曲选——【双调】大德歌（关汉卿）、散曲选——【中吕】卖花声（张可久）、剧曲选——牡丹亭·游园（汤显祖）、温州街到温州街（林文月）、春夜宴桃李园序（李白）、答夫秦嘉书（徐淑）、又报嘉书（徐淑）、东番记（陈第）。

美国加州基础教育

十二年级	写作	能写连贯、突出重点的文章来表达明确的观点,并且论据严密合理,也顾及读者的立场和自己的写作目的。在写作程序的各阶段继续进步。能使用修辞的手段来强化写作技巧。能使用明确的研究问题和有创意、批判性的研究策略。能整合数据库、图形、电子表格到文字处理的文件中。能使用叙事、论述、说服、说明等修辞策略,写出每篇至少一千五百字的文章。写小说、自传或传记叙述、文学回应、反省类文章、历史调查报告、求职函和履历表,能做多媒体演示。
	听和说	能灵巧地进行口语沟通;能发表有重点、思想连贯的报告来传达自己明确独特的观点和坚实的推理。能针对特定观众和目的,使用"克制化"的手势、语调和词汇。能结合传统的修辞策略(叙述、论述、说服和说明)来发表正式而得体的即兴演讲,包括反应式演示、口头报告、历史调查,对文学作品做口头式答复、多媒体演示、朗诵诗歌、演讲选粹或戏剧独白,且能注意表演细节,使得演说变得清晰、有力、有美感,也展现出自己对文章含义的理解。
	数学	达到代数I、几何学、代数II、概率统计学等的标准;可选修三角、线性代数、数学分析、进阶概率统计学(AP)和高级微积分(AP)。
	物理	运动和力量、能量守恒和动量、热量和热力学、波、电、磁。
	化学	原子和分子结构、化学键、质量守恒和化学计量、气体及其性质、酸和碱、溶剂、化学热力学、反应速率、化学平衡、有机化学和生物化学、核进程。
	生物学	细胞生物学、遗传学、生态学、进化、生理学。
	地球科学	地球在宇宙中的位置、地球的演变过程、地球系统里的能量、生物地球化学循环、结构和大气组成、加州地质学。
	调查和实验	科学的进步源于提出有意义的问题和进行认真的调查。
	社会科学历史	九至十二年级的学生应表现以下的智力、推理、思考和研究技能:按时间顺序和空间思维、历史研究、证据和观点、历史解释。十一年级的学生着重于了解美国历史和地理;二十世纪的连续性和变化。十二年级学生聚焦于研究美国民主和经济学原则。学生能解释美国宪法和其他重要文件所阐释的民主道德之基本原则和价值;评估、采取立场、维护民主政体下公民享有的权利和应尽义务的范围和限度、权利和义务之间的关系、如何确保之;评估、采取立场、维护民间社会(即不属于政府的个人、社会、经济之自治领域)的基本价值观和原则,它们的相互依存关系以及自由社会的价值观和原则之意义和重要性;分析美国宪法所规范的三权独立运作的独特角色和责任;能提纲挈领描述美国最高法院历次所做的宪法及其修正案之重大解释和其所代表的意义;评量全国选举、州选举、地方选举有关的问题;分析和比较国家、州、部落和地方政府的权力和程序;评估、采取立场和维护媒体对美国政治的影响;分析不同政治制度的起源、特点、发展,重点着重于民主政治的追求、进展和障碍;形成问题并分析和捍卫自己对民主宪政所引发的紧张局势之见解,对以下概念维持平衡的重要性提出自己的见解:多数统治和个人权利;自由和平等;国家和州在联邦制度里的权力;公民抗命和法治;新闻自由和公平审判的权利;宗教和政府的关系。在经济原则方面,学生了解经济学的共同术语和概念,会做经济推理;分析美国市场经济在全球布局里的构成元素;分析联邦政府对美国经济的影响;分析美国劳动力市场在全球布局里的构成元素;分析美国的总体经济行为;分析国际贸易问题和解释美国经济如何影响国外经济体和如何受国外经济体的影响。

中国台湾基础教育

高三	英文	either...or/neither...nor、can't (help) but+V、can't help+V-ing、have no choice but+to V、must vs. can't、one..., another..., and still another...、some..., others..., and still others...、A is to B what C is to D、whether...or...、"it" as a dummy subject or object、SC+V+S、Inversion、pat/grab/...+O+prep.+the+head/arm/...、Without/But for/Were it not for...、...keep/stop/protect...from...、Restrictive clauses vs.、Non-restrictive clauses、Inverted Subjunctive Structure、..., all/both/neither/none/...+of which/whom...、adj.,S+V...、It is not until...that S+V...、N+to V、Passive voice: a review、cost, take, spend。prep.+wh-clause、for example vs. such as、separable two-word verbs vs. inseparable two-word verbs、If+S+should+V、If+S+were to+V、be capable of V-ing/ be able to V、the former...the latter...、"Now is the time to V"→It is time+to V/that-clause、in spite of/despite/（al）though、wish vs. hope、wish vs. may、do+one's+V-ing vs. go+V-ing、make sure（that）+S+V、vs. make sure of+N、Verb tenses、Relative clauses: a review、once、no sooner...than、S+find/keep/catch/leave O+adj./V-ing/p.p.、It will be...before...、It won't be long before...、study/research/statistics+show/indicate+that-clause/suggest
	数学	条件几率、数学期望值与二项分配、交叉分析、分析二维数据、矩阵的加法与系数积、矩阵的乘法及意义、矩阵的列运算及增广矩阵的应用、行列式、克莱姆法则、反方阵、绝对不等式、条件不等式、线性规划、数及其图形、极限的概念、割线与切线、导数与切线的斜率、函数的增减与函数图形的凹向、极值的应用、定积分及其应用、函数的极值、三次函数的图形、黎曼和与面积、多项式函数的定积分。
	物理	波动：波的传播、振动与周期波、绳波的反射与透射、波的叠加原理、驻波、惠更斯原理、水波的反射与折射、水波的干涉与绕射，声波：声波的传播、声音的共鸣、基音与谐音、多普勒效应、震波与音爆，几何光学：抛物面镜成像、球面镜成像、折射现象、全反射、薄透镜、光学仪器，物理光学：光波动说的发展、光的干涉现象、光的单狭缝绕射，静电学：库仑定律、电场与电力线、电位能、电位与电位差、电容器、电流电阻与电路：电流与电动势、欧姆定律与电阻、电阻器的串联与并联、基尔霍夫定律、电流的热效应与电功率、电流电压与电阻的测量。电流的磁效应：电生磁、载流导线的磁场、载流导线所受的磁力、带电质点在磁场中的运动、电磁感应：感应电动势、楞次定律、法拉第电磁感应定律、发电机与交流电、涡电流与变压器、电磁波，近代物理的重大发现：电子的发现、密立根油滴实验、X射线、黑体辐射、光电效应、康普顿散射、相对论的发现，原子结构与原子核：卢瑟福原子模型与原子光谱、玻尔的氢原子模型、法兰克—赫兹实验、物质波、波粒二象性与波动力学、原子核的组成、原子核衰变与放射性、现代科技简介：物理与医疗、人造光、半导体的发现、超导体的发现、纳米科技。
	化学	化学平衡：可逆化学与化学平衡、化学反应式与平衡状态、平衡常数、影响化学平衡的因素，水溶液中的平衡：盐类的溶解平衡、弱酸与弱碱的解离、盐、缓冲溶液、弱酸与弱碱的滴定、溶液的状态与性质：液体的蒸气压、溶液的沸点与凝固点、溶液的渗透压、电解质溶液的依数性、胶体溶液，原子与分子：原子性质的周期性、分子内键结及分子形状、分子的极性，物质的形成及结构：分子间作用力、氢键、共价网状晶体的结构与特性、金属晶体的结构与特性、离子晶体的结构与特性、分子晶体的结构与特性。电池电解电镀：电化电池、标准电位与电池的电动势、常用的电化电池、电解与电镀，有机化合物：有机化合物的组成与结构、有机卤化物、含羟基的有机化合物、含羰基的有机化合物、含羧基的有机化合物、含氮的有机化合物，聚合物：聚合物的一般性质与分类、天然聚合物、聚合反应、合成聚合物的材料。
	选修生物	绪论：生命的起源、有机演化、早期生物的演化、生物学的研究方法，生物的基本构造与功能：生物体的基本化学组成、细胞的构造与功能、细胞的特化与分工，维持生命现象的能量：能量的来源、能量的流转、能量的利用，养分的摄取：细胞吸收养分的机制、植物体养分的吸收、动物体养分的消化与吸收，物质的运输——植物体内物质的运输、动物体内物质的运输、淋巴系统的构造与功能，气体的恒定——植物体的气体交换、动物体的气体交换、人体的呼吸运动、人体血液的气体运输与交换，生物体内体液的恒定——动物的排泄、尿液的形成、体液的恒定，激素与协调作用：植物激素、动物内分泌系统、人体的内分泌系统、神经内分泌，神经系统与行为：神经元、神经冲动、中枢神经系统的构造与功能、周围神经系统的构造与功能、自律神经系统的构造与功能、学习与行为的生物学基础，生物对外界刺激的反应：植物对外界刺激的反应、视觉、听觉和平衡觉、味觉与嗅觉、其他感觉，人类的防御系统：病原体、非专一性防御系统、专一性防御系统、专一性免疫反应、防御系统失常，遗传：染色体、连锁与互换、性联遗传、多基因遗传、族群遗传。
	社会科学历史	地理：地理议题探索、小区、都市发展与都市问题、都市计划与未来都市、国土、产业国际分工、资金与人力的流动、区域结盟与地方发展、资源——世界粮食问题的形成与解决策略、水资源的开发与利用、水资源的问题与对策、地景保育、环境与疾病、灾害防治——洪患、泥石流、环境变迁——全球暖化、海岸变迁。 历史：儒家思想与中国社会——儒学的兴起与传承、儒学的再兴、儒学教育、道教与民间信仰——道教的兴起与演变、道教的仪式与方术、台湾的民间信仰、医疗与社会文化——针灸与本草、宗教医疗：巫、当中医遇到西医、日常生活与大众文化——茶与市民社会、戏剧、通俗文学与大众生活、从华侨到海外华人——华侨与海外华人的历史沿革、在异域中的侨居者、从华侨到华裔公民认同的转变，生态环境、物质文明与近代人文生活——近代工业革命与物质文明、现代文明与生态环境、自然与文明、资讯传播及媒体的普及——印刷术与书籍报刊的普及、影像视觉媒体的进步、通讯的现代化及数字革命，历史是什么？个人的反思——历史是什么、历史意识、历史事实与历史解释。 公民：现代社会与社会安全制度、社会阶层化与社会流动、全球化、资讯社会与本土化、社会运动与立法、释宪制度与人权保障、应用民法、应用刑法、应用行政法、民意表达与媒体政治、政府决策与政策评估、国际关系、组织与全球社会、世界主要意识形态、资讯不完全、政府管制、政府财政收支、资产市场。

两年之后

姚仁喜 · 姚姚 · 刀 · 小元

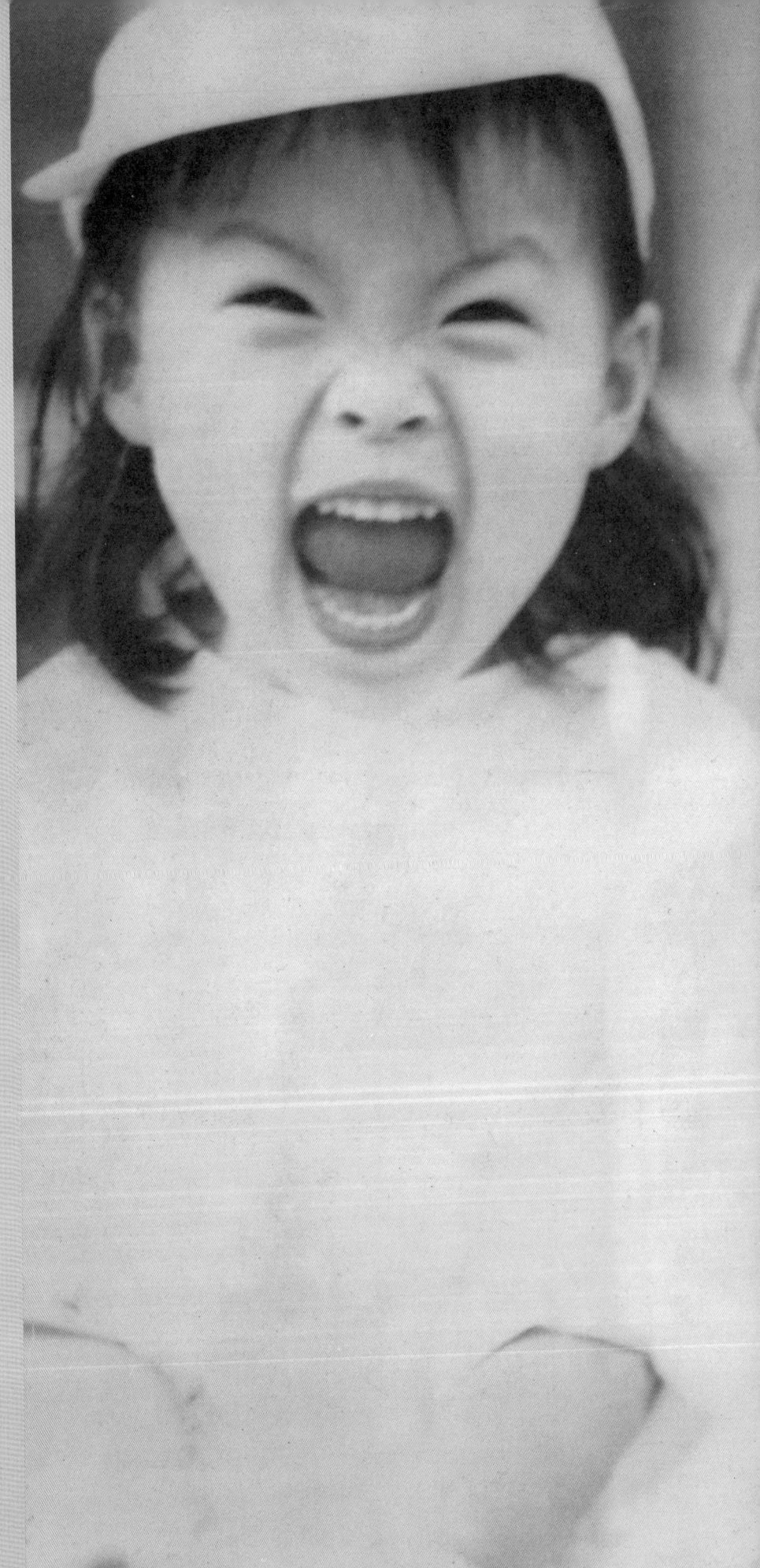

后记

姚仁喜：二〇一〇年《传家》繁体版出版之后，所造成的影响超出了所有人的预料。这部书不仅在两年内，为法鼓大学募集了新台币七千二百万元的款项，简体版则在不到一年的时间，在大陆销售了十万套。它广受台湾、大陆以及海外华人的惊艳与喜好，反响热烈。《传家》繁体版未曾在任何书店上架，仅以网站与事务所同仁们的协助，就这么一册一册地发送到一个个读者的手中。再度地，任祥颠覆了出版既定的思维，书出版前，专家们认为做不到的事，她全凭一股宏大的愿力，一一达成，跌破很多人的眼镜。书出版之后，除了电视节目访谈、报章杂志报道之外，她成了拥有众多粉丝的名人，还有从世界各地慕名而来的人们，希望前来一窥我们的家庭农场与地下工厂……由于这套书，任祥与许许多多的华人结下了一个大缘。

书出版后不久，任祥开始动手收拾这个五年以来由简入繁、堆满了各种对象——包括植物、动物、无生物——的家。她把鸡只送回了宜兰乡下的农场，把种植青菜的红酒箱大量地减少了，也将许多参考书籍装箱，许多图表、文稿、绘本也都一一收拾干净，我们家又渐渐恢复了"建筑师之家"那种"家徒四壁"的清净，我心中暗自高兴，终于我又可以回复到往昔"纯粹"的空间了。

但事实并非如此。

大概《传家》出版后的第三天起，任祥其实已经开始规划她的修订版了！所有这些清理，是为了下一场盛宴！更多的内容要加入修订版，因此有更多的研究工作要做，她要把中国历史以一张仿若"时光机器"的图样完全表现出来，其中还要记录所有重要的历史事件！她还要加入我们的成语谚语、音乐与乐器、中国绘画的一览表，更企图把古文物与中式家具重新一个一个画出来，因此家中迅速又堆满、挂满了各种数据、图表与书籍。加上我不小心说了一句话："现在都吃不惯外头的青菜了，只喜欢家里种的……"导致任祥决心所有的青菜都要自行生产；如今，我们家里所有的户外空间，只要是平面的场所，除了足够一人宽的消防逃生通道之外，都被种植的青菜所占满。

诸位可以读到，所谓"修订版"所增加的内容，事实上是一本新书的分量！这两年之间，除了修订版所需要的研究数据充满整个屋子，还有一堆新的书稿也贴满了家中的墙壁。至于这本新书是什么内容，容我在此卖个关子，暂不透露。因为，老实说，要我说我也说不清楚，感觉又是一个无边无界的创作，天晓得她会玩到什么地步。

早些年，任祥这套书的初始构思，是要导正外国人误以为中国人的生活文化就是"唐人街"的俚俗文化而来的。后来，她转变了。她以一位承载中国文化的母亲，以"传家"的精神来写这一套书，希望能把我们的文化宝藏传递给下一代。繁体版与简体版《传家》接续出版后，好似唤起了许多人共有的压箱宝一般，任祥得到很多读者的回馈，其中许多都令人动容。例如：有个爸爸每天念一篇幅《传家》给他的孩子听；读者传来他们做的手艺；原本不想生孩子的父亲来信说想生孩子来传家；有几位在上海的母亲，以《传家》作为教材，带领着一群孩子Home Schooling……我也曾在出差时，在一个武汉的书店里，看到一本已经被翻阅到都已散开的《传家》。从这些反响中，我们看到在这消费主义、物质主义、个人主义愈趋极端的时代洪流中，有那么多父母与任祥抱着相同的心情，急切地想要把整大包的文化资产存入下一代孩子们的生命账户之中。

任祥跟我都好客，所以常请好友们吃饭，但是每次客人来，任祥都还送一些礼物给客人。刚结婚不久时，我常纳闷，为何请人吃饭还要送人礼物？后来我才理解，其实任祥就是喜欢送人礼物，你可以说，她的"嗜好"就是送人礼物——各种大大小小的创意或年节手工艺品。《传家》的出版，她将所有繁体版的收入完全捐出，个人分文不取；简体版则为了请出版社降低售价，她也完全不收版税。任祥把她努力的成果、她的喜好，做成一份《传家》大礼，送给了所有喜好中国文化的人。

姚姚：距离为第一版的《传家》写信给您，已过了两年的时间。作为您的宝贝女儿，我真不知道该怎么样才能让您明白，我是多么为您感到骄傲。您为《传家》所付出的努力与坚持，单打独斗地将原本珍视的智慧缺口填补，不只感动了我们一家人，更让居于海外的许多华人心里得以有所共振。您的书联结起了许多人，让他们想要回"家"！许多华人在维系自己的认同感以及中华文化的知识时，经常遭遇到很多的困难，您的书，正巧让他们能以图文并茂的方式亲近自己的文化，重新思考其中的意义与珍贵——我猜想两年前的您绝对没有想象到《传家》可能引起如此热烈的共鸣吧！

去年农历新年，我翻阅着《传家》中的"火锅"篇，照样地做，与外国朋友们一起分享庆祝，让他们知道我们的围炉多么有趣。我现在也可以做得出奶奶家的炸酱面，或是小阿姨的清蒸鱼呢！而我自己谈食物的blog，更常常应用您书中的味觉罗盘，很好用呢！

在我们几个小孩眼里，您的种种成功也不是太难以置信，毕竟我们知道您是个超级能干的女超人：只要您决心要做，世间少有您做不到的事！在我房间桌上有一个爱心形状的气球，里面有着柔软的红羽毛，每次我看着它，就想到那是我七年级时，我俩一起去逛街，这气球悬挂在一家店的橱窗，我惊呼它好可爱好可爱，您走进去问老板多少钱？老板回复那是非卖品，您毫不思考的下一句话是："那你可不可以送我？"那老板看到您那坚定决心的脸孔，也就送给我们了！这么多年来，您为了我们三个孩子的教育，展现过的大小决心，当时我总觉得太夸张或太严格，现在自己在外独当一面或与人接触时，也才体会出当时您的用心。最明显的是您教育我要有"随手"的习惯，让我比很多人显得洁净有效率，这真是被您骂过多少次，纠正多少年才长出来的好习惯。

这两年来，您让我敬佩的，则是在《传家》得到那么多的肯定后，您依然保持着一如往常谦卑的生活态度与价值观念。除了变得更加忙碌之外，您丝毫没有改变，依然是那个我们能够随时依赖指望的妈妈。

每当我们隔着太平洋通电话时，虽然我总会听到《传家》邀约的义务工作，或是相关新的工作方案，但我知道您仍是一贯地需要到公司打理大小事务，为了帮同事打营养果汁伤脑筋，修理家里的漏水工程，跟我们家菜园里的虫虫作战，帮朋友办演唱会设计规划，或是安排家人的旅游计划……当然，还少不了要协调家里那群狗儿的情绪问题。

在得到了外界那么多的注意与敬佩后，您并没有改变，您依然是我们的好妈妈，是个让人信任的朋友，也是个努力持家的妻子。

亲爱的妈妈，谢谢您时时刻刻提醒着我们身为华人该有的精神，要饮水思源，要感恩谦卑，更让我们理解到生活在事业成就以外，不能忽视人生中重要的环节，而且须要细心守护着它们。

JJ：从小生长于美国与后来在中国台湾念国际学校的我，是个别人眼中典型的ABC（American Born Chinese）。很多人对于"ABC"这个名字有一种既定被"漂白"的刻板印象，认为所有的"ABC"是长期失去了中华文化熏陶的小孩，因久久生活于别的国家，进而失去了对原生文化的认识与尊重。很遗憾的，这个印象，确实存在于美国的华人社会之中。

我则有着不太一样的际遇，尤其在上大学后，才自朋友们的身上看到自己是多么的幸运，除了拥有一位孜孜不懈地教育我的母亲外，我总以能在台湾成长为傲。不论是开口说中文，或是品尝美味的中国料理，我通通都不落人后。二十几年来在家庭的教育之下，有机会接触中华文化的熏陶，所以对于《传家》这套书里写的东西，才会并不陌生也有所心得。出于这样特殊的成长背景，让我发现我和美国的许多的ABC朋友们有些不同，对于文化上的牵绊较深，对于自己民族精神的定位也能够感觉比较明确。

《传家》这套书影响了我在大学认识的一位要好的朋友。她的家庭来自杭州，而她则自小生长于美国的佛罗里达州，鲜少有机会近距离地认识自己民族的历史与文化。在朋友圈里头，她总是被嘲笑"已经被漂白"，因为就连我们非华人的朋友，都看得出来她与自有文化的隔阂，而且已经丧失对自身身份的认同感。

因此，当妈妈为了《传家》到德州来演讲的时候，我邀请这位朋友和我一起去听。妈妈的演讲，从平易近人的中国美食开始，讲到节庆的由来，渐渐引申至文化传统与精神，还有我们所拥有的艺术文化底蕴为何等。我的朋友深深地被这么庞大的信息所震撼，她想要更进一步去了解，并深入挖掘其中宝贵的讯息。《传家》不仅让她认识了这样的精神，也鼓励了她去更深度地理解作为一个中国人所代表的种种意义。

《传家》所叮咛的，是身为华裔后代所该知道的自身血统所具有的资产价值，而这正好是美国普遍的ABC鲜少有机会理解的智慧。

两年间，关于这套书的成功，我可以滔滔不绝地继续说下去，包括这套书为法鼓大学所累计的捐款，甚至光是这套书在过去一个月所创下的销售成绩。但是我想，这套书最珍贵的成就，其实是对于我那位ABC朋友的影响与鼓励。

《传家》不只传给了我们家三位幸运的孩子，我的好朋友，还有成千上万我不认识的海外的ABC，或是住在深圳、上海、成都……的学生们，让他们都能够认识自己文化背后所酝酿的传统与精神，更完整地认清自身的养分与优势。

小元：很高兴《传家》要再版了！更开心听到《传家》将要有英文和日文的版本。它是一份很棒的礼物，可以想象它将燃起更多人对于中华文化的认知，或是好奇，抑或是骄傲。妈妈对于这套书的坚持与憧憬早已超过了任何人的想象，也让这套书超越了我们这个小家庭的框架，影响了所有新生代的莘莘学子，更让这世界得以用一个崭新的角度去检视与尊重我们的文化。

当初妈妈制作整套书的单纯动机，只是出自一位母亲对儿女们生活教育不足、对自身认识不足的担心。妈妈最激励我的地方是，她的认真投入和无私奉献。我总觉得这套书跟一般的书不同，因为它不只是一个作者酝酿多年的杰作，更是天下作为母亲永远放不下心的那份叮咛。母亲的叮咛，没有止境，是儿女们无法体会的，所以这套书，永远似乎还有更多的话要说，好像是不会有完结的一天。

当首版《传家》终于完稿，顺利出版后，我以为妈妈会停下脚步让自己稍微歇息，谁知道她竟变得更加忙碌，把握了每分每秒去完成各种不同崭新的叮咛企划案。在美国念大学的我，总会在读书累了的时候，跟妈妈打电话，也常常接到妈妈的电话。在关怀我的种种生活之余，妈妈会跟我讲述她新的企划作品，有些还在构思，有些则快要完工。她会抱着计算机，走到作品前，对准了计算机上的小镜头讲述给我听，偶尔会加上一句"你要用点想象力来看！"每每我还来不及消化，她又会展出下一个作品，我跟不上妈妈的思维，只能赞叹于她停不下来的脚步。

虽然这么说可能会让人感觉有点自夸，但在我眼里，妈妈真是一位慈母的典范。她给予的爱与耐心超乎你我可知的范围，因此，我想她为众人扮演母亲这个角色，竭尽所能做的这些努力，一定能感动你。在你阅读这套精心编辑的《传家》的同时，请记得：这不过是我母亲对中华儿女谆谆善诱的冰山一角，这位母亲，将还有更多持续的叮咛，等着和你分享。

二〇一三年十一月
姚仁喜・姚姚・JJ・小元

感谢

能够出版这套书,是上天的恩宠。我要感谢的人,是我的师长、家人、同事以及朋友们;感谢生活中有你们的扶持。

中国文化浩瀚无边,我才疏学浅,却不自量力地出版了这套分类庞杂的大书。制作这套书的五年里,我常常越做越惊慌,多次想要中途放弃。但每次孩子们问我跟中国有关的问题,每走一趟国外的中国城,又立刻发愿一定要出版一套现代中国人的精致生活书。五六回合的放弃又发愿,我都以"一切所发之愿,祈依佛法而圆满"来鼓励自己;别想太多,做就对了!

感谢南怀瑾教授知道我的计划后,给我十足的鼓励,并为本套书命名与题字;感谢宗萨蒋扬钦哲仁波切对我无所不在的护佑与教导。感谢我的父母,他俩精彩的人生,让我得以传承特殊的人生经验。感激我的师长,让我看到成长的典范。感谢我的朋友,总是给我最多的鼓励。感谢我的儿女们,他们是我一切原动力的出发点。

感激我先生姚仁喜,除了百分之百地支持我,还要忍受我把极简主义的家,当成布景或仓库一样的实验。讲究减法哲学的他,对我的奇想与行动从没有微词与皱眉。是他的支持与纵容,我才能玩得这样理直气壮。仁喜最了解我,看我无厘头地忙了那么久,却收不了自己布下的网,于是帮我进行逻辑性的分析、过滤、整合,最后才确定全书的结构与工作流程。

最近看了《美味关系》那部电影,的确,以市场为导向的出版体系,埋没了很有心分享宝贵经验人士的机会。这部电影有一个结论:一个家庭主妇想在忙碌琐碎的人生岁月中留得下一点东西来,其后一定有一位宽厚宠爱她的伴侣!而我比那两位女主角更幸运的是,仁喜从来没有让我需要与出版体系协商,所以没被出版社浇过冷水,也不必委曲求全。

本书的摄影者刘振祥,我欣赏他的安静性格与安静的作品,我跟阿祥认识多年,并没有很多合作的机会,但一谈到本案,他二话不说地跟着我上山下海,捕捉他眼中的四季里的文化点滴,以几万张的照片呈现我们美好的生活层面。

感谢法律顾问林秋琴律师,是我几十年的好友,谢谢她义务的奉献,帮这套书与衍生出来的事务处理法律的专业问题。感谢美术顾问霍荣龄,也是我几十年的好友,她义务地为美术编辑提供意见,并且帮忙校阅全套书的色彩印刷事宜。

负责全书文字整理的季季,以她精湛的追根究底的专业态度,厘清太多我说不清楚的故事。感谢编辑群们多年来忍受着我即兴与求完整完美的个性,主编刘玉贞,细心且有耐心,从不遗漏我散在各地的数据。美术编辑段世瑜,展现出来高难度的整合全套书与生动别致的创意设计。插画家叶子明,与我合作二十几年,默契十足,完全熟知我想要表达的手法与风格。感激曾经帮助过这一套书的每一位好朋友,从资料的收集、租借场地、道具到校对文案,所有的朋友都不是出版专业,我笑说这是"一群臭皮匠,模仿诸葛亮"。由于篇幅的关系,恕我无法一一列名致谢。

我尤其要感谢我的工作伙伴,大元建筑及设计事务所行政组的所有同事与美术编辑们,设计是创意的实践,有趣又有成就感,但落实执行却是一件苦差事。我二十几年来所设计的作品,能够逐一呈现并在本书发表,近年来又因私忘公,原本的工作都由同事代劳,才可无后顾之忧地制作这一套书,不论是否参与本案的工作伙伴都是我得力的助手,由衷感谢他们的辛劳。

我决定把本书在台湾的发行所得全数捐给法鼓大学,是为了感念我们的生活导师圣严法师,也实践我对法师的承诺。法师生前曾到我的工作室,说将来筹建法鼓大学需要募款,问我可不可以帮忙?我当时告诉法师:那是我的荣幸。我非常怀念远行的法师,常想着他所教导的话,并时刻提醒自己要实践对他的承诺。

最后要感谢的是,就在本书即将完稿的前夕,永丰余集团董事长何寿川夫妇向我慨然地表示,他们希望捐献本书的第一刷两千套的纸张与印刷费用。寿川兄与我家是两代世交,其中的缘分说起来很奇妙。家父任显群当年在台湾经济前途忧患之际,于台湾省财政厅长任内毅然推展前所未有的统一发票制度,但在议会审查时,遭到寿川兄的先翁——彼时担任台湾省议会第一届议员——何传先生坚决投票反对。但后来统一发票于一九五一年一月一日起发行成功,家父也因政治因素于一九五三年四月辞卸财政厅长等一切公职,何伯伯反而与家父成了莫逆之交,常到偏远的金山农场来与家父小聚。这可以说明当年全然无私为公的从政楷模。有了这份渊源,再加上寿川兄与杏如执行长与法鼓山的缘分,我也感念于圣严法师冥冥中的安排,于是欢喜地接受了他们的美意。祈望我们的心意,能融入善念的大海,永不枯竭,代代相传。

二〇〇九年十二月 姚任祥

装帧

传家系列书籍第一版前两刷,制印过程中诸多突破,
引为广泛读者大众的好奇,有感这也是一个传承,兹将其流程记录于后:

纸张裁修→折纸→内页书口修成完成尺寸→手工粘贴单张扉页、单拉页→配页→穿线→上书背胶（PUR胶）、粘书背纸→书背布烫黑金、压K线→贴书背布（荷兰布）→粘前封面及后封面→裁修天地边→品管出货。

1.纸张裁修

输入裁切尺寸,将印刷后未裁切的大纸推入裁纸机,双手按住安全开关后,用脚控制裁刀进行裁切。

2.折纸

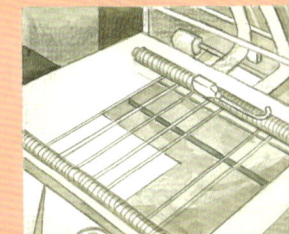

将纸张置于齐纸台齐纸,将纸张松开并整齐地放置于纸张咀台上,进行折纸作业。

3.内页书口修成完成尺寸

先由作业人员将需要裁切书口的内页投入,经过输送带,机器三面刀进行裁切,但是本次作业不裁切天地,仅裁切书口边。

4.手工粘贴单张扉页、单拉页

此步骤是由人工手工粘贴单张扉页、单拉页。

5.配页

作业人员将各台内文纸张依照台次顺序放好、依序配页。

6.穿线

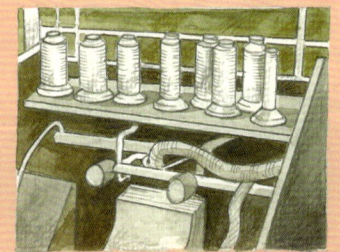

作业人员将配页完成之整本内文页由左方置入穿线机,经过右方穿线出来后,整本书的耐久度会更好。

.上书背胶（PUR胶）、粘书背纸

 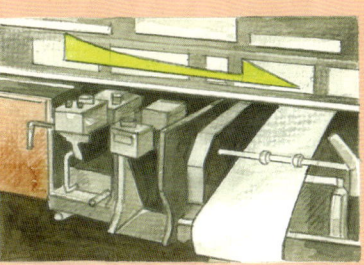  

:书背胶前，先将PUR胶座推入胶装机内，书本经输送带传送，做过胶的动作，之后接续粘书背纸，书背纸的作用在于之后跟书背布做
更好的黏合效果。

:书背布烫黑金、压K线

    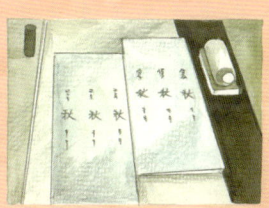

:业人员先调整机器与转印纸，先将烫金版放置好之后，调整位置使其对应书背中间，然后烫金版加热，机器会将书背布带到烫金版位
:，受限于烫金版，一次只能烫三本。

手工贴书背布（荷兰布）　　　　　　　　　　　　　　10.手工粘前封面及后封面（一折拉页）

:业人员将荷兰布通过上胶机器，以手工粘贴。　　　　　以手工粘贴封面及后封面。

.裁修天地边　　　　　　　　　　　　　　　　　　　　12.品管出货

:业人员用裁刀修掉天地边的出血。　　　　　　　　　　完成后检查装订有无平整、裁修有无毛边、粘贴有无确实后，
　　　　　　　　　　　　　　　　　　　　　　　　　　方可出货。

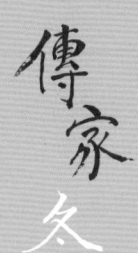

著作权人　财团法人大元教育基金会
传家网址　www.artofchineseliving.com
编　著　姚任祥
作　者　姚任祥
文字整校　季　季
摄　影　刘振祥　姚任祥
执行主编　刘玉贞
插图绘画　叶子明
美术设计　段世瑜　陈怡茜　方雅铃
美术顾问　霍荣龄
场景布置　姚任祥
传家团队　方雅铃　田瑾文　林宜熹　许贞玮　叶翠茹
　　　　　陈怡茜　陈碧兰　蔡孝君　赖怡姗
法律顾问　常在国际法律事务所　林秋琴律师

资料收集
一、本书第23—33、42—44、54—57、136、143页
文案撰写：杨升儒
二、本书第55—58页
文案撰写：李应平
三、本书第115—118页之雕栏玉砌图腾汇整：
　　姚任祥　陈怡茜　游木兰
　　李心秀　陈芊桦　叶柏辰
四、本书第114、119页之乐器资料收集：
　　姚任祥　叶子明
五、本书第123—126页之家具汇整：姚任祥　方雅铃
六、本书第139—142页之书法长轴表汇整：
　　姚任祥　高明一　赖怡姗
　　陈怡茜　方雅铃
七、本书第191—194页之民族人物表汇整：
　　姚任祥　季　季　汪招菁　林宜熹
　　陈怡茜　许贞玮　方雅铃
八、本书第207—210页之礼节用语表汇整：
　　姚任祥　韩介光　季　季
　　苏靖惠　陈怡茜
九、本书第256—277页之中西教材对照表汇整：
　　姚任祥　姚文泓　季　季
　　许贞玮　陈怡茜　李心秀

第3版简体中文版编辑团队
编务统筹　张立宪
图片编辑　黎　亮
美术编辑　艾　莉
助理编辑　杨　雪
特约审校　黄　英　吴晨光　马国兴
　　　　　刘　亚　潘　艳　王　慧
责任印制　黎　亮　田　歌

特别说明：为普及本书所传达的"中国人的生活智慧"，作者姚任祥女士主动放弃《传家》所有版权收入，以降低全书定价，惠及读者，特此鸣谢。
　　　　　　　　　　　　　　　　　　新星出版社

著作版权合同登记号：01-2019-4219

图书在版编目（CIP）数据

传家：中国人的生活智慧.4，冬／姚任祥编著.
——4版.——北京：新星出版社，2019.8（2021.10重印）
ISBN 978-7-5133-3593-5

Ⅰ.①传… Ⅱ.①姚… Ⅲ.①中华文化－通俗读物
Ⅳ.① K203-49

中国版本图书馆CIP数据核字(2019)第120067号

传家：中国人的生活智慧·冬

姚任祥　编著

责任编辑　汪　欣　姜　淮
美术编辑　冷暖儿
内文制作　刘洁琼
责任校对　刘　义
责任印制　韦　魏　李珊珊

出版发行：新星出版社
出版人：马汝军
社　址：北京市西城区车公庄大街丙3号楼　100044
网　址：www.newstarpress.com
电　话：010-88310888
传　真：010-65270449
法律顾问：北京市岳成律师事务所

读者服务：010-88310811　service@newstarpress.com
邮购地址：北京市西城区车公庄大街丙3号楼　100044

印　刷：北京雅昌艺术印刷有限公司
开　本：870mm×1160mm　1/16
印　张：72.25（共四卷）
字　数：800千字
版　次：2019年8月第四版　2021年10月第四次印刷
书　号：ISBN 978-7-5133-3593-5
定　价：480.00元（共四卷）

版权专有，侵权必究。如有质量问题，请与印刷厂联系调换。

声明：本书中所设计的实用性列表等信息，来自前辈们生活中的经验论谈，或查访网站上各类型的叙述，信息源头难以一一赘述。我们整理刊登的动机，纯属善意的提醒与分享，并以趣味性的组合做呈现。信息内容请读者自行确认后再行适用。